HANS JONAS

NATURE ET RESPONSABILITÉ

ANNALES DE L'INSTITUT DE PHILOSOPHIE

ET DE SCIENCES MORALES

(UNIVERSITÉ LIBRE DE BRUXELLES)

Institut de Philosophie et de Sciences Morales
(Université Libre de Bruxelles)
Avenue Ad. Buyl, 143 (CP 188) – B-1050 Bruxelles

Librairie Philosophique J. Vrin
6, Place de la Sorbonne F-75005 Paris
Téléphone : 43.54.03.47

ANNALES DE L'INSTITUT DE PHILOSOPHIE DE L'UNIVERSITÉ DE BRUXELLES
Directeur : Gilbert HOTTOIS

HANS JONAS
NATURE ET RESPONSABILITÉ

coordination scientifique
G. Hottois et M.-G. Pinsart

PARIS
LIBRAIRIE PHILOSOPHIQUE J. VRIN
6, Place de la Sorbonne, Ve
1993

Publié avec le concours
du Ministère de l'Education, de la Recherche
et de la Formation de la Communauté Française de Belgique,
et de la Fondation Universitaire

Printed in France
ISBN 2-7116-1168-X

INTRODUCTION

« Nature et responsabilité » analyse la démarche de H. Jonas qui jette un pont, souvent problématique, entre l'ontologie et l'éthique. Ce recueil parcourt de manière critique les divers lieux d'ancrage et de passage de cette fondation théorique à caractère téléologique et du comportement responsable qu'elle est censée assurer. Voici, regroupés en quelques grands thèmes, les sujets de réflexion les plus souvent abordés.

1. *La nature*

Jonas envisage la nature comme un vecteur, c'est-à-dire comme un segment orienté dont on distingue difficilement l'origine mais clairement l'extrémité (l'être humain). Il applique une grille d'interprétation finaliste à l'évolution naturelle qui révèle une continuité hiérarchisée entre tous les êtres vivants : cette généalogie de la finalité repère, même dans les formes de vie les plus élémentaires et primitives, les traces d'une intentionnalité qui culmine dans l'être humain, être hautement finalisé et libre producteur de finalités. La nature humaine partage avec la nature organique une même modalité d'être, le métabolisme, c'est-à-dire le souci constant d'échanger de la matière pour se préserver et tenir le non-être en échec. Jonas décèle déjà dans le métabolisme la présence subtile de la liberté, de l'intériorité, de la subjectivité, de la finalité et de la valeur. Cette insertion de l'être humain dans la nature est aussi une réponse à l'anthropocentrisme nihiliste qui gouverne le développement technoscientifique et la manipulation objectivante d'une nature axiologiquement neutralisée. Bien qu'il soit l'incarnation superlative de la capacité de finaliser, l'être humain doit reconnaître et respecter, selon Jonas, des valeurs absolues, données indépendamment du jugement humain. Cette reconnaissance ne va pas sans soulever des questions abyssales quant à la liberté réelle de l'être humain.

La nature jonassienne est à la fois ouverture et limitation. Ouverture parce qu'elle confère à l'ensemble du royaume des vivants, et non plus seulement à l'être humain, une valeur intrinsèque. Plantes et animaux quittent leur statut purement instrumental pour devenir des objets de la responsabilité humaine. La mesure de l'action n'est plus constituée par le seul bien de l'être humain, mais aussi par celui des choses extra-humaines. Limitation parce que son horizon se ferme définitivement sur le sommet onto-téléologique que représente l'être humain. Jonas n'envisage pas l'espèce humaine comme une étape quelconque de l'évolution, il n'admet pas que le vecteur naturel puisse lancer sa flèche toujours plus loin dans le temps et dans l'espace. La présence d'autres formes de vie dans l'univers, le fait que l'être humain puisse aller ailleurs que sur Terre, sont des possibilités qu'il ne pense pas : la nature humaine sera terrestre et pareille à ce qu'elle a toujours été jusqu'à ce jour ou elle ne sera pas. La menace de l'apocalypse, l'heuristique de la peur, la critique de l'utopie et du progrès techno-scientifique à la base de l'éthique, reposent sur cette conception de l'être humain et de ses conditions d'existence.

2. *La responsabilité*

C'est l'état actuel de la civilisation technologique qui incite Jonas à introduire un impératif destiné à guider l'action techno-scientifique et à éclairer les décisions politiques. Pour éviter l'altération ou la disparition de la nature et de l'être humain, il faut que l'éthique s'appuie sur une exigence absolue, universellement reconnue. Celle-ci se rencontre avec l'*existence* (la vie) qui, en tant que finalité en soi et bien en soi, exige sa réalisation et impose à l'être humain une responsabilité à son égard. Le devoir-être de l'existence implique donc un devoir-agir de la part de l'humanité.

Ce thème de la responsabilité ainsi introduit, est largement développé et critiqué dans tous les articles, qu'ils abordent le domaine de la nature, de la science, de la politique ou du droit.

3. *Les technosciences*

Sciences et techniques sont la cible privilégiée de la critique jonassienne. Jonas définit l'attitude scientiste, qu'il rejette, comme une hypostase ontologique abusive de la méthode scientifique appliquant à la nature le déterminisme des causes mécanistes. Le type de reproche que Jonas adresse à la science témoigne d'une mauvaise compréhension de l'activité technoscientifique et de la portée réelle de celle-ci. Prenons un exemple. Jonas semble ne pas comprendre qu'en faisant de l'heuristique de la peur un moyen de juguler les développements scientifiques « apocalyptiques », il tente de détruire le mal (le mal lié à la technologie) en utilisant la cause (le sentiment de peur) de ce mal. Jonas se contente de signaler que le progrès scientifique est le fruit d'une peur irrationnelle à l'égard d'éléments échappant à tout contrôle. Il n'envisage la peur qu'en tant que source irrationnelle d'une volonté de maîtrise qui deviendra excessive et donc dangereuse. Mais en même temps il y cherche le remède à cette dynamique fatale : cherchant par la peur à maîtriser la volonté de maîtrise engendrée par la peur.

4. *La politique*

Jonas entreprend de fonder l'éthique de la responsabilité dans le but pragmatique de convaincre les hommes politiques de prendre des mesures de contrôle strictes à l'égard des activités technoscientifiques. La situation d'urgence qui est, selon lui, la nôtre aujourd'hui exige que des décisions soient prises immédiatement. Il faut donc renoncer aux grands débats démocratiques qui demandent du temps et essayer de convaincre rapidement une élite qui, bien informée, pourra en toute légitimité appliquer les décisions qui s'imposent.

Cette conception du rôle de la politique est basée sur la peur de l'apocalypse et sur l'état d'urgence. Cette dramatisation (non réaliste) peut être positive si elle revitalise l'esprit critique et le sentiment de la responsabilité, mais elle est négative si elle doit empêcher, même avec d'excellentes intentions, le jeu démocratique et l'effort pour expliquer et convaincre plutôt qu'imposer simplement un comportement « salutaire ».

Passons maintenant à une brève présentation, que la thématique que nous venons de parcourir inspire, des articles réunis.

1. *Finalité et valeur* (G. Hottois)

C'est la prise de conscience de la vulnérabilité de la nature et de la mise en danger actuelle de l'essence et de l'existence de l'humanité qui a incité Jonas à fonder théoriquement l'éthique sur une conception finaliste de la nature. En effet, pour que l'éthique de la responsabilité vis-à-vis de l'être humain (présent et futur) et de son environnement ait des conséquences pragmatiques effectives, il faut la fonder sur une valeur qui exige, par son caractère absolu, d'être préservée à tout prix. C'est pourquoi Jonas combat le nihilisme à l'œuvre dans l'entreprise technologique en établissant la présence de finalités données *a priori* et actives dans toute l'évolution naturelle dont l'être humain constituerait l'aboutissement. Cette position essentiellement privilégiée de l'espèce humaine requerrait une protection et une conservation inconditionnelles.

Les arguments avancés en faveur du finalisme dans *The Phenomenon of Life* (1963) et dans le *Principe Responsabilité* (1979) se caractérisent par :

– la mise en évidence d'une généalogie biologique de la finalité (des organismes les plus simples et primitifs à l'être humain) et la critique des aspects philosophiques du darwinisme. Cet exposé souligne la continuité entre les vivants, dont l'être humain, mais aussi la position particulière de ce dernier par rapport à la nature ;

– le refus de toute hypostase ontologique de la méthode scientifique objective et axiologiquement neutre ;

– la supériorité de l'être, comme seul porteur de prédicats axiologiques, sur le non-être et le dégagement conséquent d'une déontologie au sein de l'ontologie ;

– un repérage phénoménologique de la finalité dans le monde naturel et humain.

Cet ensemble argumentatif prête, en de nombreux points, le flanc à la critique :

– la conception jonassienne de la science méconnaît la portée réelle de celle-ci et les principes qui sous-tendent son action ;

– sa compréhension évolutive de la nature repousse toute perspective cosmique, ouverte temporellement et spatialement ;

– Jonas définit la nature humaine à sauvegarder comme librement finalisatrice, mais l'empêche de s'accomplir dans une dimension qui ne serait pas uniquement symbolique ;

– enfin, contrairement à ce qu'affirme Jonas, la valorisation de l'être ne peut s'effectuer que si, parallèlement, le non-être est dévalorisé, c'est-à-dire sujet d'une prédication axiologique.

2. *Le cercle vicieux de l'heuristique de la peur* (H. Achterhuis)

L'utopie que Jonas définit en termes d'objectivation de l'être humain, ne se réduit pas au mouvement marxiste qu'il rejette mais constitue une tendance majeure de la civilisation occidentale. Notre société vit depuis longtemps sous le signe de l'utopie décrite dès le XVIe siècle par More, Bacon ou Campanella. Le principe à la base de la démarche utopique est le même que celui qui a donné naissance à la science, à la technologie et à la notion de progrès : la peur. Le sentiment de peur a été jugulé vers le milieu du XVIIe siècle par la mise en place de deux types de parade efficaces.

Le premier joue la carte de la normalisation répressive où la politique et la religion sont chargées d'encadrer rigoureusement les faits et gestes du citoyen.

Le second s'appuie sur l'*homo faber* pour créer un dispositif politique destiné à garantir la paix et la sécurité (Hobbes) ou pour voir dans le progrès technoscientifique et la croissance économique des réponses à la peur de la rareté qui provoque la lutte de chacun contre chacun (Locke).

Ces données historiques font apparaître un cercle vicieux dans la pensée jonassienne qui utilise l'heuristique de la peur pour induire une attitude responsable. En effet, pour contrer les effets (la technoscience, l'utopie) d'une cause, Jonas utilise cette même cause (la peur) en espérant qu'elle produise des effets différents.

Il ne faut donc pas opposer la responsabilité à la réalité technoscientifique mais s'interroger sur la disparition de celle-là dans une société de type technoscientifique.

3. *Jonas à l'ombre de l'éthique kantienne* (A.-M. Roviello)

Les questions soulevées par les biotechnologies ne requièrent pas une nouvelle définition de principes *a priori* mais l'application de la faculté de juger, c'est-à-dire de subsumer le particulier sous le général selon une règle qui reste toujours incertaine. Cette indétermination peut d'ailleurs être exploitée idéologiquement puisqu'on ne peut jamais démontrer que le bon cas a bien été subsumé sous la bonne règle. Dans le cadre de cette casuistique, chacun doit rechercher la maxime subordonnée ou le principe intermédiaire qui permette d'adapter une définition formelle *a priori* aux exigences du réel. Les distinctions conceptuelles établies par Kant offrent les moyens d'envisager plus clairement, et plus correctement, les situations auxquelles le jugement doit s'appliquer. Le rapport de Jonas à la pensée kantienne est ambigu : d'une part, Jonas proclame l'impuissance de la morale kantienne à traiter les problèmes biotechnologiques actuels et, d'autre part, il ne cesse de recourir aux distinctions conceptuelles kantiennes dans ses analyses. On peut ainsi retrouver chez lui :

– la distinction entre dommage et injustice qui envisage le respect de la dignité de la personne en chaque être humain comme une condition restrictive au droit au bonheur ;

– la distinction entre le devoir inconditionnel qui commande la fin et le devoir conditionnel (ou le moyen légitime) qui dicte les moyens ;

– la distinction entre le devoir au sens large qui représente une condition restrictive des actions et le devoir au sens strict qui est prescriptif.

Fort de cette clarification conceptuelle, il est possible d'interpréter dans un sens nouveau toute une série de droits que l'on fait valoir en bioéthique (par exemple le droit de recevoir des organes ou de rechercher librement la vérité, ...) et d'établir une distinction entre des principes différents et des degrés différents d'un seul et même principe.

L'analyse jonassienne des problèmes soulevés par le prélèvement d'organes, la mort cérébrale, le génie génétique ou l'expérimentation humaine, est largement d'inspiration kantienne. Les principes de la morale kantienne restent toujours pertinents mais il faut leur trouver de nouvelles maximes subordonnées pour qu'ils puissent s'appliquer au champ de plus en plus vaste des biotechnologies.

4. L'homo faber *face à « l'image de l'homme »* (M.-G. Pinsart)

Il est indispensable pour Jonas d'insérer toute réflexion sur l'expérimentation humaine dans une perspective onto-métaphysique, c'est-à-dire de s'interroger sur la signification de la nature humaine avant d'autoriser une intervention sur elle.

La spécificité de l'être humain ne réside pas dans la persistance d'une entité physique ou d'une forme quelconques, mais dans son être-image. Cette expression, aux connotations religieuses, suppose que l'être humain doive soumettre son existence, ses actes et la technologie qu'il développe, à l'intentionalité qui préside à son existence et le fait « image ». Il s'agit véritablement d'une soumission aveugle et définitive à cette finalité intrinsèque puisque aucune connaissance ne pourra jamais être acquise à son sujet. Cette ignorance essentielle va dicter le rôle et les limites de l'expérimentation sur l'être humain. La fonction principale de la médecine et de la recherche biomédicale est de restaurer une situation naturelle mise à mal. Ainsi, Jonas autorise toutes les interventions à visée thérapeutique pour le malade mais refuse toutes celles qui se donnent pour unique objectif d'étendre le savoir. En ce qui concerne les expériences génétiques dans un sens large, il adopte la même position restrictive : il déconseille vivement aux personnnes porteuses d'une maladie grave et héréditaire de se reproduire et n'accepte l'avortement que dans le cas d'un diagonostic génétique positif sûr et privilégiant l'intérêt de l'enfant. L'eugénique positive-mélioriste et la technique du clonage sont prohibées parce qu'elles mettent directement en question l'essence de l'homme-image.

5. *La métaphysique téléologique, une réponse hardie mais critiquable* (K.O. Apel)

Jonas plaide en faveur d'une éthique et d'une orientation philosophique entièrement nouvelles. Il s'oppose en cela au courant de pensée historico-relativiste qui, non seulement, néglige l'aspect planétaire et universaliste de la responsabilité, mais estime impossible et non nécessaire toute fondation rationnelle de principes éthiques universellement valides. Le retour aux traditions morales particulières, à une responsabilité de type conventionnel et traditionnel s'offre, dans ce cas, comme la seule réponse satisfaisante aux problèmes éthiques.

Jonas, au contraire, fait preuve d'une profonde suspicion à l'égard de toute la philosophie occidentale de la subjectivité et de l'anthropocentrisme à l'origine de la domination et de l'exploitation de la nature. Il tente de trouver, par une fondation métaphysique téléologique et ontologique, une voie antérieure, pré-cartésienne et pré-kantienne, à la relation sujet-objet de l'épistémologie moderne. La nature, en tant que sujet de l'évolution, n'est plus un simple objet de la connaissance humaine mais cela qui a permis à l'humanité d'émerger. Sa parenté essentielle avec l'être humain met un terme à toute attitude anthropocentrique et exige une prise de responsabilité humaine à l'égard de tous les êtres vivants.

La réflexion jonassienne est criticable sur trois points au moins :

– s'il y a « danger de disparition », celui-ci concerne l'être humain et une grande partie du règne animal et végétal, mais pas la nature en tant que tout, pas l'ensemble des êtres vivants. Certains micro-organismes survivront probablement dans des conditions devenues insupportables pour l'être humain. Il faut reconnaître néanmoins que la vénération de la nature est un moyen efficace d'inciter les gens à modifier leur comportement dans le sens d'une éthique de la co-responsabilité à l'égard de l'environnement ;

– une insuffisance au niveau de la différenciation critériologique. La mise en évidence d'une identité métaphysique ultime entre tous les êtres vivants n'est pas (ou peu) accompagnée de critères permettant de trancher entre des intérêts souvent antagonistes (entre les intérêts de tous les êtres vivants et entre ceux-ci et ceux de l'humanité) ;

– il semble impossible de dériver simultanément, à partir des prémisses métaphysiques jonassiennes, le devoir de sauvegarder les conditions d'existence de l'humanité future et le devoir de respecter l'égalité des droits de tous les êtres humains vivants. L'impératif « Que l'humanité soit » commande la continuité d'existence de l'espèce humaine mais il ne fournit pas, à travers ces diverses formulations, un substitut satisfaisant au principe d'universalisation kantienne de la justice (une attitude raciste pourrait aussi prétendre protéger l'existence de l'espèce humaine dans le futur).

Il ressort de cette analyse critique qu'une fondation pragmatique-transcendantale de l'éthique du discours pourrait éviter les écueils de la pensée jonassienne.

6. *« L'arche de la valeur »* (M. Rath)

La prise de responsabilité qu'exige l'éthique jonassienne n'est pas suffisamment garantie si elle repose uniquement sur une motivation subjective ou psychologique. C'est la raison pour laquelle Jonas utilise la notion de *valeur* comme trait d'union entre la métaphysique et l'éthique (« Agis de telle sorte que l'humanité soit »). On peut relever trois acceptions différentes de cette notion dans *Das Prinzip Verantwortung* :

– la première définition appartient à la catégorie descriptive, non normative : une chose reçoit une valeur si elle est utilisée en vue d'une fin ;

– la seconde fait de la valeur un concept téléologique. Pour qu'une finalité requière notre prise en charge, il faut qu'elle soit une valeur en soi. L'analyse détaillée de cette définition de la valeur fait apparaître un cercle vicieux entre les notions de valeur, d'existence et de finalité ;

– enfin, selon la troisième acception, une finalité devient une valeur si elle est une finalité pour nous. La valeur est alors la mesure d'une volonté subjective.

7. *L'impératif jonassien : hypothétique ou catégorique ?* (W.E. Müller)

La perception des dangers liés à l'imprévisibilité des conséquences de l'action technologique (sa dynamique en cascade, son interférence non maîtrisable avec les mécanismes naturels) a incité Jonas à formuler un nouvel impératif plaçant la nature non humaine sous la responsabilité humaine. Cet impératif repose sur l'idée qu'une valeur est attachée à l'existence et que le monde est bon indépendamment de toute volonté divine. L'exigence immanente de l'existence à être, la reconnaissance qu'elle constitue une finalité en soi qui, en tant que telle, doit se réaliser, dicte les termes d'une éthique de la responsabilité. Ceux-ci se résument dans la formule : « Que l'humanité soit ». Jonas qualifie cet impératif de catégorique mais on peut mettre en question le bien-fondé de cette appellation pour deux raisons au moins :

– selon Kant, la loi morale ne peut être suivie de manière apodictique que si elle n'est pas fondée dans la nature ou dans les circonstances du monde. Quant à l'impératif hypothétique, il sert à la réalisation d'une intention. En posant l'exigence apodictique de la préservation de la vie, l'impératif jonassien modifie la teneur des impératifs catégoriques et hypothétiques kantiens et s'identifie à une sorte de monstre conceptuel : un impératif hypothétique de mode catégorique ;

– le recours à l'heuristique de la peur suggère que les êtres humains ont besoin d'une motivation pour se conduire selon les prescriptions de l'éthique et que la téléologie serait, par conséquent, un incitant insuffisant à l'action « bonne ».

Ce dernier point ouvre un vaste champ de réflexion sur la notion de téléologie et sur le postulat de la signification et de la présence de fins dans l'univers qui lui est attenant.

8. *Délibération sur les fins ou sur les moyens ?* (H.-P. Cunningham)

Chaque être humain jouit d'une capacité de choisir de façon libre et délibérée qui doit être protégée à la fois contre la croyance en la toute puissance du destin mais surtout contre la croyance, omniprésente dans nos cultures, au non sens de la vie humaine. Voulant, en effet, en tout et pour tout vivre et voir aboutir leur vie, les êtres humains – la jeunesse en particulier, par sa nature idéaliste et prompte à relever les défis – sont profondément marqués par ce nihilisme démobilisateur qui mine de l'intérieur le dynamisme de l'action humaine. Pour défendre cette thèse avec l'appui différencié de Jonas et de Ricœur, la réflexion critique doit interroger l'idée selon laquelle :

– pour devenir libre (au sens fort du terme), la capacité de choix caractéristique de l'espèce humaine doit être conçue comme infinie ;

– le renversement de la conception traditionnelle excluant la délibération sur les fins de la vie humaine constituerait une étape indispensable dans la naissance de la modernité.

Il résulte de cette analyse que la dignité propre de la fin doit être affirmée à l'encontre de l'arbitraire et du bon plaisir de chacun.

9. *Anthropomorphisme – anthropocentrisme* (C. Foppa)

La place de l'être humain dans le système jonassien semble à première vue problématique : Jonas, d'une part, rejette toute éthique anthropocentrique et, d'autre part, fait de l'être humain le cœur de son impératif, « Que l'humanité soit ». Cette contradiction s'évanouit si l'on opère une distinction entre anthropomorphisme et anthropocentrisme. Ainsi, après un survol historique de la notion d'être, allant du monisme panvitaliste aux monismes matérialistes et idéalistes réducteurs en passant par le dualisme, Jonas présente le corps humain comme étant le degré le plus élevé de complétude ontologique. Cela signifie que si l'anthropomorphisme est le point de départ de sa démarche ontologique, son ontologie n'en constitue pas pour autant un anthropocentrisme. En effet, c'est le métabolisme, l'acte d'échange indispensable au maintien de la vie, qui est au centre de l'Etre, et non l'être humain. Or, si l'éthique repose sur l'ontologie et si celle-ci part de l'être humain sans se réduire néanmoins à un anthropocentrisme, alors l'éthique ne peut non plus être anthropocentrée.

Marie-Geneviève PINSART

UNE ANALYSE CRITIQUE DU NÉO-FINALISME DANS LA PHILOSOPHIE DE H. JONAS

1. *Localisation et rôle du finalisme chez Jonas*

Telle qu'elle intervient dans l'ouvrage le plus connu de H. Jonas – *Le Principe Responsabilité* (PR) [1] – la conception finaliste de la nature (en particulier de l'évolution) assume une fonction très précise : contribuer à la fondation (théorique, spéculative) d'une éthique qui doit garantir une politique bonne et efficace. Le *PR* est l'exemple parfait d'un discours très spéculatif au dessein très pratique. Voici les grandes étapes de cette articulation pragmatique du spéculatif.

1.1. Dans le *PR*, H. Jonas part du constat de la *vulnérabilité advenue de la nature* du fait du développement de la technique dans un esprit subjectiviste culminant dans l'autonomisation absolue de la volonté. Celle-ci se caractérise par le fait qu'elle ne reconnaît plus que des finalités-intentions-valeurs-buts qu'elle pose elle-même (en tant que sujet voulant) sur fond de l'absence radicale de finalités qui seraient données *a priori* dans la nature. C'est-à-dire que la « volonté technologique » pose des fins-valeurs et fabrique des significations sur fond d'un monde donné (la nature et son évolution) qui serait un rien pour ce qui est du sens et de la valeur. Cette situation est décrite comme *nihiliste* et procède du dualisme qui, en opposant absolument l'homme et la nature, l'esprit et la matière (etc.) a vidé le second terme de tout sens, de toute finalité et de toute valeur.

1.2. La vulnérabilité de la nature (et de l'humanité en tant que produit et partie de celle-ci) et le développement de la puissance

1. Nous nous référons à la version anglaise intitulée *The Imperative of Responsibility*, The Univ. of Chicago Press, 1984. Une traduction française a paru aux Ed. du Cerf en 1990. L'édition originelle en allemand date de 1979 : *Das Prinzip Verantwortung*, Frankfurt am Main.

technicienne, cause de cette vulnérabilité, apparaissent donc dans un contexte nihiliste, c'est-à-dire dépourvu de limites et de freins ontologiques (au sens où la « mentalité » onto-théologique a été largement balayée par la « mentalité » techniciste-nihiliste). Ce contexte, où l'homme technicien tend à se représenter lui-même comme ne se tenant que de lui-même et pouvant faire de lui-même tout ce qu'il veut (sans prendre garde notamment à sa dépendance par rapport à la nature) est particulièrement dangereux pour la préservation de l'humanité elle-même. La prise de conscience de ce danger apocalyptique suscite un sursaut éthique qui doit innerver notre sens de la responsabilité à l'égard de la sauvegarde de l'existence et de l'essence de l'humanité dévoyée dans le nihilisme, et de ce que cette sauvegarde présuppose : la préservation de la nature où l'humanité s'enracine.

1.3. Toutefois, à l'égard de ce sursaut éthique de la responsabilité, deux questions se posent : la première est spéculative : l'humanité en vaut-elle vraiment la peine et n'est-elle pas libre de s'anéantir ou de se transformer radicalement si elle le veut ? Tel est le doute nihiliste qui réinsiste. La seconde est pragmatique : comment rendre ce sursaut éthique efficace, comme il doit l'être si ce qu'il s'agit de sauver présente une valeur absolue ? Mais la seconde question renvoie à la première qui est la *question du fondement* : ce n'est que si l'éthique de la responsabilité est bien fondée, qu'elle aura assez de force pour emporter la conviction efficace des êtres humains et les conduire à décider et à agir dans le bon sens. La fondation a donc, chez H. Jonas, une portée pragmatique. Dans la mesure où les actions techno-scientifiques périlleuses à bannir ou à contrôler sont collectives et, en définitive, *politiquement* décidées ou du moins tolérées, ce sont les décideurs politiques qu'il s'agit d'abord de convaincre du bien fondé de l'éthique de la responsabilité. Une telle fondation devrait avoir un double effet : *de persuasion* : si l'on apporte en faveur des principes à suivre des raisons incontestables jusqu'au point où le doute ne peut plus surgir, les décideurs, qui auront compris ces raisons, seront absolument motivés à appliquer une politique conforme à leur responsabilité ontologiquement fondée ; *de légitimation* : les décisions politiques directement inspirées par une telle éthique absolument bien fondée n'auront plus à s'inquiéter davantage ou autrement de justifications. Ainsi, la fondation tend à rendre possible et acceptable une politique qui sera et apparaîtra à la masse des citoyens comme totalitaire, dogmatique ou, en tout cas, paternaliste, sous prétexte qu'elle sera absolument éclairée et clairvoyante quant au bien absolument fondé et à préserver de l'humanité. Il apparaît clairement dans le *PR* que la prise de conscience éthique que veut fonder le discours philosophique de H. Jonas et les décisions pratiques qu'elle doit inspirer concerne non le peuple, mais une élite, seule apte à comprendre les périls et à concevoir les choix qui s'imposent.

Tout ceci met clairement en évidence la portée pragmatique (il s'agit des effets, de l'influence qu'un discours théorique a sur l'action collective et individuelle des hommes) de la *theoria* philosophique et manifeste la ruse, peut-être constitutive, de la raison théorique qui consiste à se présenter comme « objective, neutre, pure, universelle, vraie... », c'est-à-dire apparemment non engagée d'un point de vue pratique, afin de rendre « indiscutable, incontestable, intangible... » le message qu'elle délivre et qui peut, ainsi, orienter l'action de ceux qui l'écoutent d'une manière inflexible, dogmatique.

1.4. Fonder l'éthique de la responsabilité exige, si l'on perçoit toute l'ampleur de la tâche, que l'on arrive à *démontrer la fausseté et la non-valeur du nihilisme*. Au programme de cette démonstration, un chapitre capital concerne la *réanimation ontologique ou métaphysique du finalisme*, c'est-à-dire l'établissement qu'il y a dans la nature et son évolution des finalités actives et *a priori* données (c'est-à-dire des finalités qui ne sont pas des effets de la volonté humaine qui serait, elle-même, bien plutôt un effet de l'évolution finalisée), finalités à respecter comme telles parce qu'elles sont aussi des valeurs et même des biens qui interpellent l'humanité et s'imposent à elle comme étant à préserver ou à promouvoir. Le néo-finalisme de Jonas constitue la pièce maîtresse de sa réanimation de l'éthique.

1.5. La fonction de ce néo-finalisme est, en dernière analyse, d'interdire que l'homme « touche » à l'homme. Or, du point de vue de l'homme seulement – c'est-à-dire de l'homme coupé de la nature, ayant rompu avec la mentalité ontologique, et s'auto-posant comme source de toutes valeurs et fins – cet interdit n'a rien de nécessaire ni d'obligatoire. Il faut donc montrer que l'humanité a de la valeur en soi, « objectivement », c'est-à-dire indépendamment de son auto-valorisation éventuelle et toujours relative, qu'elle a été «voulue» par la nature en évolution, depuis l'origine, et qu'elle occupe le sommet de cette évolution, ainsi finalisée en l'humanité comme en son but-valeur suprême. Il faut donc montrer que l'humanité a une valeur supérieure à tout ce qui existe par ailleurs du fait de la nature et aussi à tout ce qui pourrait exister du fait de l'inventivité propre à l'humanité. Pour H.

Jonas, l'« homme authentique, accompli », existe – ou est individuellement réalisable – depuis que l'humanité existe ; il n'est pas en attente d'une production ou d'un avènement utopique qui le parachèverait. L'humanité n'a donc plus, essentiellement, à évoluer. Seuls, les individus doivent évoluer au cours de leur existence afin de réaliser l'essence de l'humanité qui existe depuis toujours et qui, elle, n'est pas évolutive.

L'éthique de la responsabilité est une éthique de la conservation de l'humanité « naturelle-culturelle », portée par une conception de la nature comme ayant achevé son évolution finalisée dans l'humanité.

1.6. Telles sont, à grands traits, la localisation et la fonction du néo-finalisme de H. Jonas selon le *PR*. Dans ce livre, le finalisme, qui est une position spéculative, apparaît comme particulièrement pragmatique, voire rhétorique, puisqu'il est un *argument* (central) au service d'un discours éthique qui vise très concrètement l'action, via la politique. Semblable repérage du finalisme le rend évidemment suspect en tant que conception théorique devant servir à étayer des (discours) pratiques dont le caractère idéologique ne manquera pas d'être dénoncé. Dans d'autres écrits de H. Jonas, tel *The Phenomenon of Life*, (PL) [1], l'introduction du finalisme est différente, c'est-à-dire beaucoup plus simplement théorique ou spéculative, sans que les relais soient articulés, qui permettent de passer de la *theoria* à la *praxis*. L'intérêt du *PR* est précisément de manifester les implications et les conséquences pratiques – éthico-politiques – d'une position spéculative telle que le finalisme, en dissonance avec les conceptions dominantes de la techno-science contemporaine (physique, biologie...) qui ne sont évidemment pas, elles-mêmes, dépourvues de portée pragmatique.

2. *L'argumentation en faveur du finalisme*

Le *PR*, qui restera au centre de notre attention en raison de son importance philosophique, prend en réalité appui sur la philosophie de la biologie que H. Jonas a développée dans *PL*, où l'on peut lire, sous une forme parfois plus explicite, les principaux thèmes et arguments repris dans *PR*. Voici donc, en introduction, l'indication de quelques lieux essentiels où, dans *PL*, H. Jonas critique la conception darwinienne matérialiste de l'évolution naturelle au profit de la reconnaissance du finalisme.

1. The Univ. of Chicago Press, 1966.

2.1. « *The Phenomenon of Life* »

Dès l'*Introduction*, H. Jonas énonce un principe de continuité, qui doit permettre à la philosophie de la vie d'aller de l'organisme à l'esprit, et qui se complète par un principe d'éclairage rétrospectif invitant à comprendre le moins évolué (formes élémentaires de la vie) à la lumière du plus évolué (l'être humain) – par opposition à la démarche inverse, caractéristique du réductionisme technoscientiste de l'humain au biophysique –, de telle sorte que le plus évolué se découvre aussi en préparation (puissance, anticipation, ébauche...) dans le moins évolué : « l'organique même en ses formes les plus inférieures préfigure l'esprit, et l'esprit même en ses conquêtes les plus élevées continue de participer de l'organique » [1]. Ces principes courent à travers tout le livre et guident la philosophie de la biologie de H. Jonas : « C'est la tâche d'une biologie philosophique de suivre le déploiement de cette liberté germinale au fil des niveaux ascendants de l'évolution organique » [2]. Dès les formes les plus élémentaires de la vie, et comme un caractère essentiel du métabolisme, Jonas croit pouvoir repérer des préfigurations de l'ipséité (chaque vivant perçoit la différence entre soi et non-soi), donc d'une certaine intériorité ou subjectivité, voire de la conscience (même à un degré infinitésimal), comme souci de l'organisme par rapport à son propre être, toujours menacé, parce que distinct (et donc relativement indépendant, libre, autonome) du milieu dont, en même temps, il continue de dépendre.

Dans la *Note sur l'anthropomorphisme* [3], H. Jonas observe que c'est suite à la critique légitime des explications anthropomorphiques de la nature que la science a voulu bannir de son approche les causes finales et toute téléologie, du moins en tant qu'*immanentes* à la nature (la science moderne s'accommode parfaitement du dualisme qui confine intentionalité, finalité, volition... dans la transcendance de dieu et de l'homme, et qui abandonne la nature – éventuellement « créée », c'est-à-dire produit d'une volonté intentionnelle – au seul déterminisme des causes mécaniques). « Le vrai problème concernait les causes finales en tant que *modi operandi* de et dans la nature elle-même » [4]. H. Jonas souligne que ce problème est tranché par l'approche scientifique d'un point de vue méthodologique : la science s'interdit d'expliquer les phénomènes naturels en faisant appel à des causes finales. Cette règle n'est pas le résultat d'une induction

1. *PL*, p. 1.
2. *PL*, p. 83.
3. *PL*, p. 33sq.
4. *PL*, p. 34.

(expérience, expérimentation), elle est *a priori* ; elle n'a pas de portée ontologique, c'est-à-dire qu'elle n'énonce pas qu'il n'existe pas de causes finales dans la nature, mais bien qu'une explication en termes de causes finales ne serait pas scientifique (c'est-à-dire, au fond, opératoire, présentant et livrant les phénomènes naturels objectivés à la libre manipulation de l'homme). On pourrait dire que l'exclusion de la finalité définit moins la nature que la scientificité elle-même en tant que technicité ou opérativité, et le savoir en tant que pouvoir-faire.

Mais le texte le plus significatif de *PL* est le deuxième essai repris dans le livre et intitulé *Philosophical Aspects of Darwinism*. Jonas y dénonce le sens moderne donné à « évolution », loin de sa signification originelle authentique qui référait au « procès de croissance des organismes individuels : l'idée de préformation et de développement fut abandonnée et remplacée par l'image quasi mécanique d'une séquence non planifiée, non dirigée, bien que progressive, dont les commencements, à la différence du germe, n'esquissent en rien ce qui successivement sortira d'eux » [1]. C'est l'évolutionnisme darwinien qui achève l'expulsion de la finalité hors de la nature et le triomphe du nominalisme sur le réalisme par le rejet de l'idée d'espèces naturelles conçues comme des essences immuables et seulement toujours à actualiser individuellement. Aussi l'évolutionnisme conduit-il directement au nihilisme (nietzschéen) qui ne reconnaît plus que la volonté de puissance et le devenir (primat radical de l'action et du temps sur le verbe et l'être, sur la synthèse – onto-logique – du verbe et de l'être qui accorde sens et valeur) et abandonne l'être humain – le sujet – à l'illusion de l'insularité radicale de sa liberté absolue et toute puissante. Mais, en même temps, l'évolutionnisme matérialiste dévalorise l'homme : à la différence du dualisme (issu de Descartes) qui a préparé la place (en livrant la substance corporelle au seul déterminisme des causes mécaniques) mais qui protégeait aussi la transcendance éminente de l'être humain (substance pensante spirituelle), l'évolutionnisme se présente comme radicalement moniste et matérialiste : il réduit l'humanité à une structure biophysique particulière, produite par les lois de la nature et les hasards, comme n'importe quelle autre forme de vie. Selon H. Jonas, ce rapprochement entre l'humain et la nature est pensé par l'évolutionnisme d'une façon réductrice et unilatérale : la perte d'éminence de l'homme due à la reconnaissance de son immanence au procès évolutif devrait être compensée par un gain de dignité de la nature en évolution. Si l'homme

1. *PL*, p. 43.

est bien de la nature, alors celle-ci est aussi de l'homme, puisqu'elle l'a produit, c'est-à-dire qu'elle ne peut être entièrement étrangère à ce qui caractérise l'humain : la subjectivité, la valeur, la finalité, la conscience de soi, l'intériorité... C'est pourquoi l'évolutionnisme bien compris comporte la reconnaissance non unilatérale de la parenté humain-nature ainsi que celle d'un principe de continuité. Cet évolutionnisme conduit à la mise en question du matérialisme classique (déterministe), qui avait préparé son avènement, parce qu'il le pousse jusqu'à la conception extrême d'un monisme matérialiste qui se révèle problématique. La question du monisme matérialiste rebondit dans un petit texte intitulé : *Materialism, Determinism and the Mind*[1], où ce monisme est critiqué du point de vue de sa capacité de rendre encore justice à l'esprit et à ses propriétés. L'épiphénoménalisme (et aussi l'émergentisme) serait l'expression de cet embarras : tout en niant l'existence d'une substance spirituelle et en ne reconnaissant que la matière, l'épiphénoménalisme dote celle-ci de propriétés occultes qui expliqueraient les phénomènes mentaux (telle l'intentionalité, la représentation...) sans leur accorder toutefois la moindre efficience causale dans la séquence réelle des événements : les épiphénomènes psychiques ne seraient que des accompagnants inopérants et, somme toute, irréels, engendrés par des séquences physiques réelles sur lesquelles ces épiphénomènes ne pourraient rétroagir efficacement.

2.2. « *Le Principe Responsabilité* »

Au foyer de l'attitude qui a chassé fins et valeurs de la nature se trouvent la science moderne et ses principes d'objectivité (pas de sujet), de neutralité axiologique (pas de valeurs) et de recherche exclusive des causes efficientes, qui permettent d'agir et de produire autant que de prédire et d'expliquer (pas de causes finales). Cette attitude tend à opposer absolument le champ de l'être (des faits, des phénomènes...) à celui du devoir-être (des finalités, des valeurs). Voici les grandes articulations de l'argumentation dirigée par le *PR* contre la prééminence accordée à cette attitude.

2.2.1. *Le refus axiologique et téléologique est méthodologique*

Les principes qui guident la recherche scientifique et sa représentation du monde sont méthodologiques : ils permettent de *faire* un certain nombre de choses ; ils ne permettent pas de *parler de la nature des choses*. Celui qui n'opère pas cette distinction commet une erreur

1. *PL*, p. 127sq.

ou un abus sous la forme d'une hypostase ontologique ou métaphysique de la méthode. Semblable hypostase conduit à affirmer qu'il n'y a pas de finalité ni de valeur dans la nature. Or, une telle affirmation comporte en plus d'un glissement abusif de la méthodologie à l'ontologie, également une contradiction interne du fait qu'elle est une affirmation – une thèse – *métaphysique* venue de la science qui, par méthode et par principe, s'interdit précisément de telles énonciations. Il est donc légitime et salutaire de refuser ce totalitarisme scientiste qui est abusif, et d'approcher la nature aussi autrement [1].

2.2.2. *Argument en faveur d'une liaison métaphysique entre être, valeur, finalité et bien*

Cet argument n'est pas sans résonance leibnizienne, puisqu'il répond en quelque sorte à la question « Pourquoi quelque chose plutôt que rien ? », en établissant la supériorité de l'être sur le non-être. La valeur supérieure de l'être sur le non-être tient au fait que l'évaluation même – la distinction entre valeur et non valeur ou moindre valeur – postule l'être. Seul l'être peut devenir le sujet de prédicats axiologiques, d'où sa supériorité sur le non-être. L'être est donc préférable au non-être et il est globalement du côté du bien, il est bien ou bon. C'est pourquoi il se caractérise essentiellement par une structure autoréférentielle de finalité et de volition : l'être support de toute valorisation, ayant comme tel une valeur supérieure, ne peut que – ou doit – se vouloir soi-même, trouver en soi sa fin et sa valeur, son bien, et par ce choix nécessaire (logiquement) et obligatoire (axiologiquement) de soi, toujours confirmer sa propre valeur en persévérant dans l'être. La portée de cet argument consiste à tenter de montrer qu'à l'opposé de l'antithèse de l'être et du devoir-être prônée par la méthode scientifique, il y a, originellement et essentiellement, une connivence au niveau le plus profond entre l'être et le devoir-être, puisque l'être est bien (mieux que le non-être) et qu'il en appelle à lui-même (à l'être) en faveur de l'être. Autrement dit, fondamentalement *l'être doit être* : une « déontologie » se révèle au cœur de l'ontologie. Plus simplement : l'existence est bonne et elle doit être sauvegardée par l'homme là où elle interpelle sa responsabilité ; puisque la réflexion ontologique établit la non-séparation de l'être et du devoir-être, il ne paraît pas déplacé de chercher aussi plus empiriquement ou du moins plus

1. Cf. *PR*, « Two Dogmas : 'There is no Metaphysical Truth' and 'No Path leads from *Is* to *Ought*' », p. 44sq.

phénoménologiquement des fins et des valeurs, des biens même, dans la nature [1].

2.2.3. *Argument phénoménologique en faveur de la reconnaissance de fins, valeurs et biens dans l'expérience naturelle*

Qu'il y ait des fins activement à l'œuvre dans le monde humain et naturel est, selon H. Jonas, une donnée immédiate de l'expérience humaine dès lors qu'on ne la scotomise pas. L'auteur décrit, à l'appui de cette affirmation, divers phénomènes de finalité perceptibles non seulement dans les artefacts, les institutions et les comportements humains de tous les jours, mais également dans les processus naturels du monde vivant. Il admet qu'il est possible de tenter de donner du monde humain et du monde naturel une description en termes de déterminisme et de causes physiques aveugles, c'est-à-dire non guidées ni influencées par des finalités et des intentions. Une telle analyse (à supposer qu'elle puisse effectivement être menée dans toute sa complexité et jusqu'au bout) rend, toutefois, les comportements humains inintelligibles ; elle est en quelque sorte anti-naturelle, car elle écarte, comme marginal, inopérant et insignifiant, tout (volitions, désirs, intentions, représentations...) ce qui, dans notre expérience constante de nous-mêmes et des autres, s'impose comme jouant un rôle déterminant effectif (c'est une représentation intentionnelle qui est la cause finale opérative de mon action) et source de sens (à partir de là mon action est compréhensible). H. Jonas reconnaît qu'à mesure que l'on régresse dans le monde vivant vers des organismes de plus en plus élémentaires, la description en termes physiques de causalité déterministe aveugle gagne en pertinence au détriment de la lecture finaliste. Mais il s'inscrit en faux contre le préjugé scientiste qui, sous prétexte que, par méthode, la science ne reconnaît pas de finalités, conclut que c'est à partir du plus élémentaire et en termes d'analyse réductrice au plus élémentaire, que se conquiert toute la juste compréhension et connaissance des êtres évolués, humains compris. Bien au contraire, H. Jonas considère que c'est à partir de la lumière produite au stade le plus évolué que l'on peut rétrospectivement comprendre et expliquer les formes élémentaires et leur succession. Ce principe d'éclairage rétrospectif conduit Jonas à estimer qu'il est légitime et nécessaire d'interpréter la vie primitive en y cherchant des esquisses, anticipations obscures, de la subjectivité, de l'intériorité, de la volonté finalisatrice et intentionnelle, de la liberté (etc.) en

1. Cf. *PR*, « Being and Ought-to-Be », p. 46sq.

progressif développement. Tendance finalisée et finalisante vers toujours plus de capacité finalisatrice (de liberté et de conscience) qui se serait, en somme, spontanément servie des hasards (mutationnels) allant dans le « bon sens », grâce à un pouvoir de discrimination (sélective) complexe prenant de l'assurance au fil de l'évolution jusqu'à l'émergence de l'humanité qui se définit par la liberté, l'intentionalité, la conscience. Quelque chose comme la finalité – et la finalisation vers le plus de valeur – aurait donc toujours déjà été effectivement à l'œuvre dans la nature ; l'expérience humaine de l'intention efficace ne serait donc ni une illusion ni une anomalie inexplicable : elle est dans le droit fil, de plus en plus visible, de l'évolution du vivant. Cette visibilité ou cette évidence phénoménologique peut cependant échapper au regard exclusivement analytique, anti-holiste, anti-téléologique et réducteur des scientifiques. Mais à l'inverse de celui-ci, nous devons nous laisser instruire au sujet de ce qui est inférieur par cela qui est le plus élevé et le plus riche. C'est ainsi que H. Jonas aboutit à des énoncés risqués concernant la reconnaissance, dans le vivant élémentaire, d'une « subjectivité sans sujet », ou même, en deçà, d'une « intériorité germinale appétitive » disséminée à travers des myriades de particules élémentaires. Ce vouloir de la nature n'exige pas la représentation préalable des buts poursuivis, il « sent » les configurations causales propices à son développement, se saisissant des opportunités offertes.

La reconnaissance de finalités à l'œuvre dans le monde naturel implique la reconnaissance factuelle de valeurs associées à ces finalités : du fait même qu'elle est poursuivie, voulue, une fin se trouve valorisée, et les moyens qui rendent possible sa réalisation bénéficient, d'une manière subordonnée, de cette valorisation. Toutefois, le constat de l'existence de finalités-valeurs dans la nature en général ne contient en soi aucune obligation liante pour l'homme. Dans l'ensemble, il s'agit de fins-valeurs relatives à des organismes vivants, le plus souvent en compétition, où l'homme n'a guère de part et qui ne s'imposent pas à lui comme des buts-valeurs en soi, c'est-à-dire comme des biens à sauver ou à promouvoir comme tels et interpellant sa conscience morale, sa responsabilité. Intervenant dans le monde naturel, agissant, l'homme est obligé de choisir, c'est-à-dire, en somme, de faire le tri et d'introduire une hiérarchie parmi les fins-valeurs naturellement données, afin de reconnaître celles qui sont réellement bonnes et donc à préserver d'un point de vue éthique. Or, la phénoménologie du vivant et de son évolution rendrait manifeste que cela qui a le plus de valeur et qui doit être considéré à partir de la vie ou de la nature elle-même (c'est-à-dire ontologiquement), comme bien en soi ou finalité suprême, c'est le développement, l'intensification de la finalité, de la capacité librement et consciemment finalisatrice, qui est aussi, de la capacité du sens. La phénoménologie de la nature en évolution nous place en face de l'humanité comme devant la fin et la valeur supérieure de la nature, parce qu'en l'humanité s'épanouit et culmine cette volonté finalisatrice de sens et de valeur préfigurée, obscurément, dans le vivant élémentaire. C'est pourquoi l'humanité – en son existence et en son essence, et telle que l'évolution naturelle l'a produite – est l'objet, par excellence, de notre responsabilité ainsi ontologiquement fondée. Dès lors, la valorisation de l'homme ne vient plus d'une libre – arbitraire – auto-valorisation (que l'homme même serait libre d'abandonner le cas échéant, c'est-à-dire s'il décidait, par exemple, de l'opportunité d'une auto-reconstruction utopique de soi); la valeur de l'homme, étant ontologiquement fondée, oblige l'homme à se respecter comme tel, c'est-à-dire tel que le procès ontologique de la nature en évolution l'a engendré. Ainsi, la reconnaissance phénoménologico-ontologique d'une téléologie de l'évolution de la nature finalisée en l'humanité a, enfin, raison du nihilisme [1].

3. *Analyse critique du finalisme jonassien*

3.1. *La dénonciation de l'abus scientiste*

La critique de l'hypostase sous forme d'ontologie de certains principes méthodologiques de la science moderne est légitime quoique fort peu originale. Elle est opérée par toute philosophie prétendant encore avoir son mot à dire au sujet de la réalité ou soucieuse de défendre la valeur d'autres approches du réel (l'art, par exemple). Toutefois, il ne nous semble pas que la question soit abordée dans toute sa profondeur. Ordinairement, la science moderne et surtout les technosciences contemporaines ainsi que les praticiens des technosciences ne commettent pas l'abus technoscientiste qui est typiquement philosophique. Opérer l'hypostase totalisante d'une théorie (hypothèse) ou d'une méthode scientifique pour en tirer une pseudo-métaphysique, c'est produire de la mauvaise philosophie, naïve et précipitée. Les scientifiques ne sont pas exempts de cette tentation, mais elle signe un abandon de la démarche technoscientifique qui, comme telle, ne sécrète pas d'ontologie ou de métaphysique ni n'en

1. Cf. *PR*, principalement les chap. 3 « Concerning Ends and their Status in Reality » et 4 « The Good, the 'Ought', and Being : a Theory of 'Responsibility' ».

présuppose. La critique habituelle du scientisme et du technicisme dans laquelle l'argumentation de H. Jonas s'inscrit appartient à un débat intra-philosophique. Or la technoscience excède ce débat, lui est pour l'essentiel étranger. C'est la philosophie comme telle – l'être dans le monde et dans le temps philosophique – qu'elle conteste silencieusement, c'est-à-dire pratiquement, opératoirement et non verbalement. Sans doute est-ce aussi l'homme – pour une part considérable (la part essentielle diront le théologien ou le philosophe) – qu'elle conteste ainsi, et H. Jonas a-t-il raison (onto-théologiquement) de dénoncer cette contestation opératoire comme un danger apocalyptique. Mais cette conscience de la portée effective de ce qui se passe entre technoscience et philosophie (aussi théologie, religion), si elle est grande là où H. Jonas parle de la technique, est très insuffisante lorsqu'il prétend restaurer les droits et privilèges de la métaphysique en dénonçant simplement le scientisme de la (techno)science. La critique de H. Jonas n'est pas fausse, elle est simplement faible et s'alimente à une perception ici insuffisante de ce qu'est la science – la Recherche et le Développement technoscientifiques – aujourd'hui. La conséquence de ce malentendu est que les praticiens des technosciences ne peuvent ouïr les « raisons » de H. Jonas.

3.2. *La solidarité humanité-nature*

Il ne s'agit pas, ici, de la solidarité écologiste rappelant pragmatiquement (mais aussi à des degrés variables d'hypostase : idéologique, philosophique, religieuse) que l'être humain a besoin de la nature terrestre pour survivre, et cherchant à promouvoir une politique (et une éthique) compatible avec ce besoin. Certes, la prise de conscience écologiste semble avoir joué un grand rôle dans la conception du *PR* ; mais nous voulons évoquer, ici, la solidarité de fond. C'est celle de la non-transcendance et de la non-étrangeté de l'humanité par rapport au procès évolutif cosmique. L'homme n'est pas tombé du ciel : il est immanent à la terre. H. Jonas a raison de souligner que cette parenté – que les technosciences elles-mêmes appuient et approfondissent – ne peut avoir des effets univoques ou unilatéraux, et que, par conséquent, l'énigme de l'être humain (en tant qu'être de liberté, de sens, de question...) – antérieurement identifiée comme différence ontologique et éminence transcendante : l'esprit, par opposition à la matière – doit rejaillir sur la nature en évolution qui a produit une telle énigme. H. Jonas a raison de critiquer les réponses purement verbales (du genre de la « vertu dormitive de l'opium ») quelquefois proposées par les scientifiques en termes d'épiphénomènes ou d'émergence. Toutefois, comme nous essayerons de le montrer ci-dessous, son concept de la nature et de l'évolution ne paraît pas vraiment « à la hauteur » de la technoscience contemporaine ; les conclusions philosophiques qu'il pense pouvoir tirer de la solidarité humanité-nature en termes de préfiguration du plus évolué dans le moins évolué sont formulées d'une manière peu convaincante et les conséquences pratiques conduisant à une limitation éthico-politique dogmatique de la R. et du D. technoscientifiques sont inacceptables.

3.3. *Une conception étroite de la nature et de l'évolution*

Les concepts de nature et d'évolution avec lesquels travaille H. Jonas ne sont pas à la hauteur de la technoscience : ils se caractérisent par un confinement anthropocentrique surprenant dans la mesure où H. Jonas combat précisément les excès de l'anthropocentrisme. La nature pour Jonas est essentiellement la nature *terrestre* : c'est elle qui a engendré l'humanité qui en demeure – et en demeurera toujours semble-t-il – dépendante en ce qui concerne à la fois sa survie et son identité essentielle. Ce sont les ressources de cette nature terrestre qui sont menacées par une croissance immodérée, car il s'agit d'une nature foncièrement limitée. Cette conception fonde tous les arguments, principes et consignes d'inspiration « écologiste » du *PR*. Or, du point de vue des technosciences, de la biochimie à la physique, la nature terrestre n'est qu'un infime aspect de la grande nature cosmique qui constitue le véritable espace infini d'expansion et de croissance de la dynamique technoscientifique de l'humanité. Cette nature-là apparaît comme illimitée et guère en danger de dérèglement technique du chef de l'humanité. Une telle vision exige évidemment une échelle temporelle à la mesure de la nature cosmique : une notion de l'évolution à portée cosmologique. H. Jonas n'est certes pas créationiste (bien qu'on puisse le soupçonner – ainsi que les théologiens et de très nombreux philosophes – de regretter de ne pas pouvoir l'être), mais son concept d'évolution demeure généralement léger. Il évite de souligner l'enseignement de la paléontologie concernant le nombre immense d'espèces disparues, de mutations sans lendemain ; il évite d'articuler systématiquement l'évolution terrestre avec l'évolution cosmique en général, en son étendue spatiale et temporelle gigantesque, grosse éventuellement d'autres lignes évolutives locales dont nous ne savons rien, sans que notre ignorance nous permette de privilégier la Terre et son Humanité comme l'alpha et l'omega de l'Evolution. H. Jonas évite surtout de considérer que l'évolution cosmique n'est pas achevée, que l'enseignement de la science nous apprend que la durée à venir de l'Univers se compte en milliards, dizaines, voire centaines de milliards d'années encore, c'est-à-dire qu'il lui reste au moins autant de temps qu'il a déjà duré « pour » produire l'homme, sa prétendue finalité ultime. Ce qui fait problème pour l'argumentation finaliste de H. Jonas, c'est que la Fin des Temps n'est pas pour bientôt et qu'il reste à l'homme – au cosmos – des milliards d'années d'évolution, de liberté, d'aventure... Le Principe anthropique de H. Jonas qui finalise en l'homme toute l'évolution ne sait que faire de cet abîme temporel ouvert devant lui et au cours duquel la tâche essentielle de l'humanité devrait être de se préserver sans s'altérer. H. Jonas et son Principe anthropique sont en manque d'apocalypse prochaine. C'est de celle-ci que Jonas pense pouvoir lire la menace inespérée dans les débordements de l'Occident technicien. Mais il sait bien qu'il ne s'agit pas là de l'Apocalypse et que s'il y a des risques et donc des responsabilités, les uns et les autres n'ont pas la dimension onto-théologique qu'il aimerait pouvoir leur accorder.

Dans un univers que la cosmologie nous calcule comme devant encore durer des milliards d'années, tout finalisme anthropocentré apparaît comme dérisoire, absurde. Sauf à considérer qu'anthropos lui-même est liberté, ouverture, indéfinition, question... Or c'est cette ombre d'inessence de l'humanité que Jonas veut conjurer par le finalisme qui décrète que, depuis son apparition, l'humanité est pleine et par-faite en son essence et son image. L'homme n'est pas utopique, c'est-à-dire d'*ailleurs*, d'un autre lieu et d'un autre temps à venir.

H. Jonas articule humanité et évolution d'une manière profondément ambiguë et philosophiquement insatisfaisante. En effet, d'une part il fait de l'homme un produit immanent de et à l'évolution, le produit le plus achevé, valorisé comme tel par le processus final qui l'a engendré. Mais en même temps, il absolutise cette valeur, la rend transcendante, c'est-à-dire l'arrache au processus évolutionnaire auquel l'humanité ne pourrait pas prendre part, alors même qu'elle commence à s'en donner les moyens. Le décompte de cette opération contradictoire laisse une puissance infinie interdite d'usage : toute cette durée cosmique à venir ouverte à la liberté humaine qui ne peut s'en saisir.

Au total, la philosophie de la nature de H. Jonas ne paraît pouvoir se rapprocher de celle d'Aristote que parce qu'en effet, malgré certaines apparences de modernité (ouverture à l'évolutionnisme) sa représentation de la physis n'est pas très éloignée de celle du philosophe grec. C'est rhétoriquement que H. Jonas s'ouvre à la notion d'évolution, pour en tirer argument dans un sens que la considération du cosmos en évolution proposée par les technosciences n'admet pas.

3.4. *Le statut contradictoire de l'humanité*

L'éminente valeur de l'humanité engendrée par le procès, finalisé en elle, de l'évolution tient au fait que l'être humain est le vivant finalisateur par excellence, c'est-à-dire un être de liberté, de choix, de sens : un sujet conscient et autonome. Une telle qualification de l'humanité ne va pas sans de très nettes consonances nihilistes, puisque l'homme se définirait essentiellement par sa capacité finalisatrice, c'est-à-dire son aptitude à inventer et poser des buts (valeurs, significations). De plus, cette capacité librement finalisatrice de l'humanité, ayant été engendrée par le procès évolutif finalisé, est ontologiquement légitimée. Il est formellement cohérent (au sens kantien) et substantiellement fondé (par l'ontologie finaliste de H. Jonas) d'exiger que cette capacité finalisatrice de l'humanité ne se détruise pas elle-même, soit directement (auto-anéantissement de l'humanité), soit par détérioration de son substrat indispensable (la nature). Mais il est très difficile d'accorder un contenu précis à ces interdits en énonçant ce que la liberté peut et ne peut pas faire sous peine de s'auto-détruire. Des interdits trop systématiques et massifs, comme ceux suggérés par l'heuristique de la peur qui innerve l'éthique de la responsabilité jonassienne, risquent d'étouffer la liberté, la nature projective, créatrice de l'humanité, sous prétexte de sauver son essence, c'est-à-dire précisément la liberté finalisatrice. Il y a une contradiction à vouloir préserver intégralement l'humanité telle qu'elle a été produite par la nature, alors que cette production de l'humanité a été aussi, d'emblée (c'est-à-dire dès qu'il y a eu humanité), histoire, et donc autoproduction, intervention active (bien que largement inconsciente) dans le processus évolutif, contre-nature parce que développement de la liberté, quand bien même celle-ci trouverait, dans la nature, des préfigurations. On ne peut limiter intégralement à partir de la nature ce qui, pour exister, est aussi contre-nature et qui doit donc prendre le risque de l'aventure, le risque de se perdre ; si elle ne veut courir ce danger, l'humanité risque de se perdre plus sûrement encore en voulant se préserver de tout risque.

H. Jonas tend à clore la question « Qu'est-ce que l'homme ? », c'est-à-dire qu'il fait comme s'il avait une réponse à la question, comme s'il disposait de la vraie « image de l'homme », qu'il fait coïncider avec l'homme naturel-culturel, le vivant symbolique qui doit assumer sa condition symboliquement, c'est-à-dire dans et par le seul décalage symbolique. Venue du symbole (de la capacité de représentation), la liberté inhérente à l'essence humaine ne pourrait s'exercer que symboliquement, du moins pour ce qui est de l'enjeu suprême : la condition humaine qui est condition de cette liberté. Cette condition, la liberté peut l'aménager, l'améliorer matériellement, mais elle ne peut la changer biophysiquement sous peine de se nier. L'ambivalence fondamentale de l'homme, celle qui concerne sa propre condition – acceptée, refusée – ne pourrait, sous peine d'autodestruction de l'humanité, s'extérioriser que symboliquement sans jamais devenir l'objet de la manipulation technique. Ou encore : l'ambivalence humaine fondamentale ne peut s'analyser que symboliquement (au sens de l'herméneutique ou même de la psychanalyse, analyse infinie), et non technologiquement et effectivement (analyse finie, efficace, en extériorité et supprimant les causes de l'ambivalence).

En lançant de tels interdits « salutaires », H. Jonas tronque la réalité humaine et la trahit sous prétexte de son « souverain bien », à savoir la persistance dans sa condition, qui comprend pourtant – et là gît la contradiction du propos de H. Jonas – le refus de cette persistance, la volonté de dépassement effectif (pas seulement de sublimation symbolique) : l'utopie.

3.5. *Critique de l'argument « dé-ontologique »*

Il s'agit de l'argumentation fondationnelle qui, liant l'être et le bien en affirmant la supériorité de l'être sur le non-être, aboutit à la conclusion que « l'être doit être » et que par conséquent il n'y a pas de fossé onto-logique entre l'être et le devoir être, bien au contraire.

Rappelons que l'argument court schématiquement comme suit : la simple possibilité d'être valorisé ou dévalorisé constitue un « plus », une valeur. Or, ce n'est que de ce qui *est* que l'on peut prédiquer que cela est bon ou mauvais. La capacité pour la valeur (« Fähigkeit zur Wert », p. 100, édition allemande) – la « valorisabilité » – est-elle même une valeur en quelque sorte (une « archi-valeur »), présupposée par toute (dé)valorisation ? Elle exige l'être qui, ainsi, prévaut sur le non-être inévaluable. Etant valeur ou bien, l'être *doit* donc être.

L'argument se contredit dans la mesure où il dévalorise nécessairement le non-être (par rapport à l'être), qui devient *ipso facto* « capable de valeur ». Il s'agit là d'une vieille histoire qui remonte au parricide du *Sophiste*, où Platon est conduit à reconnaître un certain être du non-être et vice versa, et donc une certaine valeur – signification – à l'un et à l'autre. On pourrait convoquer ici toutes les philosophies, de l'idéalisme dialectique à l'existentialisme ou au rationalisme critique, qui accordent au non-être, à la négation, un rôle moteur, essentiel, comme source de la liberté, du devenir, du progrès, du sens même. Aux yeux de H. Jonas, une telle reconnaissance du *nihil* conduit au nihilisme, c'est-à-dire à l'ennemi qu'il s'agit de combattre.

Pourtant, on ne voit guère comment l'être seul rendrait possible la distinction entre le bien et le mal, le plus et le moins, la valeur et la non-valeur. Ces distinctions postulent la négation, donc le non-être. Autrement dit, la notion de valeur a également besoin de l'être *et* du non-être pour opérer (valoriser, dévaloriser). Ce qu'elle présuppose et qui serait donc premier, ce n'est ni l'être ni le non-être, mais les deux à la fois, c'est-à-dire la différence ou l'ambivalence. L'être seul ne permet pas de *faire la différence*. A partir de celle-ci, qui ouvre les choses, on peut, selon le cas, valoriser l'être ou le non-être, la stabilité ou la liberté (etc.), et reconnaître encore à l'œuvre, au sein de *chacun* des termes de tels couples, la différence et l'ambivalence à l'infini : la liberté est ambivalente, comme l'aventure, comme la prudence, comme le temps, comme l'être même jusque – paradoxalement – dans sa massivité identitaire, signe d'éternité autant que de mort, de plénitude autant que de vacuité... La philosophie de H. Jonas exprime un certain choix au sein de l'ambivalence des êtres et des choses ; ce choix est légitime, mais il n'est pas exempt d'ambivalence et d'ambiguïté lui-même, à tous les niveaux, y compris en sa prétention philosophique qui ne va ni sans rhétorique ni sans sophisme. Bien sûr, H. Jonas aimerait, comme tout philosophe, qu'il n'en allât pas ainsi. Mais telle est justement la condition humaine à laquelle le philosophe n'échappe pas, qu'il confirme même par la manière hypersymbolique et ambiguë qu'il adopte en tentant de la vivre quand même, tout en la repoussant cependant.

3.6. *Critique de l'argumentation phénoménologique*

Alors qu'il dénonce l'hypostase des principes méthodologiques de la science en métaphysique, H. Jonas n'hésite pas à opérer un abus du même genre en transposant ontologiquement des contenus de l'expérience phénoménologique, sans le moins du monde justifier un tel passage en essayant de montrer – comme cela a été fait de Husserl à Heidegger, voire à Gadamer (via l'accentuation herméneutique de la phénoménologie) – que la phénoménologie constitue, comme telle (c'est-à-dire en tant que phénoménologie) la seule ontologie légitime et possible, distincte de la métaphysique. La métaphysique, qui parle de la « réalité en soi » et non telle qu'elle apparaîtrait seulement, est alors identifiée comme l'erreur, liée à l'illusion qu'il est possible de distinguer l'être et son phénomène, la (les) phénoménologie(s) et l'ontologie. Cette rigueur phénoménologique n'est pas ni ne peut être la voie de H. Jonas parce qu'il estime que, bien qu'elle tente d'échapper au dualisme, elle n'évite pas le nihilisme, ainsi que le montrerait, par exemple, la philosophie de Sartre (*L'Etre et le Néant*).

Il faut donc, pour H. Jonas, sortir du cercle phénoménologique (qui dénonce toute métaphysique et s'assimile l'ontologie) anthropologocentriste (c'est-à-dire nihiliste) sans, cependant, retomber dans le dualisme. Cette sortie, H. Jonas croit pouvoir l'opérer d'une manière non problématique en transposant certains aspects de l'expérience humaine dans la philosophie de la nature. Cette hypostase ou objectivation métaphysique de l'expérience phénoméno-anthropologique de la finalité, de l'intentionalité, de la volonté, de l'intériorité (etc.) apporte à H. Jonas le bénéfice immédiat d'une apparente absoluité de la valorisation du plus évolué (l'humanité) et d'une apparente légitimité et objectivité du regard anthropologique (typiquement subjectif) rétrospectif jeté sur l'évolution déchiffrée comme finalisée en l'humanité. Sans le passage de l'anthropologocentrisme phénoménologique à une métaphysique ou une philosophie de la nature, toute valorisation de l'humanité ne serait qu'auto-valorisation, c'est-à-dire suspecte de subjectivisme, de décisionnisme, de nihilisme, bref non nécessaire, non fondée. Mais ce passage, dont H. Jonas a besoin, est évidemment très criticable à la fois du point de vue philosophique contemporain et du point de vue technoscientifique. Le premier point de vue, sous les espèces de la phénoménologie, accepte volontiers la critique jonassienne de la science, en notant par exemple que celle-ci travaille avec un concept de la « nature » dérivé, étroit, prélevé au sein d'une expérience, d'un être-au-monde humain infiniment plus vaste et plus riche, plus originel. Mais en accentuant ainsi contre « l'objectivité de la science » la priorité de l'expérience, la phénoménologie paye le prix : c'est le renoncement à toute métaphysique, à toute fondation. Un prix que H. Jonas refuse pour les raisons que l'on sait (la phénoménologie mène au nihilisme apocalyptique). Il ne se tient donc pas dans le retrait, le suspens phénoménologique concernant le réel en soi et l'engagement de l'action. Au contraire.

Du point de vue technoscientifique, le passage de la phénoménologie de l'expérience à la métaphysique, c'est-à-dire le passage de la description autoréférentielle de la subjectivité humaine en ses rencontres avec le monde, à des énoncés relatifs à la réalité indépendante de cette subjectivité et antérieure à elle, n'est évidemment pas davantage tolérable. En effet, le prix à payer pour le passage de l'expérience humaine (anthropo-logocentrée, subjective...) à l'objectivité physique est le renoncement à la subjectivité et à tout ce qui la constelle : intention, volition, intériorité, conscience, finalité, sens... Ce prix, H. Jonas refuse aussi de le payer et, d'une certaine manière, pour la même raison : le refus du nihilisme.

Mais en repoussant ainsi et la rigueur phénoménologique et la rigueur scientifique, H. Jonas est conduit à une position injustifiable et donc dogmatique qui s'exprime ultimement par des notions d'une grande confusion, telle que cette « subjectivité sans sujet », à la limite de l'animisme, du vitalisme, de la foi et du mythe.

3.7. *L'enjeu pragmatique*

Evaluer d'un point de vue pragmatique un discours théorique ou spéculatif revient à l'interroger sur les conséquences et effets pratiques (décisions, actions, repérages pour la conduite concrète des hommes dans le réel) qu'il entraîne, dès lors qu'il est cru et appliqué par ceux qui le lisent. Il ne serait peut-être pas inutile, aujourd'hui, de mesurer à cette aune tous les textes et discours qui prétendent se réfugier dans la pureté théorétique ou qui ne paraissent entretenir d'autre intérêt que la vérité (objective, non engagée), tout en parlant abondamment de ce qui est et de ce qui se fait, de la science et de la technique par exemple. Le *PR* ne fuit pas devant une telle évaluation pragmatique. Au contraire, il ambitionne des effets pratiques, éthico-politiques importants, et il ne déroule la théorie de la fondation que pour rendre plus assurés ces effets-là.

Or, l'évaluation pragmatique du *PR* suscite deux ensembles importants d'objections ou de réserves que l'allégation des « bonnes intentions » de l'auteur ne peut atténuer, même du point de vue de cet auteur, puisqu'il s'agit de *responsabilité* à l'égard des conséquences de ce que l'on dit et de ce que l'on fait.

Le premier ensemble concerne la politique : le *PR* encourage le doute, sinon une véritable méfiance, à l'égard de la démocratie et d'un certain nombre de valeurs qui y sont associées : pluralisme, progrès, sens de la tolérance et de la relativité, importance du dialogue, de la discussion, du débat, de la confrontation des points de vue, importance de l'opinion publique et de sa formation, etc.

Le second ensemble concerne les technosciences, leur dynamisme et la liberté de la recherche : à suivre le *PR* et ses positions dogmatiques sur l'essence ou la nature humaine articulées à une heuristique de la crainte qui voit partout des menaces contre l'humanité authentique, nul doute que des domaines très considérables et pointus de la recherche devraient être définitivement interdits ou, pour le moins, soumis à un moratoire de durée indéterminée, freins et interdits devant bénéficier de la force de l'Etat (éclairé selon Jonas), afin d'être effectifs.

L'introduction du finalisme (et de tout ce à quoi il s'associe à des degrés divers) dans la philosophie de la nature en évolution conduit ainsi – en raison de son dogmatisme métaphysique – à une attitude réactionnaire au plan de la promotion de la liberté dans l'humanité d'aujourd'hui et de demain. Ceci ne signifie certainement pas que toutes les critiques et mises en garde de H. Jonas sont erronées ou exagérées. Est abusive seulement la volonté fondationnelle de H. Jonas qui apparaît comme monologique et totalitaire et dont la conséquence est de conduire à un renversement de la défense de la liberté (finalité) en non liberté.

Gilbert HOTTOIS*

* Université Libre de Bruxelles.

LA RESPONSABILITÉ ENTRE LA CRAINTE ET L'UTOPIE*

Mes réflexions tournent autour de trois thèmes principaux de *Das Prinzip Verantwortung* : la crainte, la responsabilité et l'utopie. J'esquisserai quelques liens historiques et philosophiques entre ces trois concepts d'une manière qui est différente des liens que Jonas a établis entre eux.

1. *L'utopie*

« Nous étions partis du Pérou (où nous étions restés durant un an) et naviguions à travers l'océan Pacifique vers la Chine et le Japon. Nous avions avec nous des vivres pour douze mois. Durant plus de cinq mois, nous avons profité de vents légers et modérés. Ensuite pourtant, le vent se leva ». C'est de cette manière que Francis Bacon débute sa description du voyage géographique de la découverte de la « Nouvelle Atlantide » qui, selon de nombreux commentateurs, est aussi un voyage temporel vers notre monde moderne. C'est au début du XVIIe siècle que Bacon conçut son utopie technologique, la Nouvelle Atlantide, l'île où ses marins anglais échouèrent après la tempête, qui préfigure le monde moderne dans lequel nous vivons. Dans son esprit, Bacon anticipait le genre de société que l'humanité occidentale allait édifier durant ces derniers siècles. Les commentateurs estiment généralement que la civilisation occidentale a suivi le cours que Bacon suggérait dans son utopie.

De ce point de vue, deux aspects de la Nouvelle Atlantide requièrent notre attention. D'abord la culture Néo-Atlantidienne, sa science et sa technologie particulièrement, ne reconnaissent aucune limite. Il existe, dans la Nouvelle Atlantide, une sorte d'académie scientifique, la Maison de Salomon, dont le dessein est « d'étendre les frontières de l'empire humain en réalisant tout ce qui est possible ».

* Traduit par M. G. Pinsart.

L'impératif technologique qui transparaît à travers cet objectif – ce qui est possible doit être réalisé – nous mène à un second aspect important de la culture Néo-Atlantidienne : la nature a été supprimée et, en grande partie, soumise. Les Néo-Atlantidiens ont littéralement créé « une seconde nature », qui améliore la nature originelle et la rend superflue. Par exemple, les gens ont tiré de « nouvelles nourritures de choses hors d'usage », ils règlent le climat avec leurs « Chambres de la Santé », et ont même « façonné de nouvelles espèces ». A la fin de son manuscrit, Bacon fait la synthèse des nouvelles découvertes et des inventions qui consacrent la levée de toutes les limites possibles et la domination de la nature. Nous pouvons ainsi y trouver : « la prolongation de la vie, la restitution à divers degrés de la jeunesse, le ralentissement de la vieillesse et la guérison des maladies considérées jusqu'alors comme incurables ». Les tout premiers rêves de l'humanité occidentale moderne sont clairement exposés ici.

Ces références à Bacon montrent que, dès le début, le projet de la culture occidentale moderne et de la technologie est dirigé vers la transgression de toute limite culturelle et naturelle. En effet, la réalité proprement naturelle a complètement disparu et la culture est considérée comme une espèce de dispositif permettant de vivre aussi longtemps et agréablement que possible. Dans toutes les utopies antérieures à Bacon, de Platon à Thomas More, la société idéale était toujours décrite à l'intérieur de certaines limites culturelles et en relation avec la réalité de la nature. Dans la Nouvelle Atlantide, ce n'est plus le cas. La nature est totalement assujettie au pouvoir de l'humanité, ou mieux peut-être, aux technocrates de la Maison de Salomon, et les limites n'existent que pour être transgressées.

Un collègue hollandais, Lolle Nauta, écrivait il y a dix ans un article sur l'*Utopie* de Thomas More intitulé « L'utopie réalisée » [1]. Son observation principale était que notre société moderne de la fin du XXe siècle montre beaucoup de traits de ressemblance avec ce que More dépeignait dans son *Utopie*. Ceci est encore plus vrai, selon moi, en ce qui concerne la *Nouvelle Atlantide* de Bacon. Nous avons réalisé, ou en tout cas sommes en train de réaliser, le rêve que Bacon décrivait au XVIIe siècle. Les thèmes de la prolongation de la vie, le contrôle du comportement et les manipulations génétiques que Jonas considère comme caractéristiques de la situation dans laquelle l'être humain devient l'objet de la technologie, sont tous les trois éminemment présents dans la *Nouvelle Atlantide* de Bacon. En d'autres termes, en

1. L.W. NAUTA, *De gerealiseerde utopie en andere sociaal-filosofische stukkens*, Amsterdam, p. 17-30.

dépit de Bloch (et de Jonas lui-même !) nous vivons déjà dans l'utopie, même si cela tourne en une sorte de « dystopia ».

Même si ceci n'est que partiellement vrai, le raisonnement principal de Jonas ne devrait donc peut-être pas être dirigé à l'encontre d'un marxisme qui semble aujourd'hui terriblement dépassé, mais à l'encontre du principal courant historique de modernisation occidental. Bien sûr, Jonas consacre une page à ce point dans son dernier paragraphe. Je pense cependant que la discussion critique des idées relevant de ce courant principal, dont nous faisons tous partie d'une manière ou d'une autre, s'avérera beaucoup plus compliquée que celle avec Marx ou Bloch. Mais, pour être conséquent, cette discussion avec la tendance utopique présente dans notre monde moderne ne peut être évitée. En tout cas, en élaborant le thème de la peur, je désire l'entreprendre.

2. *La peur*

La peur en Occident[1] est une des études historiques les plus surprenantes que je connaisse. Dans un riche panorama, de nombreux aspects de la peur et de l'insécurité et de leurs différents objets sont passés en revue tels qu'ils s'expriment dans la culture populaire, la littérature, la théologie, la sculpture, la peinture et la loi. Culminant dans la répression de la sorcellerie, les peurs de l'obscurité, de la peste, de la famine tout autant que du juif, des païens et des femmes sont étudiées de manière exhaustive. Il est impossible de donner ne fusse qu'une brève impression de la richesse documentaire de Delumeau. En ce qui nous concerne, je retiens seulement deux points. D'abord les sentiments de peur, d'angoisse et d'insécurité ont, selon Delumeau, un commencement. Quelque arbitraire que cela puisse paraître, il mentionne même une date : 1348, l'arrivée de la peste en Europe occidentale. Manifestement, la plupart des peurs que j'ai mentionnées, étaient présentes avant 1348. Mais ce n'est qu'après la moitié du XIVe siècle qu'elles devinrent extrêmes et c'est seulement après cette date que les sociétés tentent d'aborder explicitement les sentiments croissants d'insécurité.

De la même manière, l'histoire prémoderne de la peur a une fin. Delumeau traite son sujet jusqu'en 1800, en faisant néanmoins quelques digressions dans un passé plus récent. La Révolution française, au niveau populaire en tout cas, est encore décrite comme une manifestation des vieilles peurs. Ce n'est qu'au XIXe siècle seulement que les

1. Jean DELUMEAU, *La peur en Occident*, Paris, 1978.

« anciennes mentalités » sont « sécurisées » (un néologisme en langue française) par la « révolution économique et technique ».

En second lieu, cette « sécurisation » de la population débuta dès la seconde moitié du XVIIe siècle. Après cette date, les peurs les plus vives s'apaisent progressivement. Delumeau trouve la raison principale de ceci dans le processus de normalisation et de discipline des sociétés européennes occidentales. Ces deux concepts peuvent vous rappeler les analyses de Michel Foucault dans *Surveiller et punir*[1], mais Delumeau, dont le livre date de 1978, ne fait pas encore référence à lui. Toutefois, son approche ressemble fortement à celle de son collègue du Collège de France. Il montre comment l'élite étouffe, à la fois dans les pays catholiques et dans les pays protestants, les multiples diversités populaires qui existaient jusqu'à cette époque. A Genève, Thomas de Bèze, un disciple et collaborateur de Calvin, affirme qu'un tyran cruel est moins mauvais qu'une situation dans laquelle chacun peut faire ce qu'il désire et la Contre-réforme se fait l'écho, à bien des égards, de cette exhortation. L'unité de l'église et de l'état est partout proclamée. Assez étrangement cette centralisation et cette normalisation, avec toute la répression qu'elle implique, offrit également une structure et un moyen de se garantir des nombreuses peurs qui habitaient les gens de l'époque.

« Mon hypothèse est qu'un plus strict contrôle de la vie quotidienne par un état mieux armé et par une religion plus exigeante diminuera, dans une certaine mesure, la crainte ».

Je ne veux pas critiquer cette conclusion à laquelle Delumeau arrive à la dernière page de son ouvrage. J'aimerais simplement lui offrir un complément. Je voudrais, avec l'aide de Thomas Hobbes, le seul philosophe selon Jonas, à avoir anticipé sa propre heuristique de la peur, lui qui s'appelait lui-même « un enfant de la peur », vous montrer qu'une autre réponse aux peurs de la société européenne occidentale était aussi en cours d'élaboration.

Tout l'univers philosophique de Thomas Hobbes[2] est dominé par la peur et la recherche de la sécurité. La condition naturelle de l'humanité telle qu'elle est décrite dans le célèbre chapitre 13 du *Leviathan* est caractérisée par une « peur continuelle et par le danger d'une mort violente ». Et quand les hommes se disputent les uns avec les autres dans une guerre qui oppose chacun à chacun, une des raisons principales de cette lutte est la recherche de « sécurité ». Le droit de nature consiste pour Hobbes en la liberté d'utiliser son pouvoir « pour la

1. Michel FOUCAULT, *Surveiller et punir*, Paris, 1977.
2. Thomas HOBBES, *Leviathan*, London, 1983.

préservation de sa propre vie». Et quand il est dit que «la loi première et fondamentale de la nature est de rechercher la paix», il est clairement fait allusion à la sûreté et à la sécurité.

Hobbes trace deux voies pour se libérer de «cette peur perpétuelle» qui «a toujours accompagné l'humanité». La première est bien connue. Les êtres humains peuvent créer, par des moyens artificiels, un Etat qui prenne soin de «la paix commune et de la sécurité». «C'est la génération de ce grand Leviathan auquel nous sommes redevables, après le Dieu Immortel, de notre paix et de notre défense». Mais même ce Leviathan artificiel que les êtres humains construisent eux-mêmes, est seulement obéi «par peur», comme l'est le Leviathan monstrueux qui, selon Delumeau, hante l'imagination des êtres humains jusqu'au XVIIe siècle. Car «les contrats n'étant que des mots et du vent, ils n'ont pas la force d'obliger, d'assujettir, de contraindre ou de protéger un être humain puisque ce qu'ils obtiennnent, ils le doivent au bras public armé».

En tant que créature artificielle, le Leviathan ressemble fortement à la «Fortificatio fidei» que Delumeau décrit, à la fin de son étude, comme une manière de maîtriser la peur. L'unité de l'état doit être rigoureusement sauvegardée et le raisonnement de Hobbes répète celui de Bèze que je mentionnais ci-dessus. Même quand la condition des sujets du Leviathan est extrêmement misérable, ceux-ci devraient considérer «que la condition humaine ne va jamais sans quelques désavantages» et que, de toute manière, ceci est préférable à un état de permissivité qui mène inévitablement à la «guerre civile».

Le point capital pour Hobbes est que les êtres humains peuvent construire un mécanisme pour se protéger, un «animal artificiel», «une machine». Les êtres humains sont à la fois «fabricants» et «matière» de «cet édifice solide et durable». Le premier rôle semble cependant être dévolu au scientifique qui, en «architecte hautement compétent», érige la forteresse de l'état qui peut les protéger. Ici nous touchons à la seconde voie envisagée par Hobbes pour sortir de la situation de peur continuelle. Dans le douzième chapitre, «De la religion», il écrit que la peur accompagnera toujours l'humanité «quand les causes font défaut». Dès que l'être humain découvre les causes des événements qui le rendent anxieux, il peut y travailler et élaborer ses défenses. Ici aussi le rôle du scientifique et du fabricant, non le scientifique politique et le bâtisseur d'un état mais l'homme de science et le technicien, vient à l'avant plan. La science et la technologie sont aussi des réponses à la peur, elles fournissent aussi les moyens de préserver sa vie aussi longtemps que possible.

2.1. *John Locke : le progrès comme parade à la peur*

J'espère montrer, en esquissant brièvement la pensée philosophique de John Locke sur notre thème, que les notions de progrès, de croissance et d'expansion sont apparues en réponse aux peurs liées à l'univers hobbesien. Ma thèse principale sera que ces peurs qui pourraient généralement être définies comme la peur de la rareté [1], propulsent l'humanité occidentale, durant les siècles suivants, avec bien plus de force que la promesse positive du progrès. Elles accompagnent toujours le progrès comme son ombre et apparaissent comme telles maintenant que le mythe du progrès s'est de nouveau affaibli pour un grand nombre de nos contemporains.

C'est le Locke auteur des *Deux traités du gouvernement* [2], de l'*Essai sur l'entendement humain* et de la *Lettre sur la tolérance* que nous connaissons généralement. Il était aussi connu comme tel à son époque et comme tel il devint, à travers les *Lettres philosophiques* de Voltaire notamment, le père des Lumières en Europe. La pensée du jeune Locke, comme en témoignent les *Deux traités sur le gouvernement* et les *Essais sur la loi de la nature* écrits en 1660 et en 1664, est cependant très proche de celle de Hobbes. Le champion européen de la tolérance plaide par exemple, dans ses premières œuvres, pour la nécessité d'un état fort devant diriger la religion de ses sujets. La raison de cette attitude caractéristique de ces premières œuvres est, comme elle l'était pour Hobbes, la peur incessante d'une guerre opposant chacun à chacun. Car les ressources de la terre étant limitées, la lutte pour la possession de ces rares ressources devrait être tenue en échec par l'état, selon le jeune Locke. La peur de la guerre civile et du règne dominant de la rareté hantent ces premières œuvres de Locke.

Chez le Locke de la maturité que nous connaissons bien, tous ces thèmes sont abordés dans une autre perspective. Locke attaque l'état absolutiste patriarcal de Filmer, il plaide vigoureusement pour la tolérance, et la peur de la rareté s'est métamorphosée en un panégyrique de la croissance, de l'expansion et du progrès. Qu'est-ce qui a transformé les premières pensées de Locke, si proches de celles de Hobbes, en ce proto-libéralisme tardif ? Le fait biographique qui a occasionné une rupture dans la philosophie de Locke est bien connu. En 1666, il rencontra Lord Ashley, le dernier Comte de Shaftesbury, qui était un représentant typique du capitalisme marchand du XVIIe siècle. Dans

1. Hans ACHTERHUIS, *Het Rijk van de Schaarste*, Baarn, 1988. Voir aussi H. ACHTERHUIS, « La critique du modèle industriel comme histoire de la rareté », *Revue Philosophique de Louvain*, 89(81), p. 47-62.

2. J. LOCKE, *Two Treatises of Government*, Cambridge, 1960.

les cercles sociaux qui gravitaient autour de Shaftesbury, Locke trouva des réponses à ses peurs. La situation de rareté toujours menaçante où chacun se bat avec chacun pour posséder les quelques biens disponibles, pourrait être résolue par la production de plus de biens par exemple et par l'expansion de ce que Locke appelait les « espaces vides » d'Amérique. Selon Locke, « au commencement le monde entier était comme l'Amérique » et l'humanité semble capable dans le futur de ressusciter cet âge d'or par la croissance continue et l'expansion.

Les promesses du progrès et de la croissance sont clairement pour Locke des réponses aux peurs et aux anxiétés de notre époque. Dans notre manière habituelle d'envisager les Lumières, nous manquons souvent de voir comment le mythe du progrès était au moins partiellement conçu comme une réponse à toutes les grandes anxiétés qui habitaient les populations européennes. Nous voyons seulement le bon côté des choses, les promesses du progrès. Mais la ruée en avant de l'occident, la nécessité ressentie du progrès, semble être causée bien davantage par la terreur que par les promesses. Même Condorcet, qui nous offre à la fin du XVIIIe siècle dans son *Esquisse d'un tableau historique des progrès de l'esprit humain* [1] la vision la plus optimiste du futur de l'humanité, ne peut cacher qu'un des agents de propulsion à l'œuvre dans le progrès de l'humanité était la fuite de la peur. Même dans la description de sa célèbre « dixième période », celle du brillant avenir réservé à l'humanité, le lecteur décèle ces peurs cachées. A la dernière page, non seulement les promesses de vertu, de vérité et de bonheur sont éminemment présentes mais une distance est prise également à l'égard de l'envie, de la crainte et de l'avidité. La promesse principale de cette dixième période, à la dernière page également, semble être que l'humanité sera finalement libérée de l'« empire du hasard ». La recherche d'une sécurité absolue se confond ici avec la recherche de forces dirigeant la modernité.

2.2. *L'utopie : une réponse à la peur*

Le modèle principal de Condorcet était Francis Bacon. Comme il apparaît dans son *Fragment sur l'Atlantide* [2] publié récemment pour la première fois depuis 1849, l'utopie baconienne est considérée par lui comme le paradigme qui inspira l'idée de progrès aux Lumières. N'oublions pas cependant que *La Nouvelle Atlantide* était, comme les autres utopies du début de la modernité, l'*Utopie* de More et la *Cité du*

1. CONDORCET, *Esquisse d'un tableau historique des progrès de l'esprit humain*, suivi de *Fragment sur l'Atlantide*, Paris, 1988.
2. CONDORCET, *o.c.*, p. 297-348.

soleil de Campanella, une réponse aux peurs suscitées par une situation historique apocalyptique. Elles indiquaient aux gens de l'époque une issue à l'angoisse et à la peur.

Ainsi dans ces utopies, comme Arendt l'a mentionné et cela pour toutes les constructions utopiques depuis Platon [1], le concept d'action politique est interprété en termes de « faire » et de fabrication. Ici l'*homo faber* vient à l'avant plan, il prend de l'ascendance sur l'*homo sapiens*, comme le remarque Jonas. Mais il oublie de signaler le fait qu'une de ses tâches est d'indiquer une voie pour échapper aux peurs qui étreignent l'humanité.

De ce point de vue, trois questions au moins peuvent être posées à l'encontre de la manière dont Jonas désire utiliser son heuristique de la peur. Contrairement à ce qu'il espère et attend, à savoir que cette heuristique apportera une aide en plaçant des limites à l'expansion et à la croissance et en mettant un terme à l'impulsion utopique, on peut affirmer que, dans notre histoire, l'heuristique de la peur a donné naissance à ces réalités. On imagine difficilement pourquoi la peur de l'apocalypse œuvrerait différemment aujourd'hui, pourquoi elle nous conduirait actuellement à des limites et à une prise de responsabilité plutôt qu'à l'expansion et à l'utopisme.

Un second point : selon mon analyse, qui est largement développée dans une étude récente [2], même aujourd'hui la peur peut être considérée comme la principale force motrice de la croissance économique et technologique. Le thème de la rareté, la peur d'une guerre de chacun contre chacun comme dirait Hobbes, semble la cause principale de notre incapacité à placer des limites à la course en avant désastreuse de l'humanité. Dans une heuristique de la peur, il sera nécessaire d'envisager cette forte peur de la rareté qui nous propulse en avant. Le tableau apocalyptique que Jonas dépeint pourrait sinon avoir des conséquences totalement différentes de celles qu'il attend.

Troisièmement, en suivant le fil de cette analyse, le lien entre la peur de l'apocalypse et l'utopie n'est pas uniquement un fait historique. Ces deux réalités sont intrinsèquement reliées. Toute la littérature utopique que je connais tire sa force de persuasion de la confrontation avec une réalité apocalyptique quelconque. De la même manière que le fait le Leviathan dans l'argumentation de Hobbes, l'Utopie scintille bien davantage quand elle est comparée aux tableaux apocalyptiques de la guerre civile (Morris, *News from Nowhere*), de la dégénérescence sociale (Platon, *Le Politique*) ou de la désorganisation (Bellamy, *The*

1. Hannah ARENDT, *The Human Condition*, London, 1958, part V.
2. Cf. note 1, p. 42.

year 2000). La peur de l'apocalypse est une partie et une pièce de la tradition utopique. De ce point de vue, *Das Prinzip Verantwortung* est beaucoup plus proche de cette tradition que Jonas ne le suggère.

Pour critiquer cette tradition, j'aimerais souligner quelques aspects du *Das Prinzip Verantwortung* où Jonas ne garde pas ses distances à l'égard de celle-ci. Dans toutes les utopies que je connais, une sorte d'élite dirige et impose une discipline à la population. Bien sûr, c'est toujours pour le bien de celle-ci que cette élite s'est désignée elle-même pour guider les autres. Cette sorte d'établissement élitiste, de présence nécessaire d'une élite, d'une dictature pédagogique selon Marcuse et Bloch, nous la trouvons aussi dans *Das Prinzip Verantwortung*. Jonas se moque de Bloch parce qu'il a besoin d'une élite pour apprendre aux gens à occuper leurs loisirs, mais l'élite qu'il évoque parfois lui-même a une légitimation beaucoup plus forte et beaucoup plus dangereuse. Elle ne guide pas les masses pour leur propre bien mais au nom de la survie. Explicitement, Jonas s'accorde avec l'utopie platonicienne où le peuple devrait être gouverné par un mensonge bien intentionné quand il ne peut accepter la vérité. A l'encontre de cette position utopiste, je voudrais, avec Arendt, affirmer que le royaume des affaires publiques est la sphère de l'opinion et de la persuasion et non celui d'une vérité qui contraint. Quand la vérité est introduite dans ce royaume, nous entrons dans le monde utopique de l'*homo faber*, où les quelques personnes qui savent se considèrent en quelque sorte responsables à l'égard de tous ceux qui s'égarent.

3. *La responsabilité*

Je suis assez conscient du fait qu'à des endroits différents de ceux que je mentionne, Jonas garde ses distances vis-à-vis de la tradition utopiste. Cependant, ma question principale reste celle de savoir si l'heuristique de la peur peut conduire à l'espèce de responsabilité qu'il recherche, au lieu d'être celle du philosophe-roi ou de l'écologiste-roi à l'égard de ses sujets.

Comme corollaire de mes suggestions au sujet de la relation intrinsèque et historique entre la peur et la tradition utopique, j'aimerais finalement faire quelques remarques concernant le principe de la responsabilité. Je suis ici assez d'accord avec Jonas pour dire que nous découvrons à peine ce *principe* dans les grandes traditions philosophiques et religieuses de l'humanité. Mais il est peut-être oublié parce qu'il était présupposé tout naturellement, parce qu'il n'avait pas besoin d'être développé explicitement. Le contenu du concept était peut-être d'une telle auto-évidence que le mot lui-même ne nécessitait pas d'être souligné. En éthique il pouvait être oublié, dans la moralité pratique il était sans doute présent.

Pour donner un exemple, dans tout l'Ancien et le Nouveau Testament le substantif abstrait de « responsabilité » est seulement utilisé deux fois. Mais son contenu est présent à travers toute la Bible. *Respondeo, ergo sum*, c'est de cette manière que le philosophe judéo-chrétien Eugen Rosenstock-Huessy résume ce contenu. De la première à la dernière page, l'être humain répond à la Voix qui l'appelle. Il n'élabore pas de théorie du principe de la responsabilité mais, en répondant, il le vit.

On peut soutenir que de la même façon l'humanité prémoderne agit de manière responsable à l'égard de son environnement. A l'encontre de Jonas je veux souligner que la responsabilité vis-à-vis de la nature était bien connue avant la modernité. L'homme traditionnel savait déjà que ses travaux pourraient être entièrement destructeurs pour la nature, qu'il devrait tenir ses forces techniques à l'intérieur de limites culturelles. Quand on lit la vaste étude de Clarence Glacken [1] au sujet des relations culture-nature dans l'histoire occidentale, on est frappé par les sentiments de responsabilité dont la culture occidentale traditionnelle fait preuve. Les discussions sur l'exploitation minière profonde et sur l'abattage des forêts européennes à la fin du moyen âge offrent de nombreux exemples de cette responsabilité à l'égard de l'environnement. Je prends un exemple de celle-ci dans le *De Re Metallica* d'Agricola [2]. Dans un passage important, Agricola dénonce la croyance – largement répandue apparemment à cette époque – que l'exploitation minière détruit la nature. L'argument le plus puissant

> des détracteurs [de la mine] est que les champs sont dévastés par les opérations de minage, c'est la raison pour laquelle, jadis, les Italiens étaient avertis par la loi qu'aucune personne ne pouvait creuser la terre pour rechercher des métaux et ainsi nuire à leurs champs très fertiles, à leurs vignobles, et à leurs oliveraies. Ils faisaient aussi valoir que les bois et les futaies sont abattus parce qu'on a besoin d'une grande quantité de bois pour la construction, pour les machines et pour la fonte des métaux. Et quand le bois et les futaies sont abattus, alors le bétail et les oiseaux qui fournissaient une nourriture plaisante et agréable à l'être humain sont exterminés. De plus, quand les minerais sont lavés, l'eau qui a été utilisée, empoisonne les ruisseaux et les cours d'eau, et soit détruit le poisson soit le fait fuir.

1. Clarence GLACKEN, *Traces on the Rhodian Shore*, Berkeley and Los Angeles, 1967.
2. *Idem*, p. 468.

Il me semble que ce type d'attitude traditionnelle de la responsabilité se perd avec l'émergence de la techno-science moderne. Ma question principale répète celle qui a été posée également par M. Volpi : Jonas ne devrait-il pas se demander d'abord pourquoi la responsabilité est devenue absente de cette nouvelle réalité, au lieu de développer son principe de la responsabilité à l'extérieur ou à l'encontre de cette réalité ?

Hans ACHTERHUIS *

* Université de Twente.

L'IMPÉRATIF KANTIEN FACE AUX TECHNOLOGIES NOUVELLES

Il y a à l'origine de cette étude un étonnement : tandis que la méditation que développe H. Jonas sur les questions éthiques posées par les technologies nouvelles me paraissait mettre en pratique de la manière la plus rigoureuse et la plus profonde les principes kantiens fondamentaux, cette évidence se heurtait à l'affirmation répétée de Jonas selon laquelle les nouvelles technologies nous obligeraient à dépasser la morale kantienne. C'est sur ce paradoxe que j'ai tenté de m'interroger.

Lorsqu'il s'agit de savoir comment émettre un jugement juste, c'est-à-dire de trancher par une pensée qui est une décision, face à la difficulté de certains cas particuliers concrets dans les questions de bioéthique, les philosophes ne sont pas mieux lotis que les non-philosophes – ou pour l'exprimer de manière positive, les non-philosophes sont aussi bien « fournis » que les philosophes. C'est qu'il ne s'agit plus ici de définir des principes *a priori*, il ne s'agit plus de *métaphysique* des mœurs ; ce qui est requis, ce n'est plus le pouvoir spéculatif de la pensée, c'est la faculté de juger qui doit prendre la relève ; et celle-ci, que Kant définissait comme le pouvoir du bon sens, est la chose du monde la mieux partagée – ou le plus égalitairement mal distribuée. Ce que nous apprend un grand philosophe comme Kant, c'est que la règle qui nous permet de passer du principe général au cas particulier qu'il subsume est dans une certaine indétermination ; elle ne nous est pas *donnée* par notre entendement ou notre raison en même temps que le principe général, ou elle ne nous est donnée que comme ce que chacun doit toujours à nouveau chercher dans l'incertitude, retrouver à partir de chaque cas par une authentique *initiative* de la pensée, et donc toujours en courant un certain risque. Et cette incertitude semble s'être amplifiée de manière tout à fait inédite dans la situation actuelle face aux technologies nouvelles.

L'erreur la plus grande serait donc d'attendre des philosophes qu'ils apportent leurs principes généraux comme des *recettes* qu'il suffirait d'appliquer fidèlement et de manière automatique pour ne pas s'écarter du juste. D'où la déception de certains.

Si un grand philosophe comme Kant, ou un penseur important comme Jonas, peuvent cependant apporter leur contribution aux débats actuels sur des situations qui ressemblent souvent à des impasses, à des dilemmes, c'est avant tout par une manière de penser l'éthique qui serait comme un exercice qui permette d'*orienter* la manière de poser les *questions* en éthique : c'est ce que fait Kant dans sa *Doctrine de la vertu*, dans laquelle il distingue expressément, à propos des « devoirs de vertu » entre la dogmatique – la définition *a priori* des devoirs – et la casuistique – l'interrogation sur l'application aux cas concrets, par laquelle le théoricien de l'éthique peut seulement « apprendre [à la faculté de juger] comment la vérité doit être *cherchée* » [1], et non trouver cette vérité à la place des autres. La dimension de la casuistique renvoie chacun à sa responsabilité personnelle face aux cas qui se présentent ; c'est à chacun de chercher pour un principe général ou une maxime la *maxime subordonnée*, dit Kant dans la *Doctrine de la vertu* – le *principe intermédiaire* dit-il dans le petit texte sur le *Droit de mentir* – qui va ajuster ce principe au réel, qui va permettre de passer de l'*a priori* à l'expérience, c'est-à-dire de la théorie à la pratique. Et c'est également ce que dit Jonas dans les premières lignes de son ouvrage *Technik, Medizin und Ethik* [2], dans lequel il se propose de faire un premier pas dans la casuistique nécessaire pour mettre en pratique les principes développés dans son *Principe responsabilité.*

Le philosophe peut également aider à rendre plus claires les règles *a priori* que chacun pressent par lui-même ; il apporte une clarification des concepts qui permet de mieux penser ce qu'on pressent, de mieux penser ce qu'on pense déjà en le pressentant, et qui permet surtout de dépister les glissements, les dérapages du jugement qui se réfère à de tels concepts, et de mettre en évidence toutes les exploitations idéologiques possibles de ces concepts à partir de ces faux mouvements de la pensée. Il me paraît que pour ce qui concerne le jugement éthique,

1. E. KANT, *Doctrine de la vertu*, deuxième partie de la *Métaphysique des mœurs*, Paris, Vrin, 1968, trad. A. Philonenko, p. 107 (je souligne).

2. H. JONAS, *Technik, Medizin und Ethik*, Frankfurt am Main, Suhrkamp Taschenbuch, 1987.

c'est là l'apport principal du philosophe éthicien, d'autant plus lorsqu'il s'agit des questions d'éthique contemporaines, qui par leur caractère inédit, inattendu, semblent se prêter plus que jamais à ce pouvoir de confusion et de dérapages.

Je me référerai pour l'essentiel aux analyses de Jonas, aux cas de figure à partir desquels il développe sa méditation, mais également, à l'occasion, aux analyses d'autres penseurs de la bioéthique, et plus généralement aux débats qui ont eu lieu dans l'opinion publique, et j'essaierai donc de montrer à partir des cas concrets analysés, comment on peut voir à l'œuvre dans les débats actuels sur la bioéthique, ou au contraire comment peuvent y être *méconnues* certaines distinctions conceptuelles qui me paraissent fondamentales, et qui ont été pensées par Kant, et comment celles-ci peuvent nous permettre sinon certes de trouver la *réponse certaine* aux questions de bioéthique – elles nous feraient plutôt comprendre pourquoi la certitude définitive n'est pas possible dans la plupart des cas –, du moins, peut-être, de sortir de certaines impasses dans lesquelles se laisse enfermer le jugement sur ces questions.

Ce qui englobe toutes ces distinctions, c'est donc la reconnaissance de la *nécessité d'une casuistique*, l'étude des cas de conscience qui peuvent se poser lors de l'application de règles générales aux cas particuliers. Le moment de la casuistique correspond dans la *Doctrine de la vertu* au moment de *l'interrogation sur les limites* ; il ne s'agit pas cependant des limites du principe pris comme tel, mais des conditions de son application au réel. Et il est significatif que Kant laisse à propos de chaque cas limite la question ouverte, une manière de dire clairement que là s'arrête la tâche du philosophe ; Kant en tant que tel individu particulier avait certainement son idée sur la question, et quelquefois cette idée transparaît dans la manière même de poser la question, mais l'essentiel est de reconnaître qu'il serait illégitime de faire passer cette idée pour la solution définitive, cernable *a priori*, aux questions de casuistique.

1. Lié à l'indétermination de la règle, un premier principe sur lequel il faut insister est le *principe intermédiaire* : pour passer de la définition formelle *a priori*, théorique, de l'impératif, à la pratique, il faut qu'intervienne la faculté de juger comme pouvoir et devoir d'inventer le principe intermédiaire qui permet au praticien de décider si tel cas tombe sous la loi ou non. Il importe de comprendre qu'un tel principe qui représente effectivement un ajustement, une adaptation de

l'*a priori* à l'expérience, aux exigences du réel, une prise en compte du principe de réalité, n'est pas pour autant une altération ou une perversion du principe : il est au contraire l'unique modalité de sa mise en pratique *étant donné certaines conditions*, et donc l'unique moyen d'être effectivement fidèle au principe. Toute la difficulté sera bien entendu de discerner à quel moment ce qui apparaît souvent dans les débats comme la nécessité de bafouer un droit, d'y faire des exceptions, est en réalité la nécessité de trouver ce principe intermédiaire, et à partir de quel moment on risque au contraire de basculer du principe intermédiaire ou du moyen légitime dans la négation du droit.

Parler de principe intermédiaire, ou de maximes subordonnées, cela signifie aussi qu'on peut y toucher, ils ne sont pas intangibles, ou plutôt ils ne le sont que dans la référence inconditionnelle qui les anime, et *au nom de laquelle* précisément on peut et on doit, dans certaines conditions, changer le contenu positif concret dont on leste les principes.

Je reviendrai à plusieurs reprises sur cette question car elle est constamment présente dans les débats sur la bioéthique.

Une *distinction* fondamentale est celle que Kant établit entre *dommage* et *injustice*, distinction d'autant plus fondamentale que pas mal d'arguments utilisés dans les débats d'éthique et en particulier de bioéthique reposent sur la confusion des deux concepts : c'est un devoir pour chacun de respecter la recherche de bonheur des autres, et donc d'éviter de leur causer des dommages, mais ce *devoir de ne pas nuire* doit être compris comme devoir *conditionné* : ce qui signifie que j'ai le droit indirect de contredire certains intérêts et certains désirs d'autrui, c'est-à-dire le droit indirect de lui nuire *si et seulement si* l'impératif est en jeu : le respect de la dignité de la personne en chacun – aussi bien en moi-même – est la *condition restrictive* du droit au bonheur et du devoir corrélatif. Ce principe kantien est aussi un principe fondamental pour Jonas.

On ne peut donc mettre en balance un dommage, fût-il le plus grand et une injustice, fût-elle matériellement – c'est-à-dire quantitativement par exemple – bien moins importante que le dommage. H. Jonas nous donne un exemple très éclairant de ce problème dans *Technik, Medizin und Ethik* : nous pourrions, nous devrions – *sollen* –, dit-il, limiter notre frénésie de consommation pour éviter un épuisement ou une pollution catastrophiques de la planète, mais «il est (par exemple) impensable d'un point de vue éthique que la technique bio-médicale renonce à diminuer la mortalité enfantine des pays 'sous-développés' à haute natalité, même s'il devait en résulter une misère encore plus grande due à la surpopulation »[1].

A cela il faut cependant ajouter que plus le dommage atteint des proportions démesurées, plus il est difficile de ne pas considérer qu'il est non seulement très regrettable mais également injuste, sinon de ne pas trouver du moins de ne pas chercher les moyens de le limiter. H. Jonas envisage cet aspect de la question plus ou moins dans le même ouvrage.

Cette première précision signifie que la distinction entre dommage et injustice ne doit pas devenir un *alibi* pour indifférentisme, mais doit relancer d'autant plus l'exigence de chercher, d'inventer des solutions qui, elles, ne seraient pas anti-éthiques, ce qui correspond d'ailleurs à l'exigence de mettre tout en œuvre pour que soit trouvé le principe intermédiaire. On ne peut donc certes pas reprocher à Jonas comme le fait K.O. Apel, de ne pas prendre en considération cette question.

Ne pas éviter à l'autre un dommage qu'on a le pouvoir d'éviter est injuste ; mais comme la limite de ce pouvoir est le plus souvent incertaine, et surtout comme elle se déplace à mesure qu'on agit sur la réalité, il faut aussi savoir que même une situation qui ressemble à une impasse n'est jamais une excuse pour ne pas tenter du moins de trouver le principe intermédiaire : tel est le sens du « tu dois donc tu peux » kantien ; et tel est le sens de sa définition de la liberté humaine : on ne sait pas à l'avance jusqu'où la liberté peut ou ne peut pas aller.

2. Une autre distinction tout à fait capitale, étroitement liée à celle du dommage et de l'injustice, est la distinction entre *devoir inconditionnel* – c'est celui – formel – du respect de la dignité de la personne humaine, ou du droit *égal* de chacun à sa liberté – et *devoir conditionné* : tandis que le premier commande la fin, le second commande seulement les moyens, dit Kant. Le devoir conditionné est donc une figure très particulière de l'impératif hypothétique : si tu veux non pas n'importe quelle fin, mais la fin éthique, c'est-à-dire le respect de l'humanité en chacun, alors tu dois utiliser des moyens qui soient tels qu'ils ne contredisent pas cette finalité éthique, c'est-à-dire qui soient *à la fois efficaces et justes*, ou tout au moins les plus efficaces et les plus justes ; il faut t'efforcer, ainsi pourrait-on l'interpréter, de rapprocher autant que se peut le principe de l'efficacité et celui de la justice, en sachant qu'il y aura toujours un reste. C'est pourquoi Kant parle tantôt de devoirs – et de droits – conditionnés, tantôt de moyens légitimes.

1. H. JONAS, *op. cit.*, p. 50.

Dans beaucoup de cas de questions de bioéthique, on a affaire en réalité à la nécessité d'introduire certains moyens légitimes dans la pratique, et en particulier à la nécessité, de plus en plus urgente de légiférer sur ceux-ci. Or, dans la discussion sur ces questions, par exemple sur la question de la dépénalisation de l'avortement, on aboutit souvent, en se contentant de raisonner en termes d'opposition entre droit et non-droit, à un blocage qui semble être dû, au moins en partie, à la confusion entre moyens légitimes et droit, qui elle-même dérive de la confusion entre droit conditionnel et droit inconditionnel.

3. Tout aussi important dans la notion de moyen légitime est donc le fait que celui-ci comprend dans sa définition même la reconnaissance et la définition de *limites* dans l'utilisation de ces moyens : l'insistance sur la dimension de moyens permet de comprendre qu'on peut et doit, *étant donné certaines conditions*, arrêter les frais.

L'argumentation en faveur de la dépénalisation de l'avortement, par exemple, qui se référait à un droit au bonheur qu'on peut définir comme le droit de poursuivre librement ses désirs et intérêts n'a pas toujours compris le sens et l'importance de cette auto-limitation qui découle d'une autre distinction sur laquelle il faut insister qui est celle entre deux sens de « liberté », entre le droit égal de chacun à sa liberté-dignité, qui est une liberté inconditionnelle, et la liberté qui n'est *que* celle des désirs et des intérêts, liberté pour chacun de réaliser ce qui fait son bonheur ; cette liberté-là est conditionnelle, elle est soumise à la *condition restrictive* de la première, distinction facile à comprendre, ce qui n'empêche pourtant pas les confusions d'être fort courantes. Dans le même cadre, le « droit à l'enfant », droit essentiel, a pourtant commencé lui aussi à se révéler être un droit conditionnel. On invoque beaucoup le droit à l'enfant pour justifier dons de sperme, insémination artificielle, fécondation *in vitro*, et jusqu'aux mères porteuses. Or si chacun sait ou pressent qu'un tel droit s'arrête à partir du moment où il se retourne, ou risque de se retourner en irrespect de l'enfant à venir, on constate pourtant de plus en plus la tendance à considérer l'enfant à venir comme un *moyen* au service d'un désir d'enfant qui s'affirme de plus en plus comme désir d'enfant *à tout prix*, et qui a déjà commencé à donner lieu à ce que A. Jacquard appelle l'« acharnement procréateur » qui, comme dans le cas de l'acharnement thérapeutique, signifie en particulier qu'on est prêt à réaliser son désir même au prix du sacrifice du droit de l'enfant, droit qui trouve ses maximes subordonnées ou son principe intermédiaire dans certains droits subordonnés tels que celui de connaître son origine – ce qui n'est pas possible si le donneur de sperme demeure anonyme – et qui est un droit indirect important. F. Dolto et d'autres psychanalystes ont mis en évidence les entraves graves que peut représenter pour l'accession de l'enfant à son autonomie le secret sur son origine ou l'ignorance de celle-ci. De même pour la fécondation *in vitro*, on ne sait pas encore quelles pourraient être les séquelles pour un enfant qui entame sa vie, c'est-à-dire qui passe des moments essentiels de celle-ci, dans le milieu aseptisé, an-humain, de l'éprouvette, qui n'a pas eu la possibilité de se développer dans un milieu humain, même s'il s'agit de cette humanité très particulière qu'est le vivant humain éprouvé de l'intérieur.

Les possibilités que la science met à la disposition des parents amène ceux-ci de plus en plus à identifier – à réduire – leur désir d'enfant au désir de maîtriser, de déterminer le plus parfaitement possible ce que sera cet enfant, en réalité un désir de réaliser par le *moyen* de l'enfant, ses propres désirs narcissiques : choix du sexe, cela se pratique déjà par avortement, et bientôt choix de la taille, de l'intelligence, etc. Autre manière, Jonas le montre fort bien, de nier la dignité de la personne de l'enfant futur en voulant le réduire à du programmable, du manipulable.

C'est bien sûr la même question qui se pose au niveau global de la société, même si ce désir de maîtrise ressemble surtout à un fantasme.

Il ne s'agit pourtant pas ici de dénier le caractère problématique de la situation dans laquelle se retrouveraient les personnes qui se verraient privées de la possibilité de réaliser ce qui représente pour la plupart d'entre elles un de leurs désirs les plus profonds, il faut reconnaître que par là on leur cause un grand dommage, mais à nouveau, dommage n'est pas injustice, cette distinction demeure fondamentale si on veut résister à la tentation, très moderne, ou post-moderne, de glisser de la reconnaissance du désir légitime d'enfant, de la procréation comme moyen légitime pour le bonheur individuel, à celle du droit inconditionnel à l'enfant. On fait passer par là pour la fausse opposition entre droit et non-droit ce qui est une opposition entre un droit conditionnel, droit de réaliser ses désirs, et droit inconditionnel, en l'occurrence celui de l'enfant de recevoir les meilleures conditions d'accession à son autonomie, et donc à l'intégrité de son image de soi. Toutes les analyses de Jonas témoignent d'un sens profond de cette distinction.

Une autre distinction, qui entre en jeu également dans l'exemple que j'ai repris plus haut à H. Jonas, est celle que Kant établit entre devoir au sens *large*, ou devoir dont l'obligation de l'exécution est « imparfaite », et devoir au sens *strict* : le premier qui concerne les actions éthiques proprement dites représente une *condition restrictive* des actions : il interdit, il dit ce qu'on ne peut pas faire, mais il ne *prescrit* pas de manière précise le contenu positif concret des actions. « Respecte les autres », cela signifie : « *ne* les traite *pas* uniquement comme des moyens », cela ne signifie pas : « montre leur *activement et par telle action particulière* ton respect ». Ce devoir est donc d'obligation imparfaite au sens où on ne peut dire *avec précision* jusqu'où il faut aller dans la pratique *active* du devoir ; distinction essentielle, parce qu'elle permet de comprendre qu'il y a des limites aux exigences que l'on peut avoir face aux autres, qu'on ne peut les *contraindre* à certains devoirs. C'est une des questions qui a été soulevée à propos du prélèvement d'organes sur un patient atteint de coma irréversible, question que Jonas envisage de manière approfondie dans son ouvrage déjà cité. On a parlé à ce propos d'un *devoir* de chaque citoyen en tant qu'il pourrait devenir un jour un tel corps comateux, envers ces autres individus qu'il pourrait sauver par un don d'organes, devoir de donner son accord, tant qu'il est conscient, pour que soit pratiqué un prélèvement d'organes sur son corps. Dominique Bourg, par exemple, invoque un *devoir de solidarité* [1]. On peut reconnaître un tel devoir à certaines conditions :

– qu'on ne glisse pas illégitimement de la reconnaissance d'un tel devoir à l'affirmation de la légitimité d'une contrainte, en particulier d'une contrainte légale, qui serait exercée sur les individus au nom de ce devoir. Un tel devoir de solidarité ne peut être envisagé que comme devoir éthique, ou devoir au sens large ; ce qui signifie que si on me contraignait à l'accomplir, ce serait à la fois illégitime et contradictoire, puisqu'en tant que devoir éthique, il requiert la *libre* décision de l'individu ;

– qu'on reconnaisse dans ce devoir un mode particulier du devoir de bienfaisance, c'est-à-dire d'un devoir pour lequel il est surtout important de savoir qu'il est très difficile de préciser jusqu'où l'individu doit aller dans l'action concrète pour le respecter, l'impératif ne fournissant pas en même temps que le principe tous les détails matériels ; ce n'est personne d'autre que l'individu lui-même qui peut décider jusqu'où ira sa mise en pratique. Personne ne peut me contraindre de mener ce devoir jusqu'au sacrifice de moi-même.

1. Cité par D. BOURG, « Bio-éthique : faut-il avoir peur ? », *Esprit*, novembre, 1989, p. 23.

Si un individu va jusqu'à accepter de se sacrifier, c'est-à-dire de faire ce don d'organes, ce qu'on peut considérer comme une manière de sacrifice, cela est certainement très vertueux – et Jonas constate que cela se produit de plus en plus souvent – mais s'il refuse, il n'agit pas pour autant de manière anti-éthique.

L'indétermination dans laquelle demeure la règle qui permet d'appliquer le principe au cas rend possible un autre phénomène fort courant dans les débats sur la bio-éthique, phénomène tout aussi courant d'ailleurs dans les questions d'éthique les plus quotidiennes : c'est le phénomène de l'*auto-tromperie*, épinglé par Jonas qui ici encore se montre kantien : je ne peux jamais *démontrer*, au sens mathématique, que j'ai subsumé le bon cas sous la bonne règle ; il est et demeurera donc toujours possible d'exploiter idéologiquement cette indétermination. Plus le désir ou l'intérêt est fort, plus nous sommes tentés de résister à la loi, si elle les contredit, et la meilleure manière d'y résister c'est bien entendu de considérer qu'il n'y a pas de problème moral, de considérer qu'il y a conformité de mon désir à la loi, c'est d'identifier la vérité, scientifique ou éthique, à l'objet de mes désirs.

On invoquera, ainsi, contre toute limitation de la recherche en biologie moléculaire le but d'améliorer le sort de l'humanité, alors que les véritables motivations peuvent être tout autres. Jonas les débusque sous les arguments humanistes : une curiosité démesurée, peut-être malsaine, un désir de contrôle de plus en plus grand, quand il ne s'agit pas purement et simplement d'intérêts financiers très substantiels : la recherche génétique est aujourd'hui une recherche de pointe, elle peut rapporter gros, sans compter la tentation de la gloire qui intervient également au niveau de la concurrence internationale. De sorte qu'on a souvent le sentiment que le désir officiel d'améliorer la lutte contre certaines maladies, qui est, il faut le préciser, le but effectif de beaucoup de chercheurs et médecins, ressemble souvent chez d'autres à un alibi, que l'impératif catégorique est utilisé comme alibi *contre lui-même*.

On pourrait en dire de même à propos de la question du prélèvement d'organes et, même, de celle de l'insémination articielle et autres pratiques associées : la logique productiviste a déjà commencé à s'emparer de ce nouvel objet qu'est le vivant, dit C. Labrusse-Riou qui parle de « marchés d'organes, marché de gamètes et des embryons, marché des empreintes génétiques, marché de la procréation artificielle où l'enfant espéré devient au nom du projet d'enfant, l'objet du contrat d'entreprise », « le vivant humain » devient chose, objet de production, de redistribution, de gestion »[1]. Ici, il ne s'agit plus même de désirs par lesquels les parents potentiels peuvent se laisser submerger, mais du calcul des pertes et des profits. H. Jonas va dans le même sens lorsqu'il évoque les « listes d'attente pour transplantation d'organes [qui] sont longues ; la demande dépasse de loin l'offre, les intermédiaires pour le ravitaillement très organisés, les informations informatisées... »[2]. L'offre, la demande, le ravitaillement, bientôt la marchandise, ce sont là, n'en doutons pas, les termes déjà utilisés sans plus qu'on se pose la question de savoir de quoi il y va vraiment dans un tel commerce.

Un autre argument de poids invoqué est celui du droit à la liberté de la recherche, un droit qui était reconnu jusqu'ici comme un droit fondamental par les régimes démocratiques ; c'est donc le caractère inaliénable de ce droit qu'invoquent avant tout les fondamentalistes de la recherche scientifique pour récuser tout droit d'imposer des limites à celle-ci. Contre une telle argumentation, il faut commencer par rappeler que le droit de libre recherche de la vérité, le fait que la science a sa déontologie, sa légalité propre – honnêteté intellectuelle dans les résultats, etc. – est soumis, comme toute autre activité humaine à la *condition restrictive* de l'impératif, ce qui signifie 1) que ce droit à la recherche libre de la vérité trouve lui-même sa *condition de possibilité,* en tant que droit, dans l'impératif : en effet il n'est rien d'autre qu'une maxime subordonnée, dérivée de la maxime du respect ; et 2) que l'impératif, pour cette raison même, est sa condition *restrictive*, raison pour laquelle il n'est pas un droit *inconditionnel.* Il faut laisser à la science son autonomie, mais il est non seulement licite mais éthiquement obligatoire de poser des limites à ce droit à l'autonomie, *si et seulement si* la recherche nie l'impératif, c'est-à-dire la dignité humaine ; ce qui est aujourd'hui une possibilité d'autant plus grande que la recherche théorique, ainsi que le rappelle Jonas, est devenue le plus souvent inséparable de certaines pratiques, d'expérimentations, de manipulations bien concrètes sur les humains. Mais ce que Jonas met avant tout en évidence, c'est qu'en se servant, par exemple, d'êtres humains à de pures fins d'expérimentation, la recherche désintéressée de la vérité se retourne contre elle-même, *contre son propre principe.*

1. C. LABRUSSE-RIOU, « L'homme à vif, biotechnologie et droits de l'homme », *Esprit*, novembre, 1989, p. 66.
2. H. JONAS, *Technik, Medizin und Ethik, op. cit.*, p. 236.

Lorsque le chercheur est animé par le désir et la prétention de traiter l'humanité comme un objet de son pouvoir théorique et pratique, comme un pur objet de manipulation, il est clair qu'il contredit l'impératif, et qu'en vérité il y va pour lui d'autre chose que de la recherche du vrai, bien plutôt de l'affirmation démesurée d'une volonté de puissance.

Rappeler que tous ces droits – droit de rechercher librement la vérité, droit de recevoir les organes ou les gamètes d'un autre, etc. – sont des droits conditionnels, ce n'est donc pas les nier comme droits, mais *les protéger contre leur propre démesure*, contre leur *auto*-destruction par *hubris*.

Il s'agit donc avant tout de démonter l'argumentation qui consiste à voir dans la limitation de tel droit conditionnel la négation *du droit*. C'est au contraire l'obligation de respecter dans tel droit considéré dans sa réalité empirique ce qui fait sa dimension intangible qui contraint au-delà de certaines limites, à soumettre le contenu matériel de ce droit à conditions, à voir en lui un droit conditionnel. Et de montrer que c'est le cramponnement rigide, fondamentaliste, au contenu empirique, à la seule dimension matérielle du droit en question, qui mène à sa négation, c'est-à-dire à la négation de la référence qui anime et légitime par exemple toute recherche scientifique. La démesure ne représente plus simplement une étape supplémentaire dans une progression continue par degrés, mais elle introduit une *rupture*, et une rupture au niveau fondamental qui est celui des *principes* : au-delà de la mesure, le cas n'est plus subsumable sous le principe de la recherche libre du vrai, mais sous la maxime anti-éthique de la volonté de puissance ou de l'auto-affirmation illimitée de mes désirs, fût-ce au prix de l'impératif.

Le sophisme que Jonas démonte ici, et ce faisant, il se montre encore une fois profondément kantien, consiste à ramener ce qui est un changement de principes à une simple différence de degrés. Et corrélativement il démonte cet autre sophisme qui, s'appuyant sur le premier, argue de cette pseudo-continuité entre les cas pour adopter une attitude fondamentaliste, que ce soit d'ailleurs pour défendre un droit à tout prix, ou pour défendre le droit de ne pas du tout tenir compte de ce premier droit.

La question des « degrés » n'est pas la question ultime, mais elle est seulement la manière dont la question des principes se laisse lire dans la réalité empirique des cas.

On peut facilement arriver à un consensus sur la légitimité d'utiliser des hormones de croissance pour favoriser la croissance d'individus qui sans cela demeureraient des nains, mais cette quasi-évidence est déjà ébranlée lorsqu'il s'agit de légitimer la même pratique au nom du principe que « le grand est beau » ; de même il n'est pas impensable qu'un jour tout le monde s'accorde sur la légitimité d'une dépénalisation de l'avortement pour cause de débilité future de l'enfant, mais le bon sens suffit pour nous faire pressentir que la même pratique deviendrait illégitime s'il s'agissait, par exemple, de vouloir éliminer tous les individus qui risqueraient de ne pas atteindre tel quotient intellectuel élevé.

De même encore on peut trouver licite la dépénalisation de l'avortement dans le cas de détresse de la mère, mais illicite cette même dépénalisation lorsque la cause de l'avortement est le choix du sexe ; et même si on pouvait s'accorder sur le fait qu'il n'y a rien d'anti-éthique dans le choix du sexe lorsque le but est d'équilibrer une famille, cela le devient lorsque, comme aux Indes, mais encore chez nous, même si les conséquences en sont moins désastreuses, il s'agit clairement d'aller dans le sens d'une discrimination anti-femmes.

On peut admettre la manipulation génétique lorsqu'il s'agit de *corriger* un défaut dans un génome humain, dans un but thérapeutique, par exemple dans le cas de la thérapie du diabète mais est-il licite de manipuler les gènes lorsqu'il s'agit, comme le fait James Watson lui-même, découvreur de la double hélice de l'ADN, de considérer comme très raisonnable la possibilité d'injecter un jour aux individus des gènes qui leur permettraient d'être plus productifs – ce qui consiste à traiter ces individus essentiellement comme des moyens – ou lorsqu'il s'agit de supprimer la peau noire ? C'est une possibilité qui a également été envisagée. C'est là un principe raciste qui s'exprime comme la bonne intention d'œuvrer au bonheur de l'enfant futur. Et il est bien vrai qu'un enfant noir a toutes les chances de trouver sur son chemin beaucoup plus d'embûches qu'un enfant blanc, mais la solution proposée qui débarrasserait tel enfant particulier de ces *dommages*, serait la plus grande *injustice* à l'égard de l'idée d'humanité en général, de l'humanité *en cet enfant*, et dans le chef de celui qui s'adonnerait à ce genre de manipulation.

D'un cas à l'autre, il est clair qu'on passe d'un principe à la maxime *opposée*, d'un devoir de bienfaisance par lequel on prend avant tout en compte l'humanité de l'individu considérée comme fin première, à la maxime anti-éthique, discriminationiste, du racisme ou du sexisme. C'est à la lumière de telles réalités ou argumentations qu'on peut comprendre ce que dit Kant dans la *Doctrine de la vertu* : « Ce n'est pas la *mesure* de la pratique des maximes morales, mais le *principe objectif* de celle-ci qui doit être reconnu et exposé comme distinct, lorsqu'un vice doit être distingué de la vertu » [1]. Il faut bien comprendre que par là Kant ne méprise pas du tout la dimension matérielle de l'action, comme cela lui a été reproché si souvent, mais il fait apparaître celle-ci, en l'occurrence la différence de « degrés », comme le *révélateur de ce qui doit demeurer la référence essentielle et dernière* pour le jugement éthique, c'est-à-dire des maximes qui animent l'action *et qui en font la substance concrète*, qui font qu'au-delà de certaines limites le passage d'un « degré » à un autre « degré » ne représente plus une progression continue mais une rupture au niveau essentiel qui est celui des principes.

Pour paraphraser ce que dit Kant à propos du « glissement » de l'économie à l'avarice : l'eugénisme positif – vouloir créer un homme parfait – (comme pratique anti-éthique) ne se distingue pas de la génétique thérapeutique (comme pratique éthique) parce qu'il ne serait qu'une thérapie génique trop loin poussée, mais parce qu'il a *un tout autre principe* qui est celui de la maîtrise ou du contrôle à tout prix, qui est celui de traiter l'humanité comme objet de manipulations sans limites, ce qui est le contraire même du principe du respect de l'humanité qui préside par contre à certaines pratiques de génétique thérapeutique ; et c'est précisément ce changement de principe qui fait la « différence de degré ». C'est seulement en étant « inconséquent » du seul point de vue du contenu matériel des actions qu'on peut être le plus conséquent au niveau des principes ; mais cela signifie que l'inconséquence est seulement apparente, elle témoigne de l'ouverture du jugement pratique à la dimension qui à la fois transcende *et nourrit* le contenu matériel de l'action. C'est une telle « inconséquence » que Jonas pratique constamment dans *Technik, Medizin und Ethik*.

La casuistique permet tout au moins de déceler, ou de rendre plus apte à déceler, dans les jugements à quel moment ceux-ci commencent à se laisser aller aux glissements faciles, d'autant plus faciles qu'on se trouve face à des cas limites où l'indétermination dans laquelle se trouve la règle de l'application de l'impératif est plus grande.

Il importe de sortir de cette impasse du jugement qui consiste à considérer qu'on ne peut affirmer un droit – celui du respect de la personne humaine qu'en *bafouant* un autre droit, qui serait tout aussi

1. *Doctrine de la vertu*, *op. cit.*, p. 107.

inconditionnel que le premier, ce qui revient à dire qu'on ne peut agir de manière juste qu'en agissant de manière injuste, et pour cela, il faut sortir du raisonnement par degrés. C'est en effet ce faux jugement qui, d'une part, amène les uns au purisme éthique : ne rien vouloir céder à la recherche génétique, en arguant de la menace des glissements par degrés, en évoquant les conséquences désastreuses dues aux glissements possibles pour prôner l'interdiction de pratiques qui, prises en elles-mêmes, sont tout à fait légitimes, dans la mesure où non seulement elles ne portent pas le moins du monde atteinte à l'intégrité de l'individu, mais où elles contribuent effectivement à son bien-être sans que se pose la question éthique ; et qui, d'autre part, amène les autres à un fondamentalisme ou à un optimisme de la manipulation : arguant de cette même continuité par degrés ils défendent la position contraire selon laquelle si une manipulation est permise dans un cas elle doit l'être dans des cas qui ne représentent qu'un degré supplémentaire dans la poursuite de la même pratique : si on permet l'avortement pour cause de détresse de la mère, alors il faut l'admettre aussi pour cause de choix du sexe, de la taille, de la couleur des yeux ou même de la peau, et, en fin de compte, pour cause du choix d'un haut niveau intellectuel ou autre performance. Si on peut manipuler pour améliorer la santé (diabète), alors on le peut aussi pour rendre plus heureux non seulement les parents mais les enfants eux-mêmes, en réformant leur héritage génétique, etc.

H. Jonas *pratique* donc une telle clarification des concepts, et en particulier il refuse de se laisser capter par la fausse continuité des degrés, même si cela demeure le plus souvent implicite chez lui ; ainsi il refuse par exemple le présupposé qui anime la résistance à reconnaître la légitimité d'une assistance non interventionniste au mourant, préjugé selon lequel il s'agirait là d'une aide au suicide. Il montre qu'il s'agit seulement de permettre au patient de mourir, d'un accompagnement du mourant – d'autant plus lorsque celui-ci a réclamé de manière insistante l'arrêt des soins, ou a demandé que sa douleur soit atténuée grâce à certaines drogues dont on sait pourtant qu'elles ne peuvent qu'accélérer la venue de sa mort.

De même, toute l'analyse de Jonas tend à montrer que lorsqu'on se refuse à contraindre le patient à un traitement, ce n'est plus du tout un simple degré qui sépare ce refus de l'aide au suicide, mais on est passé à un tout autre *principe* : ne pas priver le patient de son *droit de mourir dans la dignité* qui est une figure de ses droits fondamentaux en tant qu'être humain. Et d'ailleurs la réciproque est vraie : l'acharnement thérapeutique, le bon sens suffit à le faire comprendre, se laisse subsumer de manière bien plus évidente sous la maxime du non-respect de la dignité humaine en la personne du patient que sous le principe du respect de la vie.

H. Jonas refuse donc de se laisser capter par la proximité « matérielle » entre laisser mourir et donner la mort, proximité qui aveugle le jugement moral, qui bloque la faculté de discernement éthique qui concerne les *principes*. Accélérer la fin comme effet secondaire d'un but tout autre, qui est de rendre supportable et donc digne d'être vécu ce qui reste d'une vie qui ne peut plus être sauvée, est un *moyen légitime*. Aux puristes de l'anti-euthanasie, Jonas rétorque qu'il n'est pas même besoin de modifier à ce propos le code pénal, car il ne s'agit précisément pas d'introduire dans la législation la reconnaissance d'un droit à l'euthanasie, mais simplement de *dépénaliser* un acte en tant qu'il n'est *pas* un acte de *donner* la mort, mais d'aider, d'accompagner un mourant dans ce qui est de toute façon en train de s'accomplir. En pratiquant l'acharnement thérapeutique, non seulement on n'obéit plus à un devoir, mais on accomplit une action qui peut être considérée comme *injuste*. On pourrait donc envisager d'*introduire dans la législation* non seulement la dépénalisation concernant l'abstention du médecin, mais la reconnaissance d'un *droit pour le patient* de mourir dans la dignité.

H. Jonas dirait donc qu'il n'est pas obligatoire, mais qu'il est inhumain de pratiquer l'acharnement thérapeutique de même qu'« il est inhumain de prolonger artificiellement la vie d'un corps sans cerveau » [1].

Ici, on rencontre à nouveau le cas limite du coma irréversible. Il s'agit ici aussi et surtout pour Jonas de se garder de la pseudo-conséquence logique qui cache souvent des sauts de la pensée éthique. On finira sans doute un jour par s'accorder sur le fait que le coma irréversible, et le critère de la mort cérébrale – encéphalogramme plat – suffisent pour dépénaliser, supprimer toute menace de pénalisation visant l'acte de débrancher les appareils respiratoires ou autres pour laisser venir la mort naturelle. C'est d'ailleurs déjà acquis dans certains pays. En effet, ce geste trouverait sa plus haute justification éthique dans la référence à la volonté présomptive du patient : il s'agit de respecter la dignité de la personne en ne la contraignant pas à poursuivre une vie sans signification.

1. *Technik, Medizin und Ethik*, *op. cit.*, p. 230.

Toutefois, Jonas refuse de suivre ceux qui croient pouvoir trouver là un motif suffisant pour autoriser à ouvrir la voie à la dépénalisation du prélèvement d'organes sur un corps comateux, et même de l'expérimentation sur ces corps ; c'est que d'une situation à l'autre, l'action éthique se retourne ou risque tout au moins de se retourner en action anti-éthique. Si dans le premier cas, l'individu est effectivement traité comme fin, dans le second cas, il est clair qu'il n'est traité que comme un pur moyen ou comme une chose : on ne voit plus en lui que la banque d'organes, ou de sang, la fabrique d'hormones ou le cobaye d'expérimentations.

H. Jonas prend en compte un des arguments de poids qui ont été introduits dans le débat sur le prélèvement d'organes, et qui consiste à dire qu'il permet de sauver des vies humaines, d'enfants en particulier qui sans cela sont des cas désespérés. On évite en effet à ces personnes le dommage le plus grand qui est la perte de la vie. Selon cette argumentation, en infligeant à ces personnes ce dommage extrême, on agirait à leur égard de la manière la plus injuste. Nous retrouvons ici le glissement du jugement du dommage à l'injustice, et c'est bien à un tel glissement qu'est attentive l'analyse de Jonas.

La question est précisément de savoir s'il s'agit réellement d'une injustice : si tel était le cas, cela signifierait que l'enfant accidenté par exemple aurait un *droit* sur les organes du comateux. A cela Jonas répond que « personne n'a un droit sur le corps d'un autre » [1]. Au nom du supposé droit de l'accidenté de la route on invoque le droit d'abréger une vie qui aurait perdu toute dignité, mais c'est seulement le comateux qui a le droit de considérer sa vie comme indigne, de décider qu'elle ne vaut plus la peine d'être vécue ; on ne peut empiéter sur ce droit inconditionnel de l'individu de décider librement de ce qu'il en est du sens ou du non-sens de sa vie. Autrement dit, dans l'impossibilité où il est de communiquer sa volonté, l'unique critère éthiquement légitime est la volonté *présomptive* du patient, considérée comme principe intermédiaire ; on pourrait également considérer que le principe intermédiaire consiste à *s'identifier* au comateux (le principe de l'identification est introduit par Jonas lui-même à propos des questions concernant notre action et ses conséquences sur les générations futures). Or, si on peut effectivement présumer sans beaucoup de risque de se tromper que l'on agirait selon la volonté du patient en débranchant les appareils respiratoires, il n'en va pas du tout de même

1. *Ibid.*, p. 223.

quand il s'agit de faire usage de ses organes avant de débrancher les appareils.

Il est certes du devoir du médecin de mettre tout en œuvre pour aider ses patients, et donc pour tenter de sauver les vies sauvables, mais ce devoir est un devoir *conditionnel*, il s'arrête là où sa dimension matérielle risque de bafouer un droit inconditionnel ; et tel est le cas du droit du comateux, qui est aussi, dit Jonas, le droit d'un patient d'avoir l'assurance que son médecin ne profitera pas de son état d'impuissance totale pour devenir son tortionnaire ou, disons, pour s'adonner sur son corps à des pratiques irrespectueuses. Si du moins le patient n'a pas donné son accord auparavant.

On a non seulement parlé du droit de certains individus en détresse sur le corps du comateux, mais on a invoqué le droit *de la société elle-même* à disposer de ces corps, pour le bien commun, en particulier pour poursuivre la recherche médicale ; c'est François Dagognet qui utilise à ce propos l'expression très laide de « socialisation des corps » : comme si ceux-ci étaient la *propriété* de la société. Contre un tel raisonnement, H. Jonas rappelle que le droit public s'arrête à la frontière entre le monde extérieur, commun, et l'intériorité corporelle, il s'arrête à notre peau, dit-il de manière très imagée ; « l'Etat n'a pas plus de droit qu'un autre individu sur un de mes reins, sur mon métabolisme, ma circulation, mes sécrétions, l'activité de mes neurones, etc. » [1].

D'une manière générale, on peut dire que Jonas raisonne en kantien lorsqu'il dénonce constamment les amalgames, et en particulier, la mise en balance des droits et des intérêts, du bien-être, *das Wohl*, fût-ce celui du plus grand nombre, et du bien, *das Gute* : a-t-on le droit de bafouer le droit d'un nombre limité d'individus si le but est le bien-être de la majorité ? Après avoir commencé par donner une réponse négative, Jonas cependant va plus loin : la confusion règne tout autant lorsqu'il s'agit de définir ces intérêts de la société : ainsi, il est prêt à reconnaître que lorsque le dommage risque de devenir trop démesuré pour la société, lorsque sont en jeu des intérêts vitaux de la société, on peut du moins *débattre* de la question, ce qui ne signifie pas encore que l'issue du débat soit à l'avance évidente. Mais il est clair, alors, qu'on n'en est pas encore là pour ce qui concerne la recherche bio-moléculaire – ce serait même plutôt l'inverse. Et d'autre part, au cas où il faut en arriver à accepter certaines restrictions d'un point de vue

1. *Ibid.*, p. 126.

éthique pour sauver certains intérêts vitaux de la société – par exemple, en temps de guerre –, il s'agit de ne pas oublier que la dimension d'injustice demeure ; c'est la question de ce que Kant nomme « droit de nécessité » : ici, le « reste » irrésorbable par la rationalité est le plus grand.

Un autre devoir sur lequel s'accordent Kant et Jonas est *le devoir de certitude* ; Jonas l'introduit à propos de la mort cérébrale.

Alors que la définition de la mort par l'encéphalogramme plat suffit amplement pour permettre de débrancher les appareils respiratoires, alors que pour ce faire, il n'est pas même nécessaire de savoir si cette définition correspond à la mort *réelle* de l'individu, dans le deuxième cas, où il s'agirait de prélever des organes, il faut au contraire le savoir *avec une absolue certitude*. Et c'est précisément une telle certitude que nous n'avons pas, nous rappelle Jonas dans le cadre d'une critique du dualisme du corps et de l'esprit.

La définition de la mort cérébrale ne peut tenir lieu d'un savoir certain qui est pourtant ce qui est requis pour procéder au prélèvement d'organes et aux expérimentations ; la définition n'est pas démonstration, elle détourne de l'essentiel : du caractère *équivoque* de l'état comateux. Faire passer cette définition pour un savoir démonstratif relève donc de la tromperie et de l'auto-tromperie. La certitude absolue étant actuellement impossible, le devoir de certitude prend ici la figure d'un principe intermédiaire qui est le devoir de reconnaître *l'incertitude* dans laquelle on est quant à la justesse des décisions à prendre, ce qui signifie concrètement le devoir de la plus grande circonspection.

On retrouve cette question du devoir de certitude dans la discussion sur les manipulations génétiques et sur leurs effets futurs ; à ce propos encore Jonas raisonne en kantien : le probabilisme en la matière non seulement n'est pas une excuse mais il est comme tel anti-éthique : il faut être absolument certain que ces manipulations n'aboutiront pas à une mutation néfaste de l'espèce humaine, la moindre incertitude suffit pour considérer qu'il faut arrêter la « recherche » qui, dans ce cas, signifie déjà la métamorphose de l'humain. Ceci est tout à fait clair pour Jonas au moins dans deux cas : celui du clonage et celui de la production de chimères à partir de l'homme.

En conclusion, il semble bien que, non seulement pour ce qui concerne les questions d'actualité depuis un certain temps, comme celle de l'euthanasie, de l'avortement, ou même du coma irréversible et de la procréation assistée médicalement, mais également concernant les questions qui ont déjà commencé à être d'actualité, ou le seront bientôt, telles la question des manipulations génétiques, du clonage ou de la production de chimères, le principe fondamental de la morale kantienne demeure inentamé ; ainsi lorsqu'on se pose la question de savoir s'il est licite de transformer un génome humain, ce qui est en jeu c'est le caractère intangible de la personne humaine ; de même lorsqu'on se demande s'il est licite d'introduire à propos de l'embryon le concept de personne potentielle, ou encore celui de pré-embryon, la question est toujours celle-là. La nouveauté est dans l'objet sur lequel porte la question ; celle-ci se renouvelle constamment du fait que la question des frontières entre humanité et non-humanité se repose de jour en jour avec l'élargissement du pouvoir *pratique* des hommes d'agir sur cette humanité : on se demande s'il y a déjà ou pas encore personne, et il y a là, il est vrai, suffisamment matière à réflexion nouvelle. Ce qui est neuf, c'est l'élargissement démesuré du terrain d'application de l'impératif. De même pour ce qui concerne la responsabilité pour les générations futures : elle élargit seulement à celles-ci le champ d'application du principe du respect du prochain qui demeure, là encore, inentamé.

Ce qui est neuf, c'est, d'une part, essentiellement, que l'homme ayant commencé à agir, à intervenir même là où jusqu'ici la « nature » lui imposait des limites : sur la *condition biologique* de l'homme, sur la condition « naturelle » de sa liberté, la question est de trouver de nouveaux principes intermédiaires, de nouvelles maximes subordonnées qui permettent d'appliquer l'impératif à ces nouvelles figures très particulières.

Ce qui est neuf, c'est que nous nous voyons confrontés de manière répétée au caractère conditionnel de certains droits ou devoirs que l'on considérait jusqu'ici comme inconditionnels, ou plutôt à propos desquels il n'était pas nécessaire de se poser la question de savoir s'ils avaient des limites ou non, puisque ces limites n'étaient pas franchissables dans la pratique.

Chaque jour apportant de nouvelles possibilités d'action, chaque jour le pouvoir de juger est requis, convoqué, de plus en plus sur la brèche, on peut de moins en moins se reposer sur les acquis. Ce qui est nouveau, c'est cette urgence, devenue lot quotidien, de notre devoir de juger. Ce qui est neuf dans les technologies nouvelles, c'est qu'elles n'arrêtent pas d'avancer, de produire du nouveau, mettant par là le jugement pratique à rude épreuve ; d'où en particulier la difficulté de légiférer : la loi suppose une stabilité minimum de la société ; pour être réussie, elle doit réaliser le difficile équilibre entre les cas connus et l'anticipation des cas inconnus à venir, mais pour cela, il faut qu'elle ne soit pas débordée par ces cas futurs qui foisonnent et continueront de foisonner.

Ce qui est également neuf, c'est que la question « qu'est-ce que l'homme ? » n'est plus pour nous une simple question métaphysique, elle est devenue un problème pratique de première urgence. Elle l'était déjà devenue, il est vrai, comme question politique, puisque la liberté humaine et sa condition ont pu déjà être menacées par des régimes totalitaires : là aussi d'ailleurs, c'est en agissant sur la *condition* de l'homme que l'on menaçait sa liberté. De même qu'en voulant produire un homme nouveau par la manipulation politique, on a produit du non-humain à partir de l'humain, de même on pourrait y arriver par la manipulation bio-moléculaire. Le rêve est le même : c'est celui d'une maîtrise absolue sur les hommes comme sur des choses, c'est le rêve d'éliminer toute imprévisibilité dans l'être humain, toute imperfection, de se débarrasser de sa finitude, et c'est le principe qui préside à ce rêve, le principe du « tout est possible ». Mais le problème est que le prix qu'on risque de payer pour cette maîtrise n'est rien de moins que la liberté humaine.

C'est pourquoi ce qui est surtout neuf c'est l'« *horreur métaphysique* » dont parle Jonas, une horreur qui nous saisit à la perspective des conséquences éprouvées comme sacrilèges de certaines manipulations génétiques, comme celle du clonage ou de la production de chimères.

Est neuve aussi la réflexion sur la nature comme objet de *devoir* pour l'homme.

Kant déjà reconnaissait un tel devoir, mais il y voyait un devoir « indirect », il refusait d'y ajouter le corrélat d'un droit de la nature – comprenant un droit des animaux, l'idée de droit étant pour lui irréductiblement liée à celle de personne. Aujourd'hui, la discussion est ouverte.

Anne-Marie ROVIELLO*

* Université Libre de Bruxelles.

NATURE HUMAINE
OU EXPÉRIMENTATION HUMAINE

Jonas envisage l'expérimentation humaine [1] dans le cadre plus large d'une réflexion portant sur les fondements onto-biologiques de l'être humain et sur le type de responsabilité qui en découle nécessairement. Il est donc indispensable, dans un premier temps, de prendre connaissance de sa conception de la nature humaine puis d'en tirer des conclusions au niveau plus pragmatique des biotechnologies.

1. *La nature humaine*

1.1. *La condition ontologique de l'individualité humaine*

Jonas limite la notion d'individualité au mode spécifique d'existence des êtres vivants : l'existence métabolique. Les organismes vivants ne peuvent se perpétuer que par un échange de matière, toujours renouvelé, avec le monde extérieur. Ils sont sans cesse confrontés à l'alternative du non-être à laquelle ils doivent impérativement répondre. Leur identité est donc synonyme d'auto-création, d'accomplissement continu qui suppose une ouverture à l'« autre », à l'environnement indispensable à leur survie. Le processus métabolique implique immédiatement et simultanément une différenciation par rapport à l'« autre » (le milieu extérieur) et la reconnaissance de sa nécessaire mise à disposition. Cette fondation biologique de l'identité propre au règne du vivant intègre l'être humain dans le tout organique mais souligne en même temps une dualité essentielle en opposant celui-ci à la matière inerte. Le vivant est essentiellement un sujet centré sur sa propre perpétuation tandis que la matière inerte est un objet, un

1. *Philosophical Essays : From Ancient Creed to Technological Man*, Englewood Cliffs, Prentice-Hall, 1974 ; Chicago-London, The University of Chicago Press, 1980² (*PE*) ; citations traduites en français par M.-G. Pinsart ; *Technik, Medizin und Ethik. Zur Praxis des Prinzips Verantwortung*, Frankfurt am Main, Suhrkamp, 1985, 1987².

moyen que le sujet utilise en vue de sa propre fin. Finalisme et technologie sont dans une proximité essentielle puisqu'ils caractérisent ontologiquement l'individu. Ce point mérite d'être souligné : les problèmes éthiques que pose la technologie actuelle résultent de déviations, d'altérations ou d'ignorance à l'égard du Finalisme que la technique avait pour mission de servir à l'origine. La résolution de ces difficultés passe, nous le verrons, par un retour introspectif et thérapeutique à la notion d'« image de l'homme ». Le métabolisme est plus qu'un niveau élémentaire du fonctionnement vital car il possède en lui les « polarités cardinales » (être-non-être, moi-monde, liberté-nécessité) qui vont permettre aux autres fonctions de se développer. Le monisme ontologique apparaît clairement ici : un seul élément (un mode d'exister) est à la base de l'épanouissement de toutes les autres caractéristiques essentielles de l'organisme et d'une distinction hiérarchisante entre les êtres vivants. La plante a le rapport le plus immédiat et stable avec le monde, « mais au sein du royaume animal, une hiérarchisation s'effectue suivant une échelle croissante de valeurs déterminées par des types de perception, de motilité et de centralisation neurale caractéristiques des différentes formes toxonomiques »[1]. Cette différenciation justifie, pour Jonas, que l'animal soit un objet d'expérimentation au service du bien-être humain. Envisageons, dans un premier temps, la notion d'identité dans son aspect négatif :

– l'identité de l'organisme n'est pas une identité physique. L'organisme vivant a besoin que le passage de matière ait lieu en lui et que la matière soit disponible mais il possède une certaine liberté, un certain degré d'indépendance à l'égard du type de matière qui lui permet de se perpétuer. L'identité de l'organisme ne correspond pas à la composition substantielle qu'il est à un moment précis mais elle ne correspond pas davantage à la somme de toutes ses compositions matérielles à travers le temps ;

– l'identité de l'organisme ne se confond pas avec la présence d'une « âme » qui, à travers les changements corporels, se vêtirait de manière sans cesse différente. Jonas rejette cette solution d'une âme à la fois tisserand et porteur du corps car, dans ce cas, ce serait l'âme qui serait vivante, et non plus le corps. Les activités de l'organisme lui sont propres, il en est le véritable agent. Le corps n'est pas un objet manipulable par quelque chose qui lui serait extérieur : il se transforme lui-même selon son intérêt propre, c'est-à-dire la continuation de son existence ;

1. *PE*, p. 204.

– l'identité de l'organisme n'est pas non plus associée à la persistance de la forme. Jonas prend l'exemple d'un bateau qui, à travers les nombreuses transformations matérielles qu'il subit, reste toujours le même parce que sa forme extérieure ne s'est pas modifiée. Cette identité lui est en réalité *accordée* par un sujet qui lui a appliqué sa propre intentionalité : c'est une téléologie extérieure à celle du bateau qui est à l'œuvre lorsqu'il est construit, utilisé, réparé ou contemplé en tant que *ce* bateau. Au contraire, l'organisme vivant se caractérise par une téléologie interne qui fait que son existence est toujours un accomplissement, que son identité est essentiellement *possédée* et non accordée. Si la forme de l'organisme se maintient à travers l'échange de matière, elle le fait *librement*, en tant qu'adaptation au service de quelque chose qui lui est plus fondamental : son finalisme propre. Nous nous contenterons de constater, pour l'instant, que cette dynamique au service d'une fin mystérieuse aboutit, au niveau pratique, à une attitude passive, à une suspension ou à un arrêt définitif d'un grand nombre d'entreprises à caractères techno-scientifiques.

Abordons maintenant de manière positive la notion d'identité à travers une expression qui revient souvent, et sans définition claire, dans l'œuvre de Jonas : « l'image de l'homme ».

1.2. *« L'image de l'homme »*

– « Le contrôle biologique de l'être humain, particulièrement le contrôle génétique, suscite des questions éthiques d'un genre totalement nouveau auquel aucune pensée ou pratique antérieures ne nous avait préparés. En effet, est en jeu ici rien de moins que la nature même et l'image de l'homme » [1].

– « Nous nous heurtons à des questions ultimes dès que nous nous proposons de toucher à la fabrication de l'être humain. Toutes convergent en une seule : à quelle image ? » [2].

Ces quelques exemples montrent que le « mal technologique » apparaît dès que la technique interfère, d'une manière ou d'une autre, avec la dimension symbolique de l'être humain, dès qu'elle dépasse les limites prescrites par les lois naturelles et téléologiques à l'œuvre dans le processus vital. L'utilisation du terme « image » est significative et renvoit indéniablement à la spiritualité judéo-chrétienne (« l'homme fait à l'image de Dieu »). Cette association entre « image » et « Dieu » apparaît explicitement dans une note du chapitre cinq des *Philosophical*

1. *PE*, p. 141.
2. *PE*, p. 146.

reflections on experimenting with human subjects[1] : « Socialement, chacun peut être sacrifié de manière relative, c'est-à-dire selon des degrés différents ; religieusement, personne ne peut être sacrifié de manière absolue : « l'image de Dieu » est présente en chaque être humain ». Je pense que nous avons dans la notion d'image le fondement et la clef de compréhension de toute la réflexion jonassienne en matière de bioéthique, notamment. Mais qu'est-ce qu'une image pour Jonas et que signifie-t-elle lorsqu'elle devient « image de l'homme » ? Le texte *Homo pictor and the differentia of man*[2] définit la différence anthropologique en tant que capacité à « faire des images ». Cette capacité n'a pas d'utilité biologique, elle ne modifie pas l'environnement et elle n'appréhende pas l'objet de manière pratique mais à travers son *eidos*. Cette dernière caractéristique est importante parce qu'elle est également présente dans la notion « d'être image de ». Si nous appliquons les caractères que Jonas donne de la notion d'image en général à celle d'« image de l'homme », le fondement téléologique et divin de l'être humain apparaît clairement. Supposons donc que l'objet soit Dieu ici et que l'image soit l'homme :

– il y a image lorsque la propriété de ressemblance est présente,

– la ressemblance est produite intentionnellement : il y a image lorsque le caractère artificiel de la ressemblance apparaît, c'est-à-dire lorsque l'intentionalité est visible (à travers le métabolisme, par exemple). L'intention externe du faiseur se fait intentionalité intrinsèque dans l'image,

– la ressemblance n'est pas complète : doubler toutes les propriétés de l'original revient à doubler l'objet même et à perdre par là l'image. L'image n'est pas une imitation, elle ne simule pas l'objet et ne vise pas à être confondue avec lui. La ressemblance est superficielle et ne porte pas sur la matière dans laquelle elle s'incarne. (Ceci a des conséquences importantes pour la signification du clonage : une copie de ce type est la réduplication d'une entité matérielle (un objet) et non une image d'une image. Le scientifique se trompe s'il croit accomplir, avec le clone, des actes comparables à ceux de l'intentionalité divine). Ce qui est représenté sous le mode de l'image est en dehors des relations causales entre les choses et est transposé dans une existence non dynamique : l'image est donnée en une fois, elle n'est pas à parfaire et elle ne s'inscrit pas dans la temporalité. « Cette incomplé-

1. *PE*, p. 123.

2. « Homo Pictor and the Differentia of Man », *Social Research*, 29, 1962, p. 201-220 (*HP*) ; citations traduites par M.-G. Pinsart.

tude ontologique est décidée avec l'intentionalité de l'image »[1]. L'absence de complétude signife aussi qu'il y a une sélection de certains caractères particulièrement représentatifs de l'objet : le « moins » au niveau de la complétude permet un « plus » au niveau de la ressemblance essentielle. L'image est une concentration symbolique de l'essentiel. Cette sélection de traits essentiels suppose également la présence de liberté : liberté dans le choix qu'opère l'intentionalité, liberté dans l'incarnation des images (la diversité morphologique humaine en est un exemple). Les traits phénoménologiques que prend l'image incarnée représentent et renvoient toujours au même objet. L'être humain est un véhicule qui permet, à travers sa présence physique, d'appréhender l'« objet » qu'il représente sous le mode de l'image. Ce que nous appréhendons lorsque nous regardons l'être humain-image, c'est la similitude, l'*eidos*, l'intentionalité qui le lie à son « objet ».

L'action humaine est affectée par tout ce que nous venons de mettre en évidence. L'intentionalité qui préside à l'existence de l'être humain-image est présente aussi dans chacun des actes qu'il pose. La véritable technologie humaine est donc celle qui se conforme et qui favorise cette finalité. Les seules modifications de l'image de l'homme qui soient admises sont celles qui s'inscrivent uniquement dans la sphère symbolique. Dans le dernier chapitre de *Homo pictor and the differentia of man*[2], Jonas compare l'impact symbolique de « faire des images » à celui de « nommer les objets ». Selon la Genèse, le premier acte proprement humain est celui de donner un nom à toute chose (ce qui confère à l'homme une supériorité sur la nature et une possibilité de la dominer). Or le nom n'est en réalité qu'une abréviation, une version abrégée de l'image. « Faire des images reproduit chaque fois l'acte créatif qui est caché dans le nom résiduel : le refaçonnement symbolique incessant du monde »[3].

Le non respect de l'« image de l'homme », de la « sacro-sainteté de l'individu » est un *péché* qui entraîne selon Jonas un sentiment de culpabilité. Ainsi, évoquant la question du consentement dans le domaine de l'expérimentation humaine, il dit : « Il était en partie sous-entendu dans les remarques précédentes que, dans ce domaine, le péché et la culpabilité ne peuvent être entièrement évités »[4].

1. *HP*.
2. *Ibidem*.
3. *Ibidem*.
4. *PE*, p. 120.

2. *L'expérimentation sur l'être humain*

2.1. *L'objectif de la médecine en général*

L'objectif principal de la médecine est de guérir le malade, c'est-à-dire de rétablir (et non de créer) une situation qui ne relève pas du domaine de l'artifice au départ mais qui doit recourir à lui dans ce cas précis. Le malade, l'organisme humain vivant dans sa totalité, est à la fois le but de la médecine et le matériau qui va permettre d'atteindre ce but, mais ce matériau a, comme nous l'avons vu, une fin propre : la préservation de son image. Le but médical doit donc constamment coïncider avec le but de la personne, à aucun moment il ne faut que celle-ci perde son autonomie. Si la guérison de la personne est le but du médecin, c'est sur le corps de celle-ci qu'il va exercer son art, ce qui altère et rétrécit souvent l'objectif médical : l'intégrité fonctionnelle devient l'objectif par excellence et la personne indivisible est ramenée à un ensemble de parties corporelles qui acquièrent une certaine indépendance à l'égard du tout (elles peuvent être malades, manipulées ou ôtées séparément). La valeur de la personne ne joue presque aucun rôle dans la démarche que le médecin entretient avec le corps : la réussite de l'acte technique l'emporte sur la question de sa finalité (le profit que la personne va tirer de cette intervention).

Si l'image véritable du médecin est celle du guérisseur-accompagnateur de la nature (« medicus curat, natura sanat »), d'autres images (des pseudo-images pour Jonas) tendent à s'imposer aujourd'hui, notamment celle du médecin « libre producteur du corps humain ». Sans entrer ici dans des détails qui ne touchent pas directement notre sujet, je mentionnerai quelques exemples (très discutables, me semble-t-il) d'interventions médicales qui vont à l'encontre de la « norme naturelle » selon Jonas :

– la médecine de convenance

– les techniques de prolongement de la vie

– toutes les techniques concernant le contrôle des naissances (Fivete, banques de sperme,...).

2.2. *La responsabilité médicale en général*

2.2.1. *La responsabilité professionnelle*

Le cadre de cette responsabilité semble bien défini théoriquement mais reste flou pratiquement :

– elle s'applique à la situation où le médecin est « en tête à tête avec le malade », lorsqu'il est exclusivement le mandataire de celui-ci et qu'il met tout en œuvre pour aboutir à la guérison ou à une situation meilleure ;

– le « mieux » pour le malade est défini par la nature selon Jonas et vise l'intégrité de toutes les fonctions organiques. Le sacrifice d'une partie n'est autorisé que dans l'espoir de sauver le tout organique et donc la personne. Un problème épistémologique se pose immédiatement : comment connaître le véritable Bien, le Bien naturel ? En laissant « faire la nature » (mais alors à quoi sert la médecine ?) ou en essayant de comprendre les mécanismes naturels (mais alors comment échapper à l'expérimentation ?) ?

2.2.2. *La responsabilité sociale*

Le médecin, dans tous ses actes et dans toutes ses décisions, doit toujours être le mandataire de la société et le serviteur de la santé publique. « On peut découvrir dans cet aspect social même la responsabilité très élevée de l'art médical et de la science ». Cette dimension de la responsabilité touche le destin de l'espèce humaine en général :

– la médecine préventive peut et doit prendre le pas sur l'intérêt personnel du malade lorsqu'un danger d'épidémie, par exemple, est possible ;

– à plus longue échéance, la médecine préventive doit assurer la vie des générations futures et leur perpétuation dans de bonnes conditions.

L'individu est soumis à la collectivité et l'existence présente doit se soucier de la vie future. Nous verrons qu'au niveau de l'expérimentation sur l'être humain, ce principe n'est pas toujours respecté : l'expérimentation à visée cognitive qui pourrait peut-être, dans un futur lointain, sauver l'humanité, est soumise à des restrictions extrêmement sévères. Cette description des objectifs de la médecine préventive met directement en question le génie génétique, les techniques de reproduction ou d'allongement de la vie ainsi que le problème de la surpopulation de la terre. Cette nouvelle responsabilité de la médecine est issue de son propre développement et des conséquences ambivalentes qui en résultent (la médecine n'étant pour Jonas qu'un cas particulier du « progrès technologique » qu'il récuse). Ici aussi apparaît l'idée de la culpabilité et du péché : la médecine doit racheter la faute qu'elle a commise par ses excès, elle doit, par ses propres moyens, mettre fin ou tempérer ce qu'elle a abusivement initié.

2.3. *Le statut de l'expérimentation humaine*

L'expérimentation humaine doit être « placée tant que faire se peut parmi les moyens extraordinaires plutôt qu'ordinaires au service du bien commun sous les auspices publics »[1]. Seule une cause recevant une « sanction sociale transcendante » autorise que des êtres humains soient sollicités ou soumis à une expérimentation. Cette sanction sociale transcendante apparaît dans le cas d'un danger clair pour l'humanité ou dans un état d'urgence qui verrait la communauté présente et à venir menacée. Nous ne sommes pas dans cette situation aujourd'hui et la conséquence logique de cette constatation serait la suppression pure et simple de toute expérimentation humaine. Jonas va amender cette prise de position très dure après avoir successivement rejeté les différents arguments en faveur de l'expérimentation humaine. Il considère en effet que ceux-ci étant « dans l'air du temps » et « progressant rapidement », il est urgent de les contrer au nom de la sauvegarde de l'« image de l'homme ». Il réduit ainsi l'enjeu de la problématique à l'affrontement de deux principes :

a) d'une part une règle première, axiomatique et prohibitive : l'être humain *ne peut* être traité comme un objet (un « cobaye ») parce qu'il est un sujet téléologique et sacré ;

b) d'autre part une règle secondaire, permissive et non essentiellement justifiée, qui qualifie et viole à la fois la première règle. L'expérimentation humaine est permise dans ce cadre, sur base d'une série de notions que Jonas examine et critique successivement. En voici quelques exemples :

2.3.1. *La notion de « bien commun »*

Cette notion est favorable aux revendications de la science à l'égard des individus puisqu'elle s'octroit une priorité déterminée pragmatiquement sur le bien individuel. Mais si l'individu concède des droits, il peut exiger que les besoins, les intérêts et les droits de la société soient clairement définis et justifient un sacrifice de sa part. La société est une abstraction qui ne se réduit pas à la pluralité des individus qui la composent et elle est soumise à la définition humaine. La détermination du « bien commun » et des circonstances qui exigent le sacrifice de nos droits n'est pas donnée mais repose sur des choix et des décisions qui ne sont pas nécessairement identiques partout dans le monde. Un indice de l'ambiguïté qui entoure le droit de la société au sacrifice individuel apparaît dans le besoin de recourir à une notion supplémentaire, celle

1. *PE*, p. 116.

du consentement du sujet. Or « si la société a un droit, son exercice ne dépend pas de la spontanéité. D'autre part, si ce volontariat est pleinement authentique, aucun droit public à l'acte volontaire n'a besoin d'être expliqué »[1]. S'il est question d'un droit de la société au bien commun et au moyen de sa réalisation, alors la soumission de l'individu ne nécessite pas son consentement, et s'il est question d'appel moral, alors seuls le volontariat et le consentement sont en jeu. La notion de consentement est si floue, selon Jonas, qu'elle incite le monde médical à recourir à l'idée d'un droit public conçu indépendamment du consentement et valide sans celui-ci. Mais, simultanément, la conscience de la nature problématique d'un tel droit pousse souvent le juriste à se tourner vers la notion de consentement.

2.3.2. *La santé en tant que « ressource nationale »*

Cet argument conçoit la santé comme un attribut de l'ensemble social et suppose que la société, d'une certaine manière, jouit de la santé des uns et souffre de la maladie des autres. Le principe illustré ici est celui selon lequel une valeur est d'autant plus digne et grande qu'elle a une dimension sociale. La santé conçue en tant que « ressource nationale » pourrait être à la base d'un droit de propriété que la société exercerait sur le corps humain : elle serait autorisée, dans ce cadre, à prolonger la vie de certains individus ou à utiliser leur corps pour des expérimentations, par exemple.

2.3.3. *Le « contrat social »*

Le contrat social consacre la primauté de l'individu (« un axiome métaphysique de l'occident ») et est tenu de justifier la limitation de la liberté humaine et le pouvoir requis pour l'existence politique. Le principe du contrat est que son respect par tous profite à tous, que les obligations qu'il comporte sont mutuelles et générales. Trois caractéristiques méritent d'être soulignées :

– il enjoint à ne pas commettre certains actes plutôt qu'il n'oblige à agir ;

– il n'entraîne jamais l'abrogation complète de l'intérêt personnel. Le sacrifice entier de la personne est exclu : le contrat ne peut exiger de moi que je meure pour le bien public. Ce sont les pouvoirs et les actes, non les personnes en tant qu'entités spirituelles-corporelles, qui sont soumis à l'intérêt commun : ce qui relève de ce type de sphère privée est hors-contrat ;

1. *PE*, p. 109.

– il y a une exception à la primauté de l'individu dans l'idée du contrat social : en temps de guerre, par exemple, la « sacro-sainteté » de l'individu s'efface au profit des nécessités publiques. Jonas insiste sur le caractère particulier, en magnitude et en nature, de cette situation qui n'est justifiable que de manière « trans-éthique », par une urgence suprême. « L'expérimentation médicale sur des sujets humains se situe quelque part entre ce cas de pouvoir excessif et les transactions normales du contrat social »[1]. Actuellement, aucune question de survie de la collectivité n'est en jeu et aucun sacrifice extrême ne peut, par conséquent, être exigé. Cependant, «ce qui est demandé (avec l'expérimentation humaine) va bien au-delà et s'oppose même à ce qui est normalement considéré comme une cause juste pour le don de sa personne au bénéfice du «bien commun»[2]. Jonas fait allusion ici à la finalité et à la liberté humaines sur lesquelles nous allons bientôt revenir avec plus de précision.

2.3.4. *Le sacrifice*

La vie collective a souvent été associée au sacrifice obligatoire et altruiste des vies individuelles (sacrifice aux dieux, sacrifice de la jeunesse à la guerre, etc.). La volonté et le consentement des sacrifiés ne sont pas alors sollicités et le don de soi provoque dans la société un sentiment à la fois de gratitude et de culpabilité. Jonas voit dans l'attitude du scientifique qui soumet son propre corps à l'expérimentation, un exemple suscitant le même type de réaction auprès du public. « Il y a quelque chose de sacrificiel dans l'abrogation sélective de l'inviolabilité personnelle et l'exposition ritualisée au risque gratuit de la santé et de la vie, justifiées par un bien social présumé meilleur »[3]. Précisons encore que, traditionnellement, le sacrifice n'est pas un type d'obligation ou de contrainte qui est imposé au citoyen en temps normal : il s'agit d'un acte exceptionnel.

2.3.5. *Le progrès*

« Le progrès est, par notre choix, un intérêt reconnu de la société dans lequel nous avons des enjeux à divers degrés ; la science est un instrument nécessaire du progrès ; la recherche est un instrument nécessaire de la science ; et dans la science médicale, l'expérimentation sur des sujets humains est un instrument nécessaire de la recherche. Par conséquent, l'expérimentation humaine est devenue un intérêt de la

1. *PE*, p. 113.
2. *PE*, p. 113.
3. *PE*, p. 111.

société »[1]. La recherche médicale ne vise plus à maintenir les conditions de survie de l'espèce et à la prémunir contre le mal mais vise une amélioration qui entre dans une conception progressiste de l'être humain et de la société. Cet objectif mélioriste, qui est un choix de société, ne peut exiger que l'individu se soumette à une expérience médicale parce qu'il est redevable d'avantages médicaux fournis par des expériences antérieures. L'être humain présent a une dette à l'égard des « martyres » passés et non à l'égard de la société (qui, elle-même a une dette à l'égard de ces sacrifiés). La gratitude qu'engendrent ces anciens dons de soi n'entraîne aucune obligation sociale. De plus, si le sacrifice passé était libre, celui souhaité aujourd'hui doit rester tout aussi libre et ne peut être chargé du poids du passé.

2.3.6. *La confusion entre valeur morale et obligation morale*

Cette confusion s'appuie sur « une théorie de la valeur selon laquelle plus une valeur est grande, plus forte est son exigence et plus grand est le devoir de l'appliquer »[2]. L'expression positive de la loi morale (« Fais aux autres ce que tu voudrais qu'ils te fassent ») n'est pas une prescription. Si je ne donne pas ma vie pour sauver quelqu'un d'autre, je ne manque à aucun devoir, rien ni personne ne peut exiger une telle attitude de ma part. Se sacrifier pour autrui est une valeur morale dont la grandeur dépasse le domaine du devoir et de l'exigence pour toucher à celui du dévouement et de l'engagement libre, c'est-à-dire à la « sphère du sacré ». Cette source de générosité doit « être religieusement honorée » et il est de la responsabilité du chercheur de sauvegarder son authenticité et sa spontanéité.

2.4. *Le consentement*

Le consentement prend toujours, à des degrés divers, selon Jonas, la forme d'une « conscription » : tout « appel volontaire » entraîne des pressions sociales et morales minimes mais présentes. Puisqu'il n'y a pas, de ce point de vue, de consentement réellement libre, il faut fonder la sélection des candidats à l'expérimentation sur des critères clairs et précis.

2.4.1. *L'identification – l'information – la spontanéité*

Ces critères semblent naturellement s'appliquer au corps scientifique. Le scientifique peut s'identifier, personnellement et/ou profes-

1. *PE*, p. 117.
2. *PE*, p. 119.

sionnellement, en pleine connaissance de cause, à l'expérimentation qui lui est proposée. Jonas estime que cette adhésion est spontanée et il ne tient pas compte des pressions émanant des sphères professionnelles, politiques ou économiques que le chercheur peut subir :

– l'obligation pour un jeune chercheur de se soumettre à une expérimentation pour garantir son avenir au sein de la profession ;

– des pressions politiques et économiques qui peuvent contraindre une équipe de chercheurs à tenter des expérimentations sur leurs membres pour obtenir rapidement des résultats et ainsi confirmer l'utilité des subsides qui leur sont accordés ; ou pour devancer une équipe concurrente, au niveau de la publication des résultats et de la mainmise sur le marché qui peut en résulter.

La spontanéité de l'identification n'est, en pratique, pas aussi limpide que ne le souhaite ou l'imagine Jonas.

L'identification authentique à l'objectif de l'expérimentation et la volonté autonome et informée sont les seules justifications acceptables selon Jonas, à la réification du sujet dans le processus expérimental. Malheureusement, les propriétés particulières de la communauté scientifique (identification, information et spontanéité) sont rarement réunies à un tel degré chez des non-scientifiques. La volonté de la personne à participer à l'expérimentation sera alors d'autant plus valable que la compréhension de l'objectif et de la technique sera grande : c'est de cette manière qu'une échelle d'appréciation sera élaborée dans le choix des candidats. Celle-ci ne répond pas à la norme d'utilité sociale puisque les individus les « plus valables et les plus rares » sont les premiers candidats au sacrifice. Il faut donc toujours veiller à ne pas succomber à la tentation de se tourner vers les sources d'approvisionnement les plus disponibles (les personnes dépendantes, mal informées, etc.). Jonas admet que le désir de participer à une expérimentation puisse également émaner de la «source sacrée» de la générosité. Celle-ci peut prendre la forme de :

– la compassion à l'égard de la souffrance humaine

– d'un respect profond de la loi morale

– d'un enthousiasme pour le progrès

– d'une envie de justification sacrificielle. « Je vous en prie, n'appelez pas cela 'masochisme' » dit Jonas[1]. Que signifie alors cette « envie de justification sacrificielle» ? Le sacrifice de soi serait perçu par l'individu comme un moyen de payer une erreur ou une faute grave. Celle-ci n'est pas de l'ordre des fautes répréhensibles par la

1. *PE*, p. 122.

loi : la punition infligée (privation plus ou moins totale de liberté ou de droit) est déjà une réparation de la faute commise. S'il s'agit d'une faute morale qui entâche des relations personnelles, le dialogue ou l'action bienfaitrice peuvent être suffisants pour réparer le mal. Jonas écarte la cause pathologique, le masochisme. Ce qui exige le sacrifice ne peut être alors que d'ordre transcendant : l'être humain-image doit, pour se sauver essentiellement, payer sa faute par le sacrifice (les notions de « péché » et de « culpabilité » reviennent très souvent sous la plume de Jonas). Cette notion de culpabilité intervient encore lorsque Jonas parle des prisonniers : « Si nous tenons à une certaine idée de la culpabilité, et à la supposition selon laquelle notre système juridique n'est pas entièrement dans l'erreur, ils (les prisonniers) pourraient être tenus pour responsables d'une dette envers la société, et leur offre de service – quel qu'en soit le motif – peut être acceptée avec un minimum de scrupules comme moyen de réhabilitation » [1]. On ne peut s'empêcher d'entrevoir avec inquiétude tous les excès possibles qu'une telle attitude pourrait (et a déjà sous certains régimes politiques) engendrer.

2.4.2. *L'expérimentation sur les malades*

L'aspect problématique de ce type d'expérimentation repose sur la conciliation de deux points de vue :

– le malade étant déjà dans une situation extra-ordinaire, il ne doit pas porter une charge supplémentaire et doit rester sous la garde responsable du médecin et de la société ;

– la recherche médicale qui tente de maîtriser une maladie, doit nécessairement vérifier ses hypothèses théoriques sur ceux qui souffrent de cette maladie.

2.4.2.1. *L'intérêt du malade*

Nous avons évoqué précédemment les relations qui unissent le médecin, le malade et la société :

– le médecin doit uniquement se soucier de l'intérêt de son patient. « Le médecin est seul avec son patient et Dieu » : médecin et patient doivent trouver une voie qui respecte ce qu'il y a de plus essentiel pour l'être humain, c'est-à-dire son image, sa liberté, sa finalité intrinsèque. La décision qu'ils prendront doit être sanctionnée d'un point de vue transcendant ;

– seule une situation d'urgence (une épidémie, par exemple) peut faire valoir l'intérêt de la société au détriment de celui du malade. Mais

1. *PE*, p. 123.

« aucune règle ne peut être conçue pour le renoncement aux règles dans des situations extrêmes ». Aucune règle propre à la déontologie médicale ni aucune législation générale ne peuvent inscrire la possibilité de renoncer au principe fondamental du respect de l'intérêt du malade.

2.4.2.2. *L'expérimentation à visée thérapeutique*

« S'il doit exister quelque progrès médical, pas même le privilège superlatif de ceux qui souffrent et des malades ne peut être maintenu complètement intact de l'intrusion des besoins de ce progrès » [1]. Jonas estime que l'expérimentation doit toujours être liée à la maladie du patient : seules « la guerre scientifique contre la maladie » *et* l'identification du malade à l'objectif de l'expérimentation permettent que cette expérimentation ait lieu. Deux cas de figure se présentent alors : l'expérimentation à visée thérapeutique immédiate ou lointaine.

a) L'expérimentation a des conséquences thérapeutiques pour le malade qui en est l'objet. Le médecin agit dans l'intérêt du malade puisque celui-ci est le bénéficiaire principal des connaissances qu'on acquiert à travers l'expérimentation.

b) L'expérimentation porte sur la maladie du patient mais il n'en profite pas d'un point de vue thérapeutique. Le malade n'entretient plus de relation avec un « médecin » mais avec un « chercheur » : c'est l'intérêt des autres malades présents ou futurs et l'acquisition du savoir qui sont en jeu. Le patient est utilisé comme un moyen en vue d'une fin qui lui est extérieure. Cependant, le principe d'identification peut encore être évoqué : l'expérimentation porte sur une maladie qui est celle du patient et elle peut être autorisée si celui-ci y consent de manière informée. (La « source sacrée » de la générosité peut également être à la base de ce consentement).

2.4.2.3. *L'expérimentation à visée cognitive*

Le principe d'identification ne joue plus et la personne du patient se réduit à un pur moyen en vue d'une fin qui lui est complètement étrangère. Ce type d'expérimentation peut encore moins être appliqué sur un individu inconscient : « le fait de l'utiliser pour des expériences non thérapeutiques est simplement inadmissible ; que ce soit pour le progrès ou non, il ne doit pas être utilisé selon le principe inflexible que ce désespoir extrême demande une protection extrême » [2]. Dans

1. *PE*, p. 125.
2. *PE*, p. 126.

d'autres articles, Jonas estime que la nouvelle définition de la mort (basée sur la constatation de l'encéphalogramme plat) sert principalement l'expérimentation à visée cognitive et l'utilisation du corps en tant que «réservoir» d'organes.

3. *Le génie génétique*

3.1. *Ses caractères distinctifs*

Le génie génétique introduit, pour Hans Jonas, une « rupture d'importance métaphysique » en considérant l'être humain non seulement comme un sujet mais également comme un objet d'expérience. Pour la première fois dans l'histoire, l'être humain est capable d'effectuer sur lui-même, et au niveau de l'espèce, une réflexion qui n'est plus simplement symbolique mais opératoire, effective, essentielle et sans doute irréversible. Jusqu'à présent le génie, dans un sens large, travaillait sur des objets non humains, axiologiquement neutres et entièrement sous l'emprise de la finalité humaine, maintenant, avec les manipulations génétiques, il œuvre sur un sujet, sur un être finalisé et porteur par là même d'une valeur. Les caractères propres du génie génétique, qui le distinguent du génie en un sens large, indiquent que l'« objet » particulier de ce type de génie, l'être humain, et les liens qui unissent l'agent au patient transforment profondément les modalités de l'agir. Voici ces quelques traits caractéristiques de ce nouveau type d'action humaine sur l'être humain que Jonas relève :

– *la fabrication partielle de l'objet* : le fait qu'il n'y a que des modifications de structures existantes, c'est-à-dire un changement de conception et non l'élaboration d'une nouvelle conception. La détermination de cette caractéristique est problématique : elle pourrait faire allusion aux limites actuelles de la technique encore incapable de fabriquer un vivant aussi complexe que l'être humain (bien que la création de virus synthétiques soit déjà à l'ordre du jour). Je crois plutôt que Jonas souligne ici le fait que les éléments fondamentaux de la manipulation sont conférés une fois pour toutes et que les liens qu'ils entretiennent entre eux ont été établis selon une finalité précise. Dans ce cas, le génie génétique ne peut qu'altérer la conception primitive de l'être humain et tordre son image jusqu'à ce qu'elle devienne étrangère à elle-même, jusqu'à ce que l'homme ne soit plus humain. « Nous nous heurtons à des questions ultimes dès que nous nous proposons de toucher à la fabrication de l'homme. Toutes convergent en une seule : à quelle image » [1].

1. *PE*, P. 146.

– *la participation indispensable de l'organisme en tant que co-agent à la manipulation.* Jonas souligne avec à-propos la perversion dont le génie génétique fait preuve : celui-ci ne peut réussir que s'il tient compte de l'autonomie de l'organisme et de son adaptabilité, c'est-à-dire que s'il fait jouer la liberté de se modifier contre cette liberté même. L'être humain étant une seule entité composée de manière complémentaire et indissociable du corps et de l'esprit, c'est la liberté proprement humaine qui s'appuye librement sur elle-même pour finalement s'anéantir en détruisant l'essence de l'homme. Cette utilisation salvatrice-annulatrice de la liberté pourrait aussi être reprochée à la démarche jonassienne : celle-ci fait de la liberté humaine la clef de voûte de l'évolution mais elle est prête à l'anéantir au nom de la préservation de l'essence humaine dès qu'elle anime l'action remodelante de l'individu sur lui-même ;

– *l'imprévisibilité des résultats.* La complexité de l'organisme rend le nombre d'inconnues dans le processus de modification plus important, ce qui allonge le délai d'obtention des résultats et la prise de connaissance des conséquences totales de l'action. En effet, l'introduction d'un nouveau déterminant dans la séquence génétique ne montre, au plus tôt, ses effets qu'à la génération suivante. La relation causale entre l'agent et son « objet » étant indirecte, la responsabilité telle qu'elle est traditionnellement définie devient obsolète puisque, selon elle, il faudrait que les effets :

– découlent directement de l'action de la personne

– qu'ils soient prévisibles

– que leurs aspects néfastes puissent être évités.

Or aucun de ces trois critères n'est respecté et Jonas se voit contraint de proposer un autre type de responsabilité à l'égard du futur qu'il élabore sur le modèle de la responsabilité des parents à l'égard de l'enfant. Les parents ont le devoir de prendre soin de l'enfant et de veiller à ce que son existence puisse se poursuivre dans les meilleures conditions. L'application de ce modèle aux générations futures est cependant loin d'être simple et évidente. Si la détermination du bien matériel, psychologique et affectif de l'enfant est déjà mal aisée, la détermination du bien de l'espèce humaine semble encore plus problématique compte tenu de la diversité symbolique, philosophique, religieuse, culturelle, économique, sociale,... des multiples groupes humains. Sans entrer ici dans la critique de la liaison entre *être* et *devoir-être* que Jonas fonde ontologiquement et métaphysiquement, on peut simplement se demander si la persistance de l'espèce humaine dans le futur lointain constitue pour l'être humain actuel, un véritable sujet de préoccupation impliquant un sentiment de responsabilité comparable à celui éprouvé par un parent à l'égard de son enfant;

– *la coïncidence entre l'expérimentation et l'action définitive et réelle.* Il est impossible de travailler en génie génétique sur des modèles comme le fait la physique par exemple. Le seul substitut à l'être humain est aujourd'hui l'animal. L'expérimentation sur l'animal est souvent indispensable méthodologiquement mais, ayant des limites d'un point de vue scientifique, elle doit être complétée par une intervention sur l'être humain lui-même. L'application des découvertes effectuées à partir de l'animal sur l'être humain constitue toujours une expérience, un essai qui comporte inévitablement une part d'inconnues.

Dans un scénario de science-fiction, on pourrait imaginer des humanoïdes servant de modèles à la recherche et limitant ainsi les risques encourus par l'être humain lors de l'expérience. Mais cette hypothèse que Jonas ne formule pas d'ailleurs, ne ferait que creuser davantage le problème en soulevant la question du statut ontologique et éthique de ces humanoïdes.

– *l'irréversibilité de l'acte posé.* Dans le génie au sens large du terme, il est possible de corriger des erreurs en cours d'élaboration ou même lorsque le produit est achevé. Dans le génie génétique au contraire, toute intervention est irréversible et les erreurs qui seront inévitablement commises produiront des « déchets ». La présence de ces monstres ouvre la voie d'une problématique à l'amplitude tout à fait inconnue jusqu'ici : quel statut leur donner ? Comment les définir par rapport à l'homme et/ou à l'animal, et quel sens donner à la différence anthropologique ? Que faire de ces ratés du génie génétique ?

3.2. *La hiérarchisation des différents modes d'exécution du contrôle biologique*

Cette hiérarchisation se fonde sur les différents principes à la base de chaque type d'opération scientifique. Une telle clarification au sein de ce qui paraît être un enchaînement progressif et graduel dans la pratique, a l'avantage de fournir des critères de distinction à la réflexion et à la prise de décisions éthiques.

3.2.1. *L'intervention à visée protectrice*

3.2.1.1. *Le contrôle de la reproduction*

Le contrôle de la reproduction pour obtenir un enfant sain peut s'effectuer par la mise à l'écart de gènes pathogènes ou délétaires.

Deux attitudes sont possibles selon que l'on considère un être potentiel ou à naître :

– l'attitude humaniste (comme la qualifie Jonas) veut éviter à tout prix que l'être futur, potentiel, souffre. Elle constitue un cas particulier de l'éthique de la pitié : une pitié anticipée, concernant un sujet abstrait et dégagée de tout devoir d'information à l'égard de l'être futur et de la prise en considération du consentement de ce dernier. A ce principe qui prétend défendre la dignité humaine de l'être futur s'oppose un autre principe qui affirme le droit pour tout être à procréer. Le parent malade, auquel on conseille de ne pas avoir d'enfant dans le but de ne pas transmettre de maladie grave à sa descendance, pourrait refuser de se conformer à cette injonction en affirmant qu'il a le droit de décider de la venue ou non de sa descendance et qu'il est le seul, lui-même souffrant peut-être déjà de la maladie, à pouvoir véritablement juger si donner la vie dans de telles conditions est éthiquement acceptable ou non. Jonas admet que cet argument puisse être discuté dans certains cas mais il souligne que toute décision en ce domaine doit toujours prendre prioritairement en considération l'intérêt de l'espèce humaine. C'est ainsi qu'il fait jouer le progrès scientifique contre lui-même : l'intervention humaine dans la sélection naturelle a rompu un équilibre favorable au maintien d'un patrimoine génétique diversifié de l'espèce. L'eugénique négative « visant à la préservation plutôt qu'à l'innovation, ne prétendant pas améliorer la nature mais souhaitant simplement rétablir l'équilibre dérangé par l'intervention humaine avant tout »[1] devient alors une nécessité. Le dépassement de la norme naturelle exige un rééquilibrage artificiel qui sera toujours problématique puisque cette norme nous est en grande partie inconnue et le restera, selon Jonas.

– l'attitude à visée non curative qui représente, par le dépistage de la maladie au stade fœtal, une forme d'eugénique préventive à conséquence euthanasique. Le diagnostic génétique positif débouchant très souvent sur l'avortement, Jonas souligne que cette pratique associe dangereusement une intention humanitaire (épargner une vie de souffrance à l'enfant futur) à l'habitude de tuer (quelle différence y a-t-il moralement entre tuer sans discrimination, comme on le fait à la guerre, et tuer selon des critères biologiques ?). Il insiste également sur la sauvegarde de l'autonomie du fœtus : dans ce type d'avortement il faut avant tout tenir compte de l'intérêt de l'enfant futur et non des désirs de la mère. Il serait « raisonnable que l'autorité publique

1. *PE*, p. 147.

s'institue elle-même en gardienne des droits du fœtus, même si elle doit se retourner contre la mère »[1]. Ici encore Jonas confie à un conseil de sages, à une élite (les médecins en l'occurrence) plutôt qu'à l'individu, la tâche de prendre une décision responsable dans un domaine qui touche l'intimité la plus profonde de l'être humain.

Deux solutions pratiques se dégagent de ce qui vient d'être dit :

– l'avortement est admis dans le cas où le diagnostic génétique positif est sûr et sans appel et que l'intérêt du fœtus prime sur tout autre considération ;

– l'avortement est interdit dans tous les autres cas : l'eugénique préventive doit alors veiller à ce que les personnes malades ne mettent pas au monde des enfants malades, c'est-à-dire à ce que des « restrictions comportementales quant à leur procréation »[2] soient respectées.

Sans même discuter les fondements de cette solution, il est clair qu'elle n'est applicable que si des moyens socio-économiques importants sont disponibles pour encadrer les malades (informations, mise à disposition de moyens contraceptifs,...). Mais si ces moyens font défaut (ce qui est le cas actuellement) on ne voit pas comment Jonas pourrait éviter la pratique d'une sorte de stérilisation forcée avec tout ce que cet acte comporte comme non respect des droits fondamentaux de l'être humain (celui de disposer de son corps, et d'être libre de prendre une décision et d'agir, par exemple).

3.2.2. *L'eugénique positive ou mélioriste*

Le but de cette intervention est « d'améliorer la qualité de la race et de rendre les choses plus parfaites que la nature ne les a faites »[3]. Jonas critique l'utopie à l'œuvre dans la recherche de perfectibilité qui anime ce type d'eugénique : l'être humain est et a toujours été parfait, la finalité qui l'habite s'accomplit entièrement en lui et son être-image n'a pas à être modifié ou altéré. L'heuristique de la peur, basée sur le principe que l'on connaît mieux le « malum » que le « bonum », s'applique avec pertinence dans ce domaine où le savoir est insuffisant pour établir une sélection sur des critères pertinents. Une normalisation hâtive et non fondée de l'espèce humaine met en danger la diversité du patrimoine génétique de l'homme et donc son essence : c'est une « force biologique *et* métaphysique de l'évolution humaine que d'éviter d'une certaine manière les avantages limités de la

1. *PE*, p. 150.
2. *PE*, p. 151.
3. *PE*, p. 153.

spécialisation »[1]. L'indétermination, la non spécialisation sont associées à la liberté, qualité essentiellement humaine. Jonas craint que l'être humain libre exerce sa liberté sur lui-même et se rende ainsi non libre, aussi tente-t-il de sauvegarder, dans un geste contradictoire, la liberté humaine en l'empêchant de s'exercer, notamment dans le domaine scientifique.

3.3. *Le clonage*

Le clonage est une forme de reproduction asexuée qui permet d'obtenir des répliques génétiques exactes de l'organisme parental. L'impact réel du génotype dans la conduite de la vie humaine, le fait que deux génotypes identiques impliquent ou n'impliquent pas deux histoires humaines identiques, ne constitue pas véritablement l'objet de la critique jonassienne. Les principaux reproches que Jonas adresse à la technique du clonage sont les suivants :

– *la perte de la notion parentale* : le rôle de la mère est réduit à celui d'un incubateur tandis que l'existence ou la représentation du père deviennent superflues. L'image parentale fait partie de l'image de l'être humain et la suppression de celle-là entraîne inévitablement la suppression de celle-ci. Jonas fait d'ailleurs preuve d'une attitude réactionnaire et souvent peu réaliste à l'égard de toutes formes de procréation médicalement assistée : il estime qu'elles consacrent la « séparation complète de l'amour et du sexe par rapport à la procréation, et celle du mariage par rapport à la parenté »[2]. Il est en effet probable que le clone connaisse des problèmes psychologiques et relationnels comparables au moins à ceux qu'éprouvent des enfants ne connaissant pas un de leur parent ou les deux. Ces difficultés témoignent au contraire de la présence de la notion parentale dans l'esprit des enfants et de leurs tentatives infructueuses à l'adapter à la réalité ;

– *la non-simultanéité de la présence du modèle et de la copie ; la recherche d'une forme d'immortalité* : la culture indéfiniment prolongée dans le temps des tissus permet de produire un clone bien après le décès du donneur. « Dans le cas de vrais jumeaux, on peut parler d'images miroirs mutuelles tandis que le clone est unilatéralement la copie d'un individu pré-existant »[3]. L'image d'un être humain renvoie à quelque chose qui n'a pas encore existé en tant qu'être humain, c'est-à-dire à quelque chose de non humain mais en même temps d'essentiellement humain. Le clone est une sorte d'image sans modèle, même

1. *PE*, p. 153.
2. *PE*, p. 152.
3. *PE*, p. 156.

s'il est constitué comme un « véritable » être humain, il n'est pas profondément un être humain. Au niveau ontologique et épistémologique, le clone n'est pas caractéristique de l'espèce humaine. Les images miroirs mutuelles ne fonctionnent que si les deux existences sont simultanées, si le cheminement existentiel s'accomplit en même temps pour les deux êtres. L'essence de l'image est insaisissable, elle nous est connue « de l'intérieur » parce que nous sommes des êtres humains, mais nous ne pouvons l'objectiver en dehors de l'être présent que nous sommes. L'image a à être vécue dans le présent mais elle ne se laisse pas manipuler, tel un objet extérieur. Il semble que le seul discours possible à son sujet soit celui de la monstration : seuls nos attitudes, nos actes, nos comportements témoignent de cette image. Le langage rationnel, la philosophie, ne pourraient en parler que de manière négative, en disant tout ce qu'elle n'est pas uniquement, en montrant à travers la multiplicité humaine ces différentes facettes, ses multiples concrétisations qui toutes renvoient à une unité métaphysique, l'essence humaine. On peut supposer, en se référant à la signification et à la portée du terme « image » que nous avons mis en évidence précédemment, que cette unité entretient une relation, pour nous inconnaissable, avec quelque chose de transcendant. L'immortalité, par l'entremise du clone, semble donc tout aussi illusoire que ne l'est l'image du clone par rapport à l'image essentielle de l'être humain. La véritable immortalité serait peut-être la fusion de l'image (au sens fort du terme) avec l'« objet ». Chaque être humain serait unique puisqu'il n'y a véritablement image que dans une seule concrétisation, à un moment donné ; mais il participerait à un tout qui rend possible les images et l'image qu'il est et vers lequel il retourne lorsqu'il n'est plus image. Si le clonage vise à préserver et à reproduire le caractère unique d'un être, il ne peut être, dans ce contexte, qu'immanquablement voué à l'échec ;

– *le non respect du droit à l'ignorance et du droit à posséder un génotype propre*. Il est important que le génotype soit propre, inconnu de tous et que ses conséquences diverses se révèlent progressivement à son possesseur et à son entourage. « L'ignorance dans ce cas est la condition préalable de la liberté »[1] : l'être humain se dévoile dans le jaillissement d'une vie vécue pour la première et seule fois, il devient lui-même dans la rencontre d'un monde tout aussi non averti que lui. Le clone est une négation du temps biologique, celui de l'ouverture de la vie vers l'horizon du futur et du devenir. Avec lui, « le passé a un

1. *PE*, p. 159.

droit de préemption sur le futur »[1]. La maîtrise du futur que vise le clonage échoue puisque le jeu est mis en place pièce par pièce et orienté, de manière déterminée, dans une direction. L'être humain ne domine pas le Futur mais sa propre production de futur. Jonas fait implicitement remarquer ici que le développement technologique est basé sur un fondement irrationnel, fait de peur et de conjuration à l'égard d'éléments qui se soustraient à toute tentative de maîtrise. « La question de savoir 'qui je suis' doit être un secret pour celui qui recherche une réponse et ne peut la trouver uniquement qu'avec ce secret là comme condition de sa recherche – comme une condition de devenir ce qui pourrait alors être la réponse »[2]. A la question « Qui suis-je ? » une réponse a déjà été donnée et avec elle disparaît la condition de toute recherche, de tout devenir, de tout fondement du « souci ». Le clone substitue une finalité instrumentale ou eugénique à la finalité intrinsèque de l'organisme, il échange l'identité médiate et subjective de celui-ci contre l'identité immédiate propre à la matière, il réduit le vivant à l'état d'objet utilitaire.

4. *Conclusion*

Jonas envisage l'expérimentation humaine sous un éclairage transcendant, volontairement tamisé mais toujours présent. C'est ce que l'intitulé de cet exposé, *Nature humaine ou expérimentation humaine,* tente de faire apparaître. Le « ou » est principalement exclusif. Jonas refuse toute expérimentation à visée purement cognitive et extérieure à l'intérêt propre de la personne. Ce type d'expérimentation s'oppose à la nature humaine, à l'homme-image, à la finalité qu'il incarne. Le « ou » est inclusif dans le champ restreint de l'expérimentation à visée thérapeutique pour le malade. L'adéquation des finalités de l'expérimentation et du malade, l'identification de celui-ci avec l'objectif de la recherche, ne mettent pas en jeu la nature humaine mais visent, au contraire, à la préserver à travers la guérison (le retour à la situation naturelle) du malade.

Je crois que le ton souvent dogmatique du discours jonassien (sa fondation métaphysique et les impératifs éthiques qui en découlent), les solutions parfois autoritaires et répressives qu'il propose (le recours à une élite toute puissante qui rappelle le philosophe-roi de Platon) ont l'avantage d'ouvrir, par leurs excès, un horizon intéressant à notre réflexion sur les biotechnologies. La fondation métaphysique que

1. *PE*, p. 162.
2. *PE*, p. 162.

propose Jonas est de type essentiellement religieuse et, en tant que telle, elle ne peut rationnellement recueillir l'approbation de tous et imposer une attitude éthique qui ne serait pas, au moins partiellement, dogmatique et autoritaire. Je ne pense pas non plus que chacun soit libre de faire ce qu'il veut de sa descendance, par exemple de faire de ses enfants des réservoirs utilitaires d'organes, des sous-hommes destinés à des tâches ingrates ou des êtres aux fonctions et éventuellement à l'intelligence orientés de manière précise. Comment ces êtres remodelés pourraient-ils être acceptés par des groupes humains de culture et de comportements sociaux parfois diamétralement opposés ? Comment les hommes pourraient-ils vivre ensemble pacifiquement dans un monde non seulement morcelé symboliquement mais également ontologiquement ?

L'angle d'approche des problèmes liés aux biotechnologies doit tenir compte d'une clarification des principes à la base des actes biomédicaux et des contrôles pragmatiques que l'on peut imposer à la recherche. Les progrès des biotechnologies sont nécessaires pour soulager la souffrance humaine mais il faut les encadrer, les limiter dans la pratique. Prenons par exemple le cas du clonage : pourquoi ne pas accepter que des recherches se poursuivent dans ce domaine à la condition que le clone ne survive pas aux expériences qui ont été effectuées sur lui (c'est-à-dire que l'amas de quelques cellules qu'il constitue ne soit pas réimplanté dans l'utérus) ?

L'être humain est un être fondamentalement libre, libre de penser mais également libre d'agir. Sans cesse dans son histoire il s'est remodelé symboliquement et il est possible que dans le futur, la liberté de recherche qu'on lui accorde aujourd'hui sous certaines conditions, lui permette de vivre avec moins de souffrance physique et d'être, peut-être alors, plus disposé à la paix et à la sérénité.

Marie-Geneviève PINSART *

* Université Libre de Bruxelles.

LA CRISE ÉCOLOGIQUE EN TANT QUE PROBLÈME POUR L'ÉTHIQUE DU DISCOURS*

1. *Introduction*

Je ne peux simplement présumer que le lecteur soit familiarisé avec l'approche de *l'éthique du discours* mais je ne dois pas non plus consacrer trop de temps à l'introduire systématiquement avant de l'appliquer aux problèmes de la crise écologique. Aussi, j'essayerai de l'aborder globalement tout en exposant mon point de vue concernant la crise écologique, en partant par exemple de ce qui peut être une réponse philosophique appropriée au défi de la crise écologique. Je ferai ainsi en procédant selon l'ordre suivant :

1. *D'abord*, je désire exposer la situation actuelle de la crise écologique à partir d'un point de vue anthropologique et quasi évolutionniste, c'est-à-dire comme un *défi lancé à l'éthique en général.*

2. A partir de cette position avantageuse, je pourrai, dans un *second temps*, introduire l'approche de l'éthique du discours *à partir de l'extérieur*, c'est-à-dire *comme une réponse possible de la responsabilité collective organisée de l'espèce humaine au défi que constituent les effets directs et secondaires des activités humaines collectives.* Cette introduction *à partir de l'extérieur* présentera les différentes attitudes de l'éthique philosophique à l'égard de la crise écologique sur laquelle l'éthique du discours doit se pencher.

3. Alors seulement, j'essayerai, *en troisième lieu*, de donner une introduction assez brève et sommaire à l'éthique du discours *à partir de l'intérieur*, c'est-à-dire *à partir de sa fondation transcendantale-pragmatique.*

* Traduit de l'anglais par M.-G. PINSART.

2. *La situation de crise écologique en tant que défi lancé à l'éthique en général : une approche quasi évolutionniste*

L'éthique philosophique en général, envisagée de manière rétrospective et sous un angle quasi évolutionniste, peut être considérée comme la dernière réponse de l'*homo sapiens*, c'est-à-dire de la *raison humaine*, à une espèce particulière de défi qui, dès le début de l'évolution humaine, depuis *l'anthropogénèse* ou *l'hominisation*, a caractérisé la situation de vie de l'espèce humaine comme une *situation de crise*. Ce que je veux dire par ceci témoigne d'un fait attesté tant par l'anthropologie philosophique et théologique que par la théorie scientifique de l'évolution. Il apparaît que la véritable constitution de l'espèce humaine doit, d'une manière ou d'une autre, avoir été intrinsèquement liée à l'échec ou à la dissolution des lois instinctuelles du comportement animal et à leur adaptation à l'environnement naturel. Kant parlait du « passage du joug des instincts à la conduite par la raison » ou « de la tutelle de la nature à l'état de liberté » [1]. Mais ce fait doit être réinterprété aujourd'hui.

On peut présumer – comme beaucoup d'anthropologistes philosophes le font – que l'invention des outils et des armes par l'être humain – c'est-à-dire par l'*homo faber* – annula définitivement la correspondance originelle entre les *effets causals* possibles des « actions » et les *marques perceptibles de l'environnement* qui pourraient provoquer des actions isolées au sein du cycle rétroactif du comportement instinctuel des animaux. En suivant Jakob von Uexküll, qui était un précurseur de l'éthologie moderne, on pourrait brièvement caractériser l'événement primordial de l'anthropogénèse comme l'échec de l'équilibre naturel entre le « Wirkwelt » (« le monde des effets causals possibles ») et le « Merkwelt » (« le monde des marques déclenchantes possibles ») du comportement animal [2]. Et il semble clair que la nouvelle situation issue de la liberté humaine d'action dans et/ou sur le « monde ouvert », peut et doit être considérée, par son manque de stabilité naturelle et de régulation, comme une situation de crise.

L'*aspect moral* de cette situation de crise est illustré par le récit biblique du meurtre d'Abel par Caïn. On peut ainsi interpréter cette histoire comme représentant tous ces empiètements sur la sphère de l'interaction humaine qui devinrent possibles grâce à la brèche ouverte

1. Cf. I. KANT, *Akademie-Textausgabe*, Berlin, de Gruyter, 1968, VIII, p. 115.

2. Cf. J. von UEXKÜLL, *Theoretische Biologie*, Frankfurt am Main, Suhrkamp, 1973 ; J. von UEXKÜLL et G. KRISZAT, *Streifzüge durch die Umwelten von Tieren und Menschen*, Hamburg, Rowohlt, 1956.

par l'*homo faber* dans le mur des inhibitions instinctuelles de l'agression, par l'invention et l'usage d'armes. La dernière étape cependant du développement qui fut ainsi ouvert, peut être reconnue dans la bombe atomique de Hiroshima et de Nagasaki. Car celle-ci était une partie de l'interaction humaine au travers de la guerre qui, par la distance même occasionnée et maîtrisée par la prolongation technique de l'action humaine, était complètement soustraite aux effets perceptibles sur les victimes humaines. Par conséquent, la rétroaction possible des effets perceptibles de l'action sur les sens et les émotions de l'acteur était, dans ce cas, réduite à zéro. Cet exemple de l'extension et de l'accroissement de la portée d'efficacité des actions humaines de l'*homo faber* illustre le défi que représente l'établissement d'une éthique de l'interaction humaine pour la capacité rationnelle et imaginative de l'*homo sapiens*. Jusqu'ici, *l'éthique* peut être considérée d'une manière ou d'une autre, comme une *compensation* à fournir par la raison humaine à la perte des inhibitions instinctuelles dans les cas d'actions techniques à longue portée.

Cependant, toute la portée et la signification de la modification et de l'accroissement de l'efficacité des actions humaines de l'*homo sapiens* – ou plutôt des activités à long terme – deviennent visibles seulement quand nous comparons l'exemple de la bombe atomique avec *l'intervention de la technologie industrielle moderne dans l'environnement naturel de l'espèce humaine*. Car, en ce qui concerne la pollution industrielle des rivières, des lacs, des océans et de l'atmosphère planétaire, ou la destruction des forêts et d'innombrables espèces de plantes et d'animaux, la *soustraction* de la sensibilité et de la sensitivité des acteurs isolés aux effets directs et indirects de leurs actions est, en bien des aspects, encore plus complète qu'elle ne l'était quand la bombe atomique fut lancée. Par conséquent, la fonction compensatoire de la raison éthique et de l'imagination de l'*homo sapiens* est nécessitée dans ce cas avec encore plus d'urgence.

Contrairement aux aspects destructifs de *l'interaction humaine*, les aspects destructifs de l'*intervention humaine sur la nature* ne furent même pas relevés et traités comme des problèmes éthiques par les institutions traditionnelles de la morale et de la loi ou par l'éthique philosophique. Ce fut seulement dans les dernières décades de notre siècle que l'*homo sapiens*, c'est-à-dire la sensibilité morale de la raison publique en général, devint conscient du fait que la relation et l'interaction humaines avec la nature engendraient aussi des problèmes éthiques comparables ou entremêlés avec ceux du rapport social entre les êtres humains. Toutefois, la manière dont nous devrions concevoir ces problèmes et leur défi à *l'éthique en général*, est loin d'être claire. Y a-t-il des institutions humaines ou des formes de morales et d'éthiques qui pourraient faire face aussi à ces problèmes ? Ou avons-nous besoin d'un type complètement nouveau d'éthique basé sur un nouveau type de philosophie ou de sagesse ? Ou devons-nous éventuellement nous résigner et simplement ignorer ces soi-disant nouveaux problèmes éthiques et conserver nos traditions morales particulières et nos coutumes ?

3. *Introduction différenciée et « de l'extérieur » de l'éthique du discours comme réponse philosophique au défi de la crise écologique*

De manière caractéristique, toutes les attitudes esquissées à l'égard du défi posé par la crise écologique sont représentées aujourd'hui dans la discussion philosophique publique. Dans ce qui va suivre, j'essayerai de discuter certaines d'entre elles, particulièrement celles qui sont diamétralement opposées, dans le but d'introduire le point de vue de l'éthique du discours à l'intérieur de ce contexte dialectique.

3.1. D'une part – c'était à première vue très surprenant pour moi – notre époque semble regorger de prises de positions *démissionnaires, historicistes et relativistes* – parfois appelées *néo-aristotélisme ou néo-conservatisme*, parfois se nommant elles-mêmes *néo-pragmatiques* ou *post-wittgensteiniennes* [1] –, c'est-à-dire des philosophies qui négligent complètement l'aspect *planétaire* et donc *universaliste* de la responsabilité éthique qui, pour la première fois dans l'histoire, est évoqué et exigé fortement par la crise écologique. Au lieu de cela, ces positions suggèrent que *n'importe quelle fondation rationnelle de principes éthiques universellement valides ou contraignants est impossible tout autant que non nécessaire. Seules les bases consensuelles contingentes et particulières d'une tradition socioculturelle définie permettent en effet, au sein du contexte des coutumes d'une forme de vie partagée, de se conformer à des normes morales* [2].

1. Cf. ma discussion de ses opinions dans K.-O. APEL, *Diskurs und Verantwortung. Das Problem des Übergangs zur postkonventionellen Moral*, Frankfurt am Main, Suhrkamp, 1988. Voir aussi K.-O. APEL, « The Need for, the Apparent Difficulty, and the Eventual Possibility of a Planetary Macroethics of Co-responsibility », in E. DEUTSCH (ed.), *Culture and Modernity : East-West Philosophical Perspectives*, Honolulu, University of Hawaï Press, 1991, p. 261-278.

2. Cf. par exemple R. RORTY, *Contingency, Irony and Solidarity*, Cambridge (Mass.), Cambridge University Press, 1989, et A. MacINTYRE, *Whose Justice ? Which Rationality ?*, London, Duckworth, 1988.

Dans le contexte actuel, je ne peux plaider contre les présuppositions théoriques de ces positions, mais je voudrais au moins évoquer deux motifs sérieux qui les sous-tendent, je crois (particulièrement ceux de quelques-uns de leurs représentants allemands. Ceux-ci vont jusqu'à suggérer que toute la discussion au sujet de la « crise écologique » n'est rien d'autre qu'un pseudo-problème idéologique inventé par des intellectuels – de gauche – comme substitut à leur ancienne mobilisation à l'égard du manque de justice sociale dans le monde capitaliste).

3.1.1. Un des motifs sérieux du recours *historico-relativiste* ou du retour à des traditions morales particulières est fourni, je pense, par le *sentiment dominant d'être surchargé* par les nouvelles demandes d'une responsabilité à l'égard de notre écosphère planétaire : à l'égard, par exemple, de la préservation de la terre et de son atmosphère ou des ressources énergétiques nécessaires pour les générations futures de l'humanité, et même éventuellement à l'égard de la protection de la vie des animaux et des plantes. Symptomatique et révélateur fut, dans ce contexte, la réaction d'un critique allemand du livre *Das Prinzip Verantwortung* de Hans Jonas (*The Imperative of Responsibility*). Il qualifiait simplement ceci d'« utopisme de la responsabilité ». Dans son argumentation à l'encontre de celle-ci, il se référait à Arnold Gehlen qui, dans sa « Philosophie des institutions » et dans son livre *Ethique et hyperéthique* a souligné le fait que personne ne peut porter la responsabilité à l'extérieur ou au-delà de sa place et de son rôle ou de sa fonction à l'intérieur des institutions de sa société [1].

A mon avis cette affirmation fait ressortir un argument important dans la mesure où il exprime la notion *conventionnelle* et *traditionnelle* de la responsabilité discernable et réclamable d'une personne individuelle. En suivant la théorie du « développement moral » [2] de Lawrence Kohlberg, cette notion de responsabilité pourrait être envisagée comme étant parallèle à son *troisième* (groupe de la loyauté) et *quatrième* (accomplissement des devoirs à l'intérieur d'un système d'état d'ordre public) niveau, qui excluent que le citoyen comme le législateur soient tenus responsables des institutions mêmes du système d'état. Selon l'exposé de Kohlberg, une notion *post-conventionnelle* de la responsabilité doit être liée à ces niveaux (*cinq* et *six*) d'une *moralité*

1. Cf. G. MASCHKE, *FAZ*, 7 octobre, 1980.

2. Cf. L. KOHLBERG, *The Philosophy of Moral Development*, San Francisco, Harper and Row, 1981, et K.-O. APEL, *op. cit.*, p. 36 ff. pour la discussion de la théorie de Kohlberg.

post-philosophie des Lumières attachés aux notions de participation démocratique en politique et à la « raison publique » (*räsonierende Öffentlichkeit)* dans le sens de Kant.

Il me semble clair que la nouvelle demande pour notre prise de *responsabilité à l'égard des effets futurs directs et indirects de nos activités collectives* – à savoir en science et en technologie mais aussi en politique et en économie – s'offre elle-même comme une demande d'une éthique *universaliste* d'un type *post-conventionnaliste* et *post-traditionnel.* Néanmoins, en opposition aux formes plus anciennes d'éthiques post-conventionnelles, universalistes, par exemple celle de Kant, la demande de prise de responsabilité pour les *effets futurs des activités collectives* en ce qui concerne notre écosphère peut apparaître en fait comme presque paradoxale et donc irraisonnable (*unzummutbar*) du point de vue d'une personne individuelle. Car, bien qu'il ou elle puisse être prêt à changer sa manière de vivre personnelle en adoptant une nouvelle attitude à l'égard de l'environnement naturel et de ses besoins propres (c'est-à-dire dans le sens d'une nouvelle *frugalité* suggérée par Hans Jonas [1] et aussi par Arne Naess), il ou elle peut néanmoins se sentir complètement impuissant à l'égard des nouvelles tâches de la *responsabilité collective.* Ce sentiment d'impuissance de l'acteur solitaire peut être relié à la fois à la *nécessaire connaissance* des effets directs et indirects probables des activités collectives et aux *initiatives pratiques* à prendre à l'égard des activités collectives progressives à long terme de la société.

A ce stade, tous les problèmes bien connus de la *disparité* entrent en jeu. J'entends par là ceux qui ont cours entre les actions-intentions, les actions-dispositions et les vertus des acteurs isolés d'une part, et le résultat des activités humaines au niveau des groupes, des institutions et particulièrement des systèmes sociaux, d'autre part. *En économie*, la dialectique des vertus privées et des infortunes publiques a été reconnue depuis Mandeville et Adam Smith, *en politique* au moins depuis Hegel. De nos jours, la *théorie de la décision*, ou plus précisément, son application et son extension aux *jeux stratégiques* de l'interaction humaine (par exemple la compétition et la coopération) a analysé plus complètement les « dilemmes » et les « pièges sociaux » dans lesquels la *rationalité des moyens et des fins* des acteurs isolés peut conduire au niveau de résultats sociaux [2]. *La théorie des systèmes sociologiques* a même généralisé des considérations plus anciennes

1. Cf. H. JONAS, *Das Prinzip Verantwortung*, Frankfurt am Main, Insel, 1979.

2. Cf. l'œuvre de A. HYLLAND, H. LENK et A. OFSTI.

pour qu'elles soient applicables à *l'hétéronomie* des résultats des actions (rationnelles humaines). Cela exige que la *rationalité d'action* soit en principe inférieure à la *rationalité des systèmes* et donc que les acteurs humains n'aient aucune chance de contrôler ou d'être responsables des résultats des activités collectives. Ces dernières doivent plutôt être considérées comme étant forcées par le soi-disant « Sachzwänge », c'est-à-dire les contraintes de la rationalité fonctionnelle des systèmes. Puisque tous ces phénomènes appartiennent aux problèmes d'une éthique pertinente écologiquement, il est assez compréhensible que les acteurs isolés puissent se sentir complètement *surchargés* et *impuissants* face aux nouvelles demandes de responsabilité.

Bien sûr, il y a toujours eu un grand mécanisme utilisé pour surmonter les « dilemmes » et les pièges sociaux des *actions stratégiques* : la *coordination des actions sous la responsabilité collective*. Je pense *aux accords et aux contrats au sujet des règles et des normes d'action dont le non respect est puni par des sanctions*, particulièrement par celles d'un *état de droit* (par exemple la police). Et même l'état de droit qui, par son monopole de la violence, peut garantir un certain cadre restrictif pour les actions stratégiques de ses citoyens, par exemple pour l'interaction économique, a été considéré comme un résultat possible d'un *accord* ou d'un *contrat*. Dans ce contexte, il est important de comprendre que la réalisation culturelle de l'état de droit en ce qui concerne une coordination possible des actions humaines ne consiste pas seulement en la garantie d'un ordre *légal* d'actions en accord avec des lois et des contrats (comme l'estimaient dans un premier temps Hobbes et Kant), mais au-delà de cela à faire en sorte que des acteurs isolés soient en mesure d'agir *moralement* (par exemple en prenant une co-responsabilité morale dans des activités collectives) sans craindre d'être seulement des perdants. Cette possibilité repose aussi sur le fait que l'état de droit, bien qu'il ne soit pas capable ou tenu d'assurer, par le pouvoir des sanctions, que les citoyens agissent *moralement*, peut au moins assurer jusqu'à un certain point, qu'ils agissent *légalement*.

Néanmoins, le grand mécanisme de coordination des actions humaines par les contrats, dont la réalisation est renforcée par des sanctions – bref, le *mécanisme de la loi* – n'est pas suffisant pour garantir et rendre compte de la possibilité de ce type de responsabilité universelle, post-conventionnelle – ou mieux encore de co-responsabilité – exigée, comme nous l'avons vu, par la crise écologique. Car, rendre compte de la responsabilité des gens ou de la co-responsabilité à l'intérieur du cadre des institutions, ou même de la responsabilité des institutions ou des corporations à l'intérieur du cadre de l'état de droit, n'est pas suffisant. Au-delà de cela, *il est nécessaire de fonder ou d'établir la possibilité et le caractère raisonnable de la co-responsabilité morale de tous les êtres humains selon leur aptitude et leur pouvoir, même pour les institutions elles-mêmes,* l'institution de l'état de droit incluse.

On doit considérer dans ce contexte que, du point de vue de l'éclairement philosophique, toutes les institutions, même celles de l'état de droit et son monopole de contrainte sur une certaine coordination des actions co-responsables, doivent être considérées à leur tour comme le résultat d'arrangements responsables de la raison humaine, c'est-à-dire de contrats qui, eux-mêmes, doivent être légitimés par la raison éthique. Sans cette fondation, les contrats sociaux ne pourraient même pas être respectés moralement par ceux qui dépendent d'eux, puisque le principe normatif *pacta sunt servanda* ne peut en retour être fondé par un contrat. Et la tentative de fondation par *l'auto-intérêt stratégique* des contractants est vouée à l'échec – en dépit de Hobbes et de ses nombreux épigones ; car l'auto-intérêt commun des contractants ne peut exclure la possibilité d'une domination de l'auto-intérêt des personnes isolées, c'est-à-dire de conclure le contrat avec une stipulation criminelle qui permettrait d'exploiter l'état de droit en tenant le rôle parasitaire du cavalier seul [1]. Par conséquent, tous les « dilemmes » et les pièges sociaux analysés dans la théorie du jeu stratégique se représenteraient s'il n'était pas possible de fonder la notion *pré-institutionnelle* et *pré-contractuelle* de la *co-responsabilité morale.*

La question cruciale dans notre contexte semble donc être la suivante : comment peut-il être montré, par des arguments rationnels autres que stratégiques, que nous devons et, raisonnablement que nous pouvons, être responsables – ou plutôt co-responsables – de l'établissement et du maintien de ces (nouveaux) et divers contrats et accords qui nous permettraient de réorganiser nos institutions (ou même de fonder de nouvelles institutions comme des confédérations ou des légalités internationales, mais peut-être aussi de nouvelles organisations économiques) de telle sorte que nos activités collectives auraient la possibilité de se modifier lentement face au défi de la crise écologique ? (Le problème le plus difficile dans ce contexte semble être celui du change-

1. Cf K.-O. APEL, « Normative Ethics and Strategical Rationality : The Philosophical Problem of a Political Ethics », in *Graduate Faculty Philosophical Journal. New School for Social Research*, 9/1, p. 81-108. Repr. in R. SCHÜRMANN (ed), *The Public Realm. Essays on Discursive Types in Political Philosophy*, State University of New York Press, 1982, p. 107-131.

ment de notre technologie scientifique et de notre système économique basé sur le marché de telle sorte que leur *rendement* et leur *pouvoir de motivation* ne soient pas détruits mais plutôt mis au service d'un style de vie humaine supportable).

Je pense que cette situation problématique fait surgir en fait un *nouveau problème d'éthique philosophique*. Il ne peut même pas être résolu par un type universaliste d'éthique qui s'adresse *seulement* à la responsabilité d'acteurs isolés considérés comme des *personnes privées* ou comme *des fonctionnaires au sein d'institutions existantes*. (Ceci ne veut pas dire bien sûr qu'il n'y ait pas de nouvelles exigences en ce qui concerne aussi la *responsabilité privée*, ou en ce qui concerne *la distribution de la co-responsabilité et l'obligation à l'intérieur du cadre des institutions et des corporations*, ou de la *prise de responsabilité légale*, et en un sens même *morale, des institutions et des corporations en tant que tel*) [1]. Le problème mis en évidence peut seulement être résolu d'une manière radicale, je veux dire par là, par une nouvelle conception de la responsabilité – ou plutôt : de la co-responsabilité. Elle doit se rapporter *a priori* aux êtres humains comme des membres d'une *communauté de langage et de coopération* qui se situe pour ainsi dire *au-delà de toutes institutions et systèmes sociaux*, constituant quelque chose comme une *méta-institution primordiale de toutes les institutions possibles*. Ceci entraîne qu'il doit être possible d'avoir recours à une conception de la *rationalité* ou de la *raison* en ce qui concerne la coordination des actions humaines qui soit différente *de la rationalité des systèmes* tout autant que de la rationalité *stratégique* de l'action humaine. Ce dernier type d'*action rationnelle – rationalité des moyens et des fins appliquée à l'interaction humaine* – ne peut fournir une base pour la (co)-responsabilité morale de l'action, puisqu'il conduit nécessairement aux « dilemmes » et aux pièges sociaux [2].

1. Cf. H. LENK, « Verantwortung zwischen Individualismus und Institutionalismus », in H. LENK, *Zwischen Wissenschaft und Ethik*, Frankfurt am Main, Suhrkamp, 1992, p. 101-116.

2. Une tentative de réponse à ce problème se trouve, je crois, dans l'œuvre majeure de J. HABERMAS, *Theorie des Kommunikativen Handelns*, 2 vol., Frankfurt am Main, Suhrkamp, 1981. Voir aussi K.-O. APEL, « Types of Rationality Today : The Continuum of Reason between Science and Ethics », in Th. GERAETS (ed), *Rationality Today*, Ottawa, University Press, 1979, p. 307-340 ; « Lässt sich ethische Vernunft von strategischer Zweckrationalität unterscheiden ? Zum Problem der Rationalität sozialer Kommunikation und Interaktion », *Archivio di Filosofia*, LI, 1983, p. 373-434 ; *Diskurs und Verantwortung*, Frankfurt am Main, Suhrkamp, 1988.

Il y a, je pense, au moins *deux phénomènes* de la société démocratique moderne – au niveau national et international – qui peuvent être considérés comme des manifestations – imparfaites cependant – de cette *méta-institution* de toutes les institutions possibles et de son *type non stratégique et non lié à un système de rationalité humaine*. L'un est la *raison publique* (*räsonierende Öffentlichkeit* dans le sens de Kant) et l'autre, qui est très proche des actions discutées et des activités à long terme, est représenté par les *milliers de conférences* à travers lesquelles, à notre époque, tous les problèmes importants d'intérêt public sont en réalité traités et, si possible, réglés.

Bien sûr, le *caractère imparfait* de ces deux manifestations concrètes d'une institutionalisation possible de la rationalité spécifique de la co-responsabilité humaine est manifeste en bien des aspects. Ainsi, il est clair que la « raison publique », incluant les intellectuels de tout horizon, sert de forum à l'argumentation co-responsable tout autant qu'au bavardage ou au mieux au feuilleton à la mode (je trouve difficile par exemple, de reconnaître les motifs *pertinents* d'une critique possible des temps modernes dans la littérature du *post-modernisme philosophique*). Et les *milliers de conférences*, qui de nos jours ont un rôle médiateur entre la réflexion philosophique, la connaissance scientifique et la pratique politique et économique ont, dans bien des cas – plus ou moins – le caractère de *marchandages* (c'est-à-dire d'offres et de menaces) plutôt que de *discours argumentatifs* par lesquels les intérêts, pas seulement de *ceux qui sont bien représentés* mais de tous les gens *concernés*, sont considérés et respectés comme des *prétentions*. Jusqu'ici les « dilemmes » et les pièges sociaux de la rationalité stratégique se tiennent cachés dans les procédés actuels des milliers de conférences.

Néanmoins, ceux qui participent à ces conférences savent aujourd'hui qu'ils doivent au moins *prétendre* – au niveau des moyens de communications, c'est-à-dire de la « rationalité publique » – qu'ils ne sont pas seulement occupés à *marchander* mais *essayent d'obtenir un consensus raisonnable par des arguments*. Jusqu'ici, il apparaît clairement, aimerais-je prétendre, que les conférences publiques représentent après tout *un type de rationalité non lié à un système et non stratégique* qui peut et doit fonctionner comme une *méta-institution de co-responsabilité morale* en ce qui concerne tout autant l'ensemble des institutions et des normes établies que l'ensemble des types abstraits de la rationalité humaine. Certes, ce modèle de co-responsabilité humaine, prétendrais-je par ailleurs, possède sa fondation rationnelle dans le paradigme philosophique de la *rationalité discursive commu-*

nicationnelle qui est proposée – ou plutôt révélée – par la *réflexion transcendantale-pragmatique de l'éthique du discours*. Car, au niveau d'un discours argumentatif sérieux, qui est pour la philosophie l'exemple dernier et incontournable de la rationalité, le principe normatif de l'*égal co-responsabilité de tous les membres de la communauté argumentative* (potentiellement infinie) pour la solution de n'importe quel problème qui – en principe – peut être posé, a toujours été déjà accepté. Cela est manifeste, me semble-t-il, par l'auto-réflexion de n'importe quelle *question sérieuse* apparue dans un discours.

Cette thèse peut être considérée comme ma *première tentative d'introduire de l'extérieur l'éthique du discours*, comme je l'avais annoncé antérieurement, c'est-à-dire de suggérer que cette approche puisse constituer une réponse adéquate au défi lancé par la situation de crise écologique à l'éthique en général.

3.1.2. A présent, le *second* des motifs sérieux et pertinent d'un point de vue éthique me semble-t-il, opérationnel à l'arrière-fond des positions de retrait *historico-relativistes* d'aujourd'hui, me paraît reposer sur un intérêt profond et justifié porté aux *différentes formes de vie socio-culturelles particulières*. Car, cette *multitude de formes humaines de vie* est, en fait, à l'instar de la *variété des espèces biologiques*, mise en péril par notre actuelle civilisation techno-économiquement unifiée. Par conséquent, il est très compréhensible que même une alliance entre ceux qui désirent protéger ou sauver la diversité des formes humaines de culture et ceux qui souhaitent sauver la variété des espèces biologiques se produise [1].

C'est cependant, à mon avis, une grave erreur dans le raisonnement philosophique que d'estimer nécessaire (ou du moins de bon ton), comme beaucoup d'intellectuels – par exemple les défenseurs *post-modernes* et *post-structuralistes* de la «différence» –, d'opposer l'intérêt propre à la *différence* et à l'*authenticité culturelles* à l'*universalisme éthique* [2]. On doit uniquement considérer la question des *droits humains* dans le but de réaliser que, dans l'histoire, l'universalisme éthique – par exemple la position de la *loi naturelle* ou plus tard le kantisme – a toujours le premier frayé le chemin dans la défense des droits de l'auto-réalisation individuelle. Cet intérêt constitue le

1. A. Naess est un représentant de cette alliance dans ses écrits « écosophiques ».

2. Cf. K.-O. APEL, *Diskurs und Verantwortung. Das Problem des Übergangs zur postkonventionellen Moral*, Frankfurt am Main, Suhrkamp, 1988, p. 154.

véritable cœur de l'idée de *justice* et de là de l'*égalité universelle devant la loi*.

Par ailleurs, l'universalisme éthique de justice doit aussi prendre en considération les conditions d'une *co-existence possible des différentes formes socio-culturelles de vie*. Donc, il est confronté avec le problème de rendre *compatible* les différentes exigences d'autonomie et les systèmes de valeur. Ceci peut seulement être atteint par l'imposition de *contraintes*, c'est-à-dire de conditions restrictives, sur les dimensions pertinentes, d'un point de vue normatif, des différents systèmes de valeur des différentes cultures. De nos jours, à l'égard de la crise écologique, ceci ne signifie pas seulement assurer des *droits égaux* mais en plus, assurer l'*égale co-responsabilité* de toutes les sociétés différentes au niveau de la coopération planétaire en ce qui concerne tous les intérêts communs de l'humanité. Précisément, c'est la nouvelle dimension d'une *macro-éthique universelle de la co-responsabilité* qui est requise de manière urgente de nos jours par le défi de la crise écologique.

Permettez-moi de mentionner ici le problème le plus important dans ce contexte : la protection de l'atmosphère planétaire, des océans, des forêts humides tropicales et, en liaison avec tous ceux-ci, le problème de la surpopulation et celui d'une juste exploitation qui soit à la fois économe et distributionnelle des ressources de la terre. Tous ces problèmes typiques de la crise écologique rendent nécessaires pour les intérêts particuliers et les systèmes de valeurs des différentes sociétés, leur assujettissement aux contraintes imposées par l'intérêt commun – probablement même par les intérêts de survie – de l'humanité. Ceci, incidemment, vaut en particulier pour le système de valeurs des pays riches du *Premier Monde* qui s'unissent autour des hautes valeurs de la *croissance économique* et du développement de ce qu'on appelle le *niveau de vie*. (Aussi longtemps que les pays riches consommeront 60% de l'énergie utilisée par la population actuelle de la terre, ils n'auront manifestement pas le droit moral de demander aux pauvres habitants du *Tiers Monde* de renoncer à la disparition par le feu de leurs forêts, bien que ceci constitue une part considérable de la destruction des forêts sur la terre).

Il faut cependant relever qu'il y a aussi un aspect crucial à la crise écologique qui rend nécessaire d'imposer des contraintes strictes sur la manière de vivre et les systèmes de valeurs de la plupart des formes socio-culturelles de vie dans le Tiers Monde. J'ai à l'esprit le phénomène alarmant de l'*accroissement de la population* qui est aujourd'hui caractéristique au Tiers Monde. Il me semble clair que ce phénomène, considéré en liaison avec l'épuisement des ressources énergétiques et la pollution, constitue le véritable cœur de la crise écologique. Dans ce contexte, on pourrait réfléchir à ce que le pape est en train de faire en parcourant des pays comme le Nigéria, le Vénézuela ou les Philippines, en disant aux gens qu'ils ne peuvent pratiquer un contrôle des naissances – je ne parle pas ici d'avortement. Je pense personnellement que le pape dans ce cas agit de manière *irresponsable*, c'est-à-dire à l'encontre de ces normes qu'une macro-éthique universellement valide de la co-responsabilité planétaire doit imposer à toutes les sociétés actuelles.

Cependant, qui va décider de ces *normes universellement valides* qui aujourd'hui fonctionneraient comme des contraintes à imposer aux différents systèmes de valeurs particuliers des différentes sociétés ?

Cela ne peut et ne devrait pas être fait par un dictateur ou un système politique de « despotisme éclairé », comme, il y a quelques années, Wolfgang Harich l'a proposé en tant que seule solution concevable à la crise écologique [1]. Ce jugement négatif à l'encontre d'une proposition qui peut sembler plausible pour une situation de sauvetage vaut, à mon avis, au moins pour la situation présente de l'humanité et ceci, pas seulement en raison de la *suppression implicite de la liberté et de la démocratie*, mais aussi en raison des *torts* et du *manque de compétence* que nous avons même à imputer aux dirigeants sages, comme l'illustre l'exemple du pape.

Ce dont nous avons réellement besoin – pour le dire brièvement et de manière provisoire – est à la fois une franche médiation par des arguments entre les différents intérêts des différents individus humains et les cultures individuelles et entre ceux-ci et les intérêts communs de l'humanité. Mais dans le but d'établir quelles normes pourraient être universellement contraignantes parce que les effets probables et les effets secondaires de leur application seraient acceptés par tous les gens concernés, nous avons aussi besoin d'informations et de conseils – à la fois scientifiques et non scientifiques – qui pourraient aujourd'hui être rassemblés auprès des experts de toutes les disciplines différentes de nos différents systèmes culturels. Par conséquent, la solution du problème de la *médiation* nécessaire entre les différents systèmes de valeurs des différentes cultures d'une part, et les normes universellement contraignantes de justice et de co-responsabilité qui sont requises de nos jours d'autre part, doit être fournie, je crois, par les *milliers de conférences* déjà mentionnées. Ceci concerne déjà les *principes*

1. Cf. W. HARICH, *Kommunismus ohne Wachstum ? Baboeuf und der « Club of Rome »*, Reinbek bei Hamburg, Rowohlt, 1975.

éthiques qui sont discutés dans des *conférences philosophiques* comme les nôtres ; mais devrait davantage concerner les nouvelles *normes de loi* et les *situations liées par des règlements et des mesures* qui doivent être raisonnablement fondées et appliquées quelque part chaque jour.

A ce stade, vous pouvez déjà soupçonner que je me dirige vers ma *seconde* introduction à partir de la position privilégiée d'une éthique discursive universelle envisagée de *l'extérieur*, c'est-à-dire en la recommandant comme une réponse appropriée au défi de la crise écologique. Mais, à fin de se rapporter au point de cette seconde introduction, je vous rappellerais le fait, déjà mentionné, que les *milliers de conférences* ne sont pas identiques, bien entendu, aux *discours pratiques au sujet des intérêts en tant qu'exigences valides, normatives, universellement acceptées*, postulés par l'*éthique du discours*. En réalité, elles peuvent seulement *prétendre*, en s'adressant au public, être quelque chose de semblable, tout en étant en fait plutôt un ensemble de marchandages manifestement stratégiques ou de méthodes de persuasion manipulatrices plutôt que d'arguments rationnels pour ou contre l'acceptabilité universelle des exigences mises en évidence.

Cette seconde réflexion suggère ce que la fonction d'une *éthique philosophique du discours* peut et doit être par rapport aux milliers de conférences qui ont lieu. Elle doit être capable, par sa propre *fondation*, de *fonder* ces *méta-normes procédurales et formelles* susceptibles de fonctionner comme des principes régulateurs pour l'institution et l'évaluation critique des milliers de conférences considérées comme des réalisations présumées de l'idéal du discours pratique. C'est une exigence qui doit être discutée dans mon approche de l'éthique discursive par l'*intérieur*.

Jusqu'ici j'ai essayé de définir l'*éthique discursive* comme une alternative aux positions *résignées* et d'un *historicisme relativiste* propres à la philosophie actuelle qui refuse la possibilité et/ou même la nécessité d'une réponse philosophique spécifique – à savoir celle d'une macro-éthique planétaire de la co-responsabilité – au défi lancé par la crise écologique. Tournons-nous maintenant vers le *côté diamétralement opposé du spectre philosophique*, c'est-à-dire, vers ces positions qui plaident plus ou moins pour un *type complètement nouveau d'éthique ou d'orientation philosophique en général* qui pourrait répondre d'une manière spécifique à la crise écologique.

3.2. En guise de premier survol, je mettrai en évidence les opinions suivantes de cette position (ou plutôt de ce groupe de positions qui sont envisagées alternativement ou conjointement). L'opinion la plus radicale semble être celle qui *demande d'abandonner complètement notre vue moderne, occidentale et postérieure à la philosophie des Lumières,* à savoir la supposition que le *sujet* humain de la pensée et la soi-disant *raison autonome* doivent fournir l'étalon ultime et le point de vue d'orientation de l'épistémologie tout autant que de l'éthique. Il est suggéré qu'au moins la philosophie moderne – *post cartésienne* et *post baconienne* – de la « subjectivité » (Heidegger) – dans sa version transcendantale – est responsable de cette attitude à l'égard de la nature – de son *objectivation*, de son *contrôle,* de sa *domination* et de son *exploitation* – qui a engendré la crise écologique d'aujourd'hui.

La dernière philosophie heideggerienne du « Ge-stell » de la *technologie scientifique* moderne, qui a été rapportée par Heidegger aux origines mêmes de la *métaphysique occidentale*, peut servir d'exemple – un exemple particulièrement marquant en fait – de la *profonde suspicion* à l'égard de toute la philosophie occidentale de la « subjectivité », de l'« anthropocentrisme » et de l'« autonomie de la raison » – une suspicion qui a aussi été adoptée et radicalisée par ce qu'on appelle les *post-modernistes* philosophiques. Mais la théorie du processus occidental de la rationalisation et de la désillusion (« Entzauberung ») de Max Weber a également engendré de pareilles suspicions, bien qu'il ait personnellement reconnu – ou fait semblant de reconnaître – le processus de rationalisation occidentale. Cette dernière attitude est attestée d'une manière particulière par ses deux opinions complémentaires : la *neutralité axiologique de toute science* et le *décisionisme irrationnel* en ce qui concerne les « axiomes d'évaluation » ultimes [1].

Une des conséquences de cette suspicion à l'égard de tout le *processus de la rationalisation occidentale* que je viens précisément de relever, est une méfiance à l'encontre de la rationalité méthodologique de la science et de la technologie, et la fuite vers toutes les traditions orientales de sagesse ou de sagesse archaïque propres aux cultures tribales comme le shamanisme [2]. Cette tendance de la pensée est particulièrement inspirée par l'espoir de trouver une voie antérieure à la *relation sujet-objet de l'épistémologie moderne*, c'est-à-dire un retour à une unité harmonieuse primordiale des êtres humains avec la

1. En ce qui concerne Max Weber, cf. W. SCHLUCHTER, *Wertfreiheit und Verantwortungsethik*, Tübingen, Mohr (Siebeck), 1971 ; *Die Entwicklung des okzidentalen Rationalismus*, Tübingen, Mohr (Siebeck), 1979.

2. Cf. par exemple, les ouvrages de H.P. DUERR, *Traumzeit. Über die Grenze zwischen Wildnis und Zivilisation*, Frankfurt am Main, Suhrkamp, 1978 ; H.P. DUERR (ed), *Der Wissenschaftler und das Irrationale*, 2 vol., Frankfurt am Main, Syndikat, 1981.

nature (cf. la partie 2 de cet article). Plus sérieuses et intéressantes m'apparaissent être, cependant, les tendances de la philosophie actuelle qui retournent à l'époque *pré-cartésienne* et *pré-kantienne* de la philosophie occidentale – c'est-à-dire à la *métaphysique téléologique* et *ontologique* – dans le but de rechercher de nouvelles fondations *épistémologiques* et *éthiques*. Ces nouvelles fondations sont supposées, je crois, surmonter la stricte *distinction entre le sujet humain de la téléologie et de l'évaluation et tous les autres êtres considérés comme de simples objets à décrire d'une façon axiologiquement neutre et à expliquer causalement.*

Ces dernières tendances ont souvent été associées avec les courants *post-empiristes* et *post-rationalistes* de la philosophie des sciences et de la science elle-même – c'est-à-dire avec les formes de la *théorie des systèmes fonctionnalistes* ou des *théories spéculatives de l'évolution,* qui – de Charles Peirce à Prigogine et à beaucoup d'autres [1] – ne pourraient jamais se satisfaire d'une exclusion complète de la téléologie et du caractère intrinsèquement valable de la nature. La nature comme *sujet de l'évolution* – c'est un des arguments les plus puissants de cette perspective depuis Schelling, me semble-t-il – doit, d'une manière ou d'une autre, ne pas être uniquement considérée en tant qu'*objet* de la connaissance humaine et du contrôle technique mais aussi en tant que quelque chose qui a toujours été *sur la voie de l'émergence de l'humanité*. Elle doit donc être quelque chose *comme nous-mêmes* ou du moins *analogue* à nous-mêmes, c'est-à-dire constituer une espèce de *communauté de destin avec nous, êtres humains*. (Je placerais la position de Hans Jonas et peut-être la conception d'Arne Naess d'une « écosophie » ou d'une « écologie profonde » dans ce contexte d'inspiration ontologique).

Quant aux implications *éthiques* de ces dernières positions, l'affirmation principale semble être que nous devons surmonter toutes les sortes de *subjectivisme anthropocentrique*, incluant éventuellement celle de la *raison autonome* dans le sens kantien, en faveur d'une orientation vers la *téléologie intrinsèque* et/ou le *caractère valable de l'être ou de la nature*. De ceci on conclut souvent que la prétendue « naturalistic fallacy » de la dérivation du « doit » à partir du « est », est seulement vraie sous la présupposition *moderne* d'un être ou d'une

1. Cf. par exemple, H. PAPE (ed), *Charles Peirce : Naturordnung und Zeichenprozess*, Aachen, Alano, 1988 et K.-O. APEL, « Transcendental Semiotics and Hypothetical Metaphysics of Evolution : A Peircean or Quasi-Peircean Answer to a Recurrent Problem of Post-Kantian Philosophy », in K. L. KETNER (ed.), *Peirce and Contemporary Thought*, Texas Tech. University Press, 1993.

nature ayant le statut d'un ensemble de purs faits et de lois causales ou de régularités. En outre, il est parfois dit que les soi-disant organes du « sens moral », c'est-à-dire le sentiment d'*empathie* ou de *compassion* (qui sont souvent considérés par les éthologistes comme des résidus de l'instinct) sont éthiquement plus importants que la *rationalité* ou la *raison*, cette dernière étant elle-même seulement une valeur (peut-être instrumentale) parmi d'autres [1] – une valeur qui pourrait avoir été surestimée dans les temps modernes.

La conséquence la plus radicale pour l'éthique qui a été tirée de ces présuppositions *épistémologiques* et *ontologiques*, est que nous, êtres humains, ne devons pas uniquement ressentir de la compassion mais du respect, de la vénération et l'obligation de prodiguer des soins responsables à l'égard de tous les *êtres* (qui après tout, dit-on, sont mieux que du *non-être*) ou du *cosmos dans son ensemble* ou, au moins, de tous les *êtres vivants*, tels que les plantes et les animaux, sur la terre. Dans ce dernier cas, on en est même arrivé à parler de *droits* des êtres vivants à exister et à se développer. Ceci ne signifie pas seulement que les animaux (ou les animaux supérieurs) ne doivent pas être *torturés* (ou leur bien-être amoindri), mais bien plus que nous prenions soin de la *survie de toutes les espèces de plantes et d'animaux* ou de l'intégrité des *biotopes* qui constituent les préconditions de la *biosphère* planétaire, et tout ceci non dans l'intérêt de la survie de l'humanité et de son bien-être mais dans l'intérêt de l'*être lui-même* ou du moins de tous les *êtres vivants*.

En ce qui concerne toutes ces suggestions et demandes d'une *nouvelle éthique* qui surmonterait l'*anthropocentrisme* dans un sens le plus large, j'essayerai de les envisager d'abord d'une manière sélective et conditionnelle, dans le but de mettre en évidence les aspects suggestifs et les sérieuses difficultés qui surgissent tant au niveau des principes qu'à celui des conséquences concrètes pour l'exercice de notre vie.

Je commencerai avec une question préliminaire : que signifie réellement la discussion autour de la « crise écologique » ? C'est-à-dire : quel est le point alarmant dans cette discussion, le point de mise en danger ? Est-ce le fait que la *nature* soit en danger ou du moins toute la biosphère de la terre ? L'Homme – c'est-à-dire l'*homo faber* – menace-t-il par sa technologie industrielle la nature en tant que tout ou du moins la survie de tous les êtres vivants ?

1. Cf. par exemple U. WOLF, « Brauchen wir eine ökologische Ethik ? », *Prokla*, 17e année, 1987, 69, p. 148-173.

Je pense que cette manière de parler est simplement erronée parce qu'elle repose sur une surestimation absurde du pouvoir destructif de l'humanité. *La nature comme un tout*, ou plus précisément, la nature dans la mesure où elle peut être imaginée comme ayant existé avant l'émergence de l'humanité, est *essentiellement* à l'abri de l'intervention destructive humaine. C'est vrai du moins pour la *nature inorganique* (bien que nous puissions bien sûr modifier la composition chimique de la matière jusqu'à un certain point) ; mais il apparaît que même une annihilation totale de la *biosphère de la terre* est extrêmement improbable (bien qu'elle ne soit pas impensable). Car, qu'arrivera-t-il dans le plus mauvais des cas, par exemple dans le cas d'une destruction de l'atmosphère actuelle ou d'un empoisonnement total de toutes les ressources de l'eau et de l'air qui constituent les préconditions de la biosphère actuelle sur la terre ?

Les experts de la science naturelle nous disent que non seulement la *nature* (dans le sens de la physique et de la chimie organique) continuera d'exister mais même probablement des micro-organismes pouvant constituer une nouvelle biosphère de la terre. Le développement de la terre s'est plusieurs fois effectué à travers des modifications révolutionnaires des préconditions de la biosphère. Mais chaque fois les micro-organismes ont survécu et pris comme base de leur existence ce qui était un poison pour ces êtres vivants condamnés à périr. Un exemple illustre d'une telle modification révolutionnaire fut l'invention par les plantes de la photosynthèse qui produisit la chlorophylle.

Ce qui peut réellement être détruit une fois pour toutes par la crise actuelle engendrée par l'homme, c'est cette partie de la biosphère planétaire qui partage les préconditions de la vie avec l'humanité et relève jusqu'ici de *notre écosphère*. Cette perspective de la crise écologique est certes suffisamment mauvaise, du moins d'un point de vue anthropocentrique. Ceci ne signifie pas que, dans le contexte de la crise écologique, la nature doive seulement être considérée comme quelque chose qui soit instrumental au dessein de la vie humaine – ce langage est seulement caractéristique d'une certaine vue simplifiée et même commune du problème de l'anthropocentrisme. Le point mis en évidence ici est plutôt celui que, dans la discussion au sujet de la « crise écologique », nous ne pouvons éviter de viser ces parties de la nature – c'est-à-dire les composants *inorganiques* et *organiques* de la terre – qui, en fait, constituent l'*écosphère des êtres humains et de ces plantes et animaux qui forment une communauté de destin avec nous*.

La perspective de l'*évolution de la vie* est cruciale pour une estimation réaliste du risque de la crise écologique pour les habitants de la biosphère actuelle. Mais ici encore, une perspective anthropocentrique entre en ligne de compte, puisque nous ne pouvons concevoir l'évolution biologique à partir du point de vue par exemple, du développement des insectes (comme une branche de l'évolution) mais plutôt en la concevant comme la *préhistoire de l'histoire humaine.* (Parfois, le terme « ascendance » est utilisé dans ce contexte). Donc ce qui constitue la peur de la crise écologique n'est pas la destruction de la nature par l'être humain mais plutôt l'engloutissement de l'humanité et de ses prédécesseurs par la nature.

D'un point de vue pratique, il est en fait important que, même si une définition plutôt limitée, utilitariste de l'*anthropocentrisme* est adoptée, tous les aspects réellement alarmants du phénomène de la crise écologique soient pris en considération. Et même dans ce cas, les conséquences qu'il faut postuler pour une macroéthique de la co-responsabilité sont encore beaucoup plus incisives et urgentes en ce qui concerne notre forme totale de vie que celles reconnues et sérieusement acceptées par nous (ou nos politiciens) jusqu'à ce jour.

Néanmoins, on doit admettre qu'une nouvelle attitude de *respect* ou même de *vénération pour la nature*, particulièrement pour la vie, qui peut surmonter la conception étroite, *instrumentaliste* de la relation que la nature entretient avec l'être humain, puisse être indispensable en tant que *motivation.* Cette attitude de respect incite en effet les gens à accepter et à réaliser les changements comportementaux exigés par n'importe quelle éthique de la co-responsabilité considérée comme une réponse adéquate à la crise écologique. Personnellement, je trouve même cela plausible – comme une intuition métaphysique profonde – que l'humanité, c'est-à-dire la communauté humaine des acteurs co-responsables, soit ce produit de l'évolution et le sujet d'une puissance à laquelle l'*être* lui-même s'est abandonné : la dernière étape, et jusqu'ici la plus élevée, de l'évolution. (Ceci est une vision que l'on peut trouver dans la conception heideggerienne de l'Homme comme *Hirte des Seins* [1] aussi bien que dans *Das Prinzip Verantwortung* de Hans Jonas).

Cependant, on peut également arguer que ces considérations profondément métaphysiques – ou, selon Heidegger, post-métaphysiques – peuvent détourner notre attention et notre engagement éthique des implications pratiquement pertinentes de la situation de crise. Puisque dans la mesure même où elles soulignent l'identité métaphysique ultime entre tous les êtres (ou du moins entre les êtres vivants), elles échouent

1. Cf. M. HEIDEGGER, « Brief über den Humanismus », in *Wegmarken*, Frankfurt am Main, Klostermann, p. 145-194.

habituellement à fournir des critères pour une manière responsable de traiter les conflits inévitables entre les intérêts vitaux de tous les différents êtres vivants (qui après tout constituent une chaîne naturelle de nourriture des plantes vertes jusqu'aux animaux, ou de manger et être mangé entre les animaux, l'homme inclus) et entre tous ceux-ci et ceux de l'humanité. Au lieu de fournir des critères servant à *jaucher* le poids des intérêts antagonistes, *l'ontologie profonde de l'identité* suggère des quasi-solutions extrêmes et contradictoires.

Ainsi, dans le cas du protestantisme sécularisé d'Albert Schweitzer, le *caractère inévitable du devenir coupable* est souligné (même dans le cas où l'on tue des microbes dans un but médical) [1]. D'un autre côté, dans l'épopée indienne du Bhagawatgita, l'ontologie de l'identité du « Tat tuam asi » permet au dieu Krishna de persuader le héros scrupuleux Ardshuna qu'il ne pourrait pas, en principe, tuer son parent, bien qu'en ayant l'air de le faire, puisqu' *essentiellement tous les étants sont identiques*. (Je me suis remémoré cette histoire quand, à la Sixth East-West-Philosopher's Conference de Hawaii en 1989, j'écoutais l'exposé d'un professeur indien – petit-fils du Mahatma Ghandi – qui nous disait qu'il faudrait ramener tous les problèmes éthiques au « Tat tuam asi » de la philosophie Vedanta). Je pense que Friedo Ricken S.J. [2] a raison s'il adresse la même critique de différenciation critériologique insuffisante à l'encontre du spinozisme métaphysique de Stuart Hampshire et Klaus Michael Meyer-Abich (qui, par exemple, pose la question rhétorique suivante : « Comment en arrivons-nous, avant de tuer des arbres, à ne pas faire valoir la même puissance de jugement éthique et de sollicitude qu'avant de tuer un congénère ? ») [3].

En fait, on ne peut reprocher à Friedo Ricken et Hans Jonas, qui défend aussi une position *ontologique* de *biocentrisme*, la même insuffisance au niveau de la différenciation critériologique. Tous deux suivent une stratégie aristotélicienne attentive à rendre compte des *analogies* et *des différences* entre les plantes, les animaux et les êtres humains selon leur position au sein du schéma évolutif ou, respectivement, selon la *scala naturae*, et ceci en accord avec le développement

1. Cf. A. SCHWEITZER, *Gesammelte Werke II*, (s.d.), München, Beck, p. 387.

2. Cf. F. RICKEN S.J., « Anthropozentrismus oder Biozentrismus ? Begründungsprobleme der ökologischen Ethik », *ThPh*, 1987, 62, p. 1-21.

3. Cf. K.M. MEYER-ABICH, *Wege zum Frieden mit der Natur*, München, Hanser, 1984, p. 186.

de la *téléologie* comme une *relation interne de l'être avec lui-même* [1]. A partir de ce principe ontologique, c'est-à-dire à partir de l'idée d'une *téléologie* comprise comme *une auto-affirmation de l'être*, qui devient transparente dans la structure des organismes vivants et qui devient plus tard un souci de la conscience de soi dans l'existence de l'Homme (particulièrement dans sa compréhension existentielle de la mort !), – à partir de ce principe, Jonas dérive le « premier impératif » de son éthique de la responsabilité : l'impératif « que l'humanité soit » (« dass eine Menschheit sei ») [2].

Je pense que cet impératif, qui inclut non un devoir individuel mais un devoir collectif de propagation, est la demande la plus hardie et la plus paradigmatique d'une nouvelle éthique de la responsabilité pour le futur qui ait été faite jusqu'à ce jour en tant que réponse à la crise écologique. Je désire souligner cet aspect dans le but d'éviter l'impression trompeuse que l'éthique du discours doit refuser l'impératif de Jonas pour la simple raison que toute la communauté humaine de communication dans le monde présent pourrait, consensuellement, se résoudre à arrêter la propagation de la vie humaine. Cependant, une telle résolution (qui remplirait apparemment la condition d'être acceptable par toute personne concernée) contredirait le devoir de réaliser progressivement la communauté communicationnelle idéale et le consensus idéal que nous devons toujours, contrefactuellement, anticiper comme le modèle ultime de l'évaluation de nos prétentions universelles à la validité. A partir de là, en s'appuyant sur des raisons pragmatiques transcendantales, l'éthique du discours écarte le suicide collectif comme non-éthique. Jusqu'à ce point, je peux pleinement m'accorder avec l'impératif jonassien « Que l'humanité soit ». Néanmoins, je pense aussi que l'approche ontologique et évolutionniste de Jonas qui, de manière explicite et intentionnelle, revient avant la critique kantienne de la métaphysique ontologique [3], révèle une lacune caractéristique de toute fondation ontologique possible de l'éthique.

Je n'évoquerai pas dans ce contexte la dérivation présupposée du « devoir » à partir de l'« être ». Le concept jonassien de l'*être* est intentionnellement opposé au concept moderne de la facticité axiologiquement neutre de la nature ; par conséquent, la critique *logique* de ce qu'on appelle la « naturalistic fallacy » ne peut lui être appliqué.

1. Cf. F. RICKEN, *o.c.*, et H. JONAS, *Organismus und Freiheit*, Göttingen, Vandenhoeck & Ruprecht, 1973 ; *Das Prinzip Verantwortung*, Frankfurt am Main, Insel, 1979, 3e ch.

2. H. JONAS, *Das Prinzip Verantwortung*, *o.c.*, p. 90.

3. *Idem*, p. 94 et 165.

Demeure seulement – en fait – le verdict critique kantien contre la « métaphysique dogmatique ». Mais même si on accorde les prémisses métaphysiques de l'argumentation de Jonas, il me semble être tout à fait impossible, en principe, de dériver à partir de ces prémisses non seulement le devoir de sauvegarder les préconditions de l'existence lointaine de l'humanité (sans dépravation !), mais également – simultanément – le devoir de respecter l'*égalité des droits de tous les êtres vivants humains* en ce qui concerne l'existence future de l'humanité. Puisque la tentative de Jonas de dériver des versions nouvelles d'un « impératif catégorique » de son premier impératif [1] montre, pour autant que je puisse en juger, qu'à partir de ses prémisses, il ne peut pas dériver un substitut satisfaisant au *principe d'universalisation kantien de la justice* [2]. Les formulations qu'il propose – et je ne crois pas que d'autres puissent être dérivées à partir d'une théorie ontologique de l'évolution – peuvent seulement commander que la vie, et particulièrement l'humanité, doit continuer à exister; mais ceci n'exclut pas qu'une solution raciste du problème (par exemple, une solution dont le prix serait de priver les gens du Tiers Monde de nourriture) pourrait être considérée comme une réponse à la demande [3].

Néanmoins, je pense que Jonas a raison en demandant une *nouvelle éthique de la responsabilité* qui fournirait les conditions nécessaires à la continuation possible de l'humanité dans le futur. Je suis aussi d'accord avec son jugement qu'une telle éthique doit être différente du type classique des *éthiques abstraites à principes déontiques* (comme par exemple l'éthique kantienne) qui est abstraite de l'histoire et, par conséquent, ne peut tenir compte des effets et des effets secondaires probablement irréversibles de nos activités collectives présentes. Cependant, je pense aussi qu'en essayant de fonder une nouvelle éthique de la responsabilité dirigée vers le futur, nous ne devons pas

1. *Idem*, p. 36.

2. Je ne pense pas que Jonas ait raison quand, dans sa discussion de la pensée kantienne (*loc.cit.* p. 167), il suggère une séparation nécessaire entre l'« impératif catégorique » comme principe *logico-formel* de « Selbsteinstimmung der Vernunft » sans contenu et un principe *substantiel* complémentaire de respect de la dignité de chaque personne comme « Zweck an sich selbst ». Selon moi, une fondation transcendantale-réflexive radicale peut faire apparaître que le second principe est en fait une implication nécessaire de l'auto-consistance de l'interlocuteur. Il est vrai que ceci n'a pas été indiqué par Kant lui-même. Cf. la dernière partie de cette communication.

3. Dernièrement, Fr.A. von HAYEK – Prix Nobel en économie – suggérait que la famine d'une partie du Tiers Monde pourrait constituer une solution au problème de la surpopulation et que nous n'étions pas obligés, du moins moralement, d'empêcher un tel développement.

retomber en deçà du *principe d'universalisation* kantien (c'est-à-dire de la *justice*) ; et cela implique, selon moi, que nous ne devrions pas retourner au paradigme métaphysico-ontologique de la fondation dans le style pré-kantien. Un *principe d'universalisation de la justice* ne peut être fondé à partir de la position privilégiée d'une *ontologie* mais seulement à partir de celui d'une *réflexion transcendantale* stricte sur ce que nous – sous peine d'auto-contradiction – devons avoir reconnu comme principe normatif quand nous exerçons réellement notre raison par une argumentation sérieuse – c'est-à-dire co-responsable.

Par conséquent, ce que je suggère comme une alternative à un retour à la métaphysique ontologique, est que nous essayions plutôt de fonder une éthique de la co-responsabilité par une *transformation radicale de l'approche kantienne de la philosophie transcendantale de l'auto-consistance de la raison.* Avec cette suggestion, je suis en train d'introduire la *fondation pragmatique-transcendantale de l'éthique du discours*, et ceci signifie que je quitte mon introduction indirecte de l'*éthique du discours à partir de l'extérieur* pour me diriger vers une introduction *de l'intérieur.*

4. *Introduction pragmatique-transcendantale « de l'éthique du discours de l'intérieur »*

4.1. En ce qui concerne l'éthique kantienne, je voudrais suggérer ici que nous essayions de *déchiffrer*, par une réflexion pragmatique-transcendantale sur notre manière présente de penser, c'est-à-dire d'argumenter, quelle pourrait être la signification de ce que Kant appella l'évident « fait de la raison ». (Il est bien connu que, par cette phrase, Kant lui-même abandonna, plutôt qu'il ne compléta, sa tentative d'une fondation transcendantale de la validité de l'« impératif catégorique » en tant que « jugement synthétique pratique *a priori* »)[1]. Par le déchiffrement du « fait de la raison » kantien, j'entends ce qui suit : nous devrions interpréter cette expression comme indiquant une *structure grammaticale parfaite a priori* de la reconnaissance toujours déjà faite de présuppositions nécessaires (présuppositions *existentielles* et présuppositions *normatives* pertinentes d'un point de vue éthique) quand nous sommes en train d'*argumenter* sérieusement, c'est-à-dire de *penser* avec l'exigence d'une *validité intersubjective.* Nous avons

1. Cf. plus particulièrement I. KANT, *Akademie-Textausgabe*, Berlin, de Gruyter, 1968, V, p. 46 et K.-O. APEL, «Diskursethik als Verantwortungsethik – eine postmetaphysische Transformation der Ethik Kants », in R. FORNET-BETANCOURT (ed), *Ethik und Befreiung*, Aachen, Augustinus-Buchhandlung, 1990 (Reihe Monographien von *Concordia*), p. 10-40.

toujours déjà reconnu – et par conséquent ne pouvons mettre en question sans commettre une *auto-contradiction performative* – que nous *utilisons un langage* dans le but de *dire* quelque chose comme quelque chose de signifiant qui élève une prétention à la *validité intersubjective*, sans parler de l'assertion d'une proposition avec une prétention à la validité intersubjective, c'est-à-dire de *vérité*. Par cela, nous avons reconnu aussi bien que nous sommes membres d'une *communauté de communication réelle* et en même temps – en raison de nos exigences de validité intersubjective – que nous devons anticiper de manière contrefactuelle les conditions d'une *communauté de communication (indéfinie) idéale* qui, en fin de compte (bien que jamais définitivement à un certain moment), pourrait mener à un *consensus* au sujet de toutes nos exigences de validité. Afin d'accorder un *sens* à notre argumentation effective et à ses prétentions de validité, nous devons aussi présupposer que les conditions d'une communauté de communication (ou une situation de parole) idéale [1] ont été effectivement réalisées jusqu'à un certain point et que nous pouvons et devrions essayer de les réaliser progressivement et davantage à l'intérieur de la communauté de communication réelle.

Par ces suggestions certainement incomplètes, il devient clair que l'interprétation pragmatique-transcendantale du « fait de la raison » kantien, par opposition à l'explication *mentalistique* traditionnelle (et dans le sens de Husserl « solipsiste transcendantale ») de l'« ego cogito », peut montrer immédiatement qu'une dimension de l'*intersubjectivité* et de la *communication par le langage* est intrinsèquement impliquée par la notion même de *raison*. En tant qu'implication plus lointaine de cette concrétisation de la notion de raison transcendantale, la structure d'un *entrelacs dialectique et d'une interdépendance des conditions de communication réelles et idéales* devient également évidente. Certes, par la révélation réflexive de *ces* préconditions de la raison, il devient clair également qu'avec la pensée en tant qu'argumentation, nous avons toujours déjà reconnu *les présuppositions normatives pertinentes éthiquement de la raison communicative* et que, par conséquent, nous pouvons fournir une *fondation réflexive-transcendantale de l'éthique* sans recourir à la « métaphysique transcendante », dont Kant lui-même ne pouvait se passer.

1. Cf. J. HABERMAS, « Was heisst Universalpragmatik? », in K.-O. APEL (ed), *Sprachpragmatik und Philosophie*, Frankfurt am Main, Suhrkamp, 1976, p. 174-272 et K.-O. APEL, « Sprechakttheorie und transzendentale Sprachpragmatik zur Frage ethischer Normen », *ibidem*, p. 10-173.

Donc, en réfléchissant sur les présuppositions normatives de l'argumentation, nous pouvons éviter le recours kantien au « Reich der Zwecke » (« le royaume des fins ») – par lequel il avait fourni un substitut métaphysique à l'*intersubjectivité* transcendantale manquante dans son idée du *cogito*. Et finalement, en réfléchissant sur la structure d'un *entrelacs dialectique et d'une interdépendance des conditions réelles et idéales de communication* qui sont présupposées dans notre argumentation effective, nous pouvons montrer qu'une fondation pragmatique-transcendantale de l'éthique du discours *ne doit pas faire abstraction de la situation historique concrète de la pratique de la raison*. Puisque, par opposition à l'orientation exclusive de Kant vers l'idéal du « Reich der Zwecke », la réflexion *pragmatique-transcendantale* sur l'*a priori dialectique de l'argumentation réelle* montre que nous ne pouvons pas et ne devons pas présupposer une fois pour toutes que les conditions-applications pour l'éthique d'une communauté communicationnelle idéale ont déjà été réalisées et que, par conséquent, une conformité rigoureuse avec ces normes idéales pourrait être exigée ou au moins moralement permise. (Précisément, c'était la caractéristique de l'éthique kantienne des « devoirs indispensables » (« unerläßliche Pflichten ») et de la volonté pure ou de l'intention (« Gesinnung » dans le sens de Max Weber) qui interdisait le pieux mensonge susceptible de sauver une vie humaine [1] et acceptait le principe du « pereat mundus, fiat justitia ») [2].

Au lieu de cela, la réflexion pragmatique-transcendantale sur la structure de l'entrelacs dialectique de l'a priori de l'argumentation suggère, depuis le début, la structure d'une éthique qui devrait assumer la *responsabilité quant aux effets historiques de sa propre application*. De ce point de vue, une distinction peut être introduite entre deux parties de l'éthique qui doivent toujours être prises en compte simultanément.

4.2. D'abord, il y a la *partie A*. qui considère ces *principes normatifs idéaux* que nous devons nécessairement reconnaître dans l'argumentation sérieuse en anticipant de manière contrefactuelle les conditions communicationnelles idéales. Ces principes comprennent celui d'une absolue *véracité*, celui des *droits égaux*, et celui des *devoirs égaux de la co-responsabilité* de toutes les personnes argumentant en vue de la solution coopérative de tous les problèmes en discussion.

1. Cf. I. KANT, *Akademie-Textausgabe*, Berlin, de Gruyter, 1968, VIII, p. 423-429.
2. *Idem*, p. 378.

Deuxièmement, il y a une *partie B.* qui considère les principes de l'action moralement responsable dans ces situations – considérées comme normales dans de nombreuses parties de notre monde – dans lesquelles les conditions d'une application responsable des normes idéales de l'éthique du discours ne peuvent être supposées réalisées, c'est-à-dire dans des situations où il n'y a pas d'état de droit en fonction (et par conséquent de monopole d'état de la violence) qui permette à des personnes singulières d'être capables d'agir moralement dans le sens de la *partie A.* de l'éthique du discours. Même les principes normatifs de la *partie B.* rencontrent le principe de base de l'éthique du discours pour autant qu'ils reçoivent le consentement d'une communauté communicationnelle idéale dont les membres puissent se placer eux-mêmes dans des situations uniques où leur agir soit soumis aux conditions de la *partie B.* de l'éthique. Mais ils doivent néanmoins, par opposition aux normes idéales de la *partie A.*, tenir compte des *actions stratégiques contre-stratégiques* qui, quant à elles, doivent être guidées par le principe régulateur de la réalisation progressive des conditions encore manquantes et nécessaires à l'application responsable des normes idéales de la *partie A.* de l'éthique du discours.

Déjà, à travers cette architectonique de base, la fondation pragmatique-transcendantale de l'éthique discursive remplit la condition de *transformer* la structure des *éthiques déontiques abstraites classiques des principes* (« Gesinnungsethik » dans le sens de Max Weber) en celle d'une *éthique de la responsabilité ayant le sens de l'histoire*, comme elle est postulée par exemple par Hans Jonas. Mais ceci se fait sans abandonner le *principe d'universalisation* de la justice en tant que réciprocité généralisée et, par conséquent, la solidarité de tous les êtres humains comme êtres raisonnables (« Vernunftwesen »). Ce principe, selon moi, ne peut être fondé à partir du point de vue de l'*être* ou de la *vie* mais seulement par une réflexion transcendantale stricte sur la *situation réelle de la pratique de la raison* – par exemple, par ceux qui réfléchissent au sujet de l'éthique. Par son insistance sur la *réciprocité généralisée*, la pragmatique transcendantale peut aussi fonder une conception de la *responsabilité*, ou plutôt de la *co-responsabilité*, qui soit en même temps différente et compréhensive à l'égard de la conception jonassienne de la responsabilité, qui est dite exclure la *réciprocité* en étant fondée sur la relation asymétrique entre quelqu'un qui détient une grande part de pouvoir et ceux qui dépendent de lui [1]. Il ne doit pas être nié que ce dernier type de relation est caractéristique de

1. H. JONAS, *Das Prinzip Verantwortung*, Frankfurt am Main, Insel, 1979, p. 84.

chaque *réalisation* possible de la responsabilité. Mais ceci ne signifie pas qu'on puisse fonder la *possibilité* de quelque chose comme une *obligation normative d'être responsable à l'égard de quelqu'un pour quelque chose* sans présupposer la *réciprocité* primordiale de la co-responsabilité de tous les membres d'une communauté communicationnelle idéale.

Jonas, il est vrai, fournit des exemples impressionnants d'une réalisation intuitivement plausible de la responsabilité dans son sens, à savoir celui de la relation des parents vis-à-vis du nouveau-né et celui de la relation de l'homme d'état vis-à-vis de son peuple [1]. Mais ces exemples sont ceux d'une *plausibilité conventionnelle*, c'est-à-dire *pré-sceptique*. A savoir : ils ne répondent pas à la question du sceptique radical postérieur à la philosophie des Lumières qui peut demander : « Pourquoi devrais-je me sentir responsable de quelqu'un, par exemple en ce qui concerne mes contemporains ou même des êtres humains futurs, de mon influence sur l'environnement naturel commun ? ». Bien entendu, sur la présupposition du concept habituel (formel-logique) de *fondement* (c'est-à-dire dérivant quelque chose de quelque chose d'autre), aucune réponse non-circulaire ne peut ultimement être donnée à notre sceptique radical, puisque cela présupposerait déjà ce que le sceptique met ultimement en question : *la responsabilité dans sa pratique du raisonnement*. Cependant, cette difficulté connue d'une fondation logique ultime peut précisément être surmontée par la *réflexion pragmatique-transcendantale stricte sur les présuppositions de l'argumentation sérieuse*, c'est-à-dire dans notre cas présent : de *questionnement sérieux*. Car cela montre qu'en tant que philosophes, nous ne pouvons pas du tout entrer dans cette situation qui est erronément présupposée par l'approche usuelle du problème de la fondation. En effet, par la réflexion pragmatique-transcendantale stricte, nous pouvons constater le fait (c'est-à-dire le « fait de la raison ») que, par un questionnement sérieux (ou en posant des questions) nous sommes déjà et nécessairement en train d'exercer un raisonnement responsable et, par conséquent implicitement, en train de fournir une réponse à la question post-conventionnelle du sceptique radical.

Certes, puisque par l'argumentation sérieuse, nous sommes en train de présupposer, en principe, une communauté d'argumentation des argumentateurs nous accompagnant, nous pouvons aussi constater que nous ne sommes pas seulement responsables, en principe, à l'égard de tous les autres êtres raisonnant mais aussi, dès le début, que nous

1. *Idem*, p. 84, 177, 230.

partageons cette responsabilité avec chacun d'entre eux. Cette considération, selon moi, fournit la fondation pragmatique-transcendantale à ce concept post-conventionnel de la *co-responsabilité* (et ainsi de la *solidarité*) dont nous avons besoin à notre époque pour fonder la réponse éthique au défi de la crise écologique. Pour fournir un exemple ou une analogie qui pourrait illustrer le concept post-conventionnel de la (co)-responsabilité d'une manière similaire aux exemples de Jonas d'inspiration conventionnelle, je suggérerais l'image d'une *cordée* (en allemand : *Seilschaft*). L'intérêt de cet exemple m'apparaît résider dans le fait qu'il témoigne à la fois de la *réciprocité fondamentale de la co-responsabilité de chacun* (c'est-à-dire la responsabilité de chacun et à l'égard de chacun) et, simultanément, le point de vue de Jonas que la réalisation de la responsabilité est toujours fonction de la position de puissance de quelqu'un qui rend les autres dépendants de la manière dont celui-ci va prendre soin de ceux-là.

Cependant, notre transformation de l'éthique classique kantienne peut et doit s'élever d'un pas pour faire face à la demande d'une nouvelle éthique qui – comme on le dit habituellement – ne serait plus *anthropocentrique*. Car, que doit dire l'*éthique du discours* en ce qui concerne la responsabilité humaine à l'égard de l'existence et du bien-être des êtres vivants non-humains ? Ici encore, les limites d'une éthique de la *réciprocité généralisée* semblent devenir claires et donc éloignées des limites définies d'une éthique fondée dans l'*a priori transcendantal de la communauté communicationnelle*. L'éthique du discours ne doit-elle pas, comme une version de l'éthique transcendantale, penser à tous les êtres non-humains comme simplement « Sachen» (Kant) [1], c'est-à-dire des *objets* possibles de l'être humain en tant que seul sujet de pensée et d'action responsable ? Dès lors, ne doit-elle pas exclure toutes les obligations directes à l'égard des animaux et – suivant Kant – justifier notre compassion à leurs souffrances et notre quasi-obligation de s'abstenir de les tourmenter sans nécessité, par l'explication psychologique de ces attitudes : celles-ci étant des exigences propédeutiques de nos relations sensibles à nos congénères humains [2] ?

4.3. Je pense, au contraire, que la fondation pragmatique-transcendantale de l'éthique du discours autorise une approche différente de ces questions. D'abord, je dois souligner que le point crucial

1. Cf. I. KANT, *Akademie-Textausgabe*, Berlin, de Gruyter, 1968, IV, p. 428.
2. *Idem*, VI, p. 443.

de la transformation de la philosophie transcendantale classique repose dans le dépassement de l'absolutisation de la *relation sujet-objet* comme base suffisante pour l'épistémologie. Cette absolutisation était en fait le paradigme de la philosophie moderne depuis Descartes en passant par Kant jusqu'à Husserl. J'ai déjà mentionné que Kant, dans le but de parvenir à l'éthique, devait compenser le manque d'*intersubjectivité transcendantale* par un *recours ad hoc* à la notion métaphysique de « Reich der Zwecke », c'est-à-dire d'une communauté idéale d'êtres raisonnables. Certes, la pragmatique transcendantale introduit dès le début la *relation sujet-co-sujet* de l'*entente communicationnelle* (particulièrement de l'interprétation du langage par le langage) comme une dimension nécessairement *complémentaire* par rapport à la perception de quelque chose comme quelque chose au sein de la relation sujet-objet de la pensée. Ce mouvement fournit en même temps, les fondations de l'*herméneutique* (et la dimension herméneutique de la science sociale) et de l'*éthique du discours*[1]. Car il peut montrer que même la connaissance *objectivante axiologiquement neutre,* dans le sens de la physique moderne ou de la science moderne en général, n'est pas possible sans la présupposition pragmatique-transcendantale complémentaire d'une *relation axiologiquement non neutre* d'une *entente communicationnelle* dans un sens large (en allemand : « Verständigung »).

Dans le contexte actuel cependant, je désire aller plus loin et tirer une conséquence de la *thèse de la complémentarité* en ce qui concerne notre relation à la *nature*, c'est-à-dire premièrement aux *êtres vivants*, en particulier aux *animaux supérieurs*. Pouvons-nous ou devons-nous, au lieu de considérer les animaux comme de simples *objets* ou « Sachen », les concevoir de quelque manière par le biais d'une *extension analogique* de, ou d'une *réduction privative* à notre relation aux co-sujets humains de la communication ? Même Kant se rapproche de cette perspective en disant : « Puisque les animaux sont un analogon de l'humanité (« ein Analogon der Menschheit sind »), nous respectons

1. Cf. K.-O. APEL, *Die Erklären : Verstehen-Kontroverse in transzendental-pragmatischer Sicht*, Frankfurt am Main, Suhrkamp, 1979. Trad. angl. *Understanding and Explanation : a Transcendental-Pragmatic Perspective*, Cambridge (Mass.), MIT Press, 1984 ; « Types of Social Science in the Light of Human Cognitive Interest », in S.C. BROWN (ed), *Philosophical Disputes in the Social Sciences*, Sussex, Harvester Press, 1979, p. 3-50 ; « The Common Presuppositions of Hermeneutics and Ethics : Types of Rationality Beyond Science and Technology », in J. BÄRMARK (ed), *Perspectives in Metascience*, Göteborg, 1979, p. 39-56 ; « The Hermeneutic Dimension of Social Science and its Normative Foundation », in *Man and World* 25, 1992, p. 247-270.

des devoirs à l'égard de l'humanité, lorsque nous les respectons comme des êtres analogues à nous-mêmes, et par là, nous confortons nos devoirs à l'égard de l'humanité »[1]. Mais Kant ne tient pas compte de la contradiction latente entre ce recours à l'*analogie* et son insistance sur la séparation dualiste entre les sujets de raison et les simples « Sachen » ou « instruments ». Donc, il abandonne un problème d'épistémologie et d'éthique non résolu à ce stade[2]. Mais ce problème, je pense, ne doit pas être résolu par le recours à la métaphysique ontologique mais peut être saisi par la transformation suggérée de la philosophie transcendantale.

Au niveau de l'épistémologie, nous n'avons pas besoin de *limiter notre intérêt cognitif*, dans la reconnaissance de la nature à ce type de *science explicative objectivante, axiologiquement neutre*, dont la physique a été le paradigme moderne. Je dis ceci bien que je croie que nous avons besoin aussi de ce dernier type de connaissance en ce qui concerne les *êtres vivants* et même en ce qui concerne les *êtres humains* – simplement parce que nous avons besoin d'une connaissance *technologiquement pertinente* et, par conséquent, axiologiquement neutre de simples faits et de résultats prévisibles à partir de faits existants. Je désire souligner que ce type de connaissance pertinente technologiquement est une précondition indispensable à une éthique du futur définissant la responsabilité. Par conséquent, je refuserais strictement toutes polémiques romantiques ou irrationnelles dirigées contre le modèle de la science naturelle en tant que prétendue « Herrschaftswissen » (« connaissance au service de la domination »). Car je suis convaincu que nous n'aurons aucune chance de faire face à la crise écologique si nous ne réussissons pas à placer toute la puissance technologique de l'*homo faber* au service de la domination de ces dégats que l'*homo faber* a infligés lui-même et est encore en train d'infliger à notre écosphère naturelle.

Néanmoins, je pense, nous pouvons et devrions aussi recourir et faire usage de la perspective *complémentaire*, celle de l'*entente communicationnelle,* en ce qui concerne la nature. C'est-à-dire : nous devrions réfléchir au fait que, dans le contexte de la *reconstruction de l'évolution naturelle comme préhistoire de l'histoire humaine*[3], nous

1. Cf. I. KANT, *Akademie-Textausgabe*, Berlin, de Gruyter, 1968, VI, p. 443 (Metaphysik der Sitten, Tugendlehre, § 18).

2. Cf. F. RICKEN, « Anthropozentrismus oder Biozentrismus ? Begründungsprobleme der ökologischen Ethik », *ThPh*, 1987, 62, p. 4.

3. Cf. K.-O. APEL, « Transcendental Semiotics and Hypothetical Metaphysics of Evolution. A Peircean or Quasi-Peircean Answer to a Recurrent Problem of Post-Kantian Philosophy », *o. c.*, p. 111, note 1.

ne traitons pas véritablement la nature comme un pur *objet* de la connaissance explicative axiologiquement neutre au sens classique de la science naturelle moderne. Nous traitons plutôt les êtres naturels ici comme *quelque chose de similaire ou d'analogue aux co-sujets humains de la communication*. Ceci vaut clairement pour nos recherches sur le comportement des animaux. Car l'*éthologie* moderne ou (même) la *socio-biologie* ne peuvent se passer d'une *heuristique quasi herméneutique* de la recherche : comme le montrent la terminologie pertinente et l'ensemble du jeu de langage. De plus, tous les types de *théories des systèmes fonctionnalistes* qui sont orientés vers le modèle de l'organisme, suivent une approche catégoriale qui est au moins *quasi téléologique* et, dans cette mesure, se situe entre l'explication purement causale (ou statistique) et l'herméneutique. (Ceci ne doit pas nous empêcher d'exercer des systèmes de recherche écologique au moyen du modèle de la science objectivante, axiologiquement neutre, dont nous avons besoin pour les prédictions pertinentes technologiquement – par exemple, la computation extrapolante en ce qui concerne les modèles de systèmes. Mais la question est de savoir si nous devons nous tenir à cette attitude quand notre intérêt cognitif est celui d'une *science reconstructive critique*, dans ce cas, en ce qui concerne la *pré-histoire de l'histoire sociale humaine*, par exemple du comportement moral).

A partir de ces considérations épistémologiques concernant une perspective *quasi herméneutique* en biologie, des conséquences pertinentes éthiquement peuvent aussi être tirées. Nous ne pouvons pas adhérer à la position *strictement anthropocentrique* de Kant qui est exclusivement déterminée par le *dualisme sujet-objet* de l'épistémologie post-cartésienne. Cela signifie qu'au moins notre relation moralement pertinente à l'égard des animaux « supérieurs », mais davantage même celle touchant les êtres vivants en général, ne devrait pas être la même que celle à de simples *choses* (c'est-à-dire « Sachen » ou « Mittel » dans le sens kantien du terme). Elle devrait au moins aussi être une relation de prise en charge responsable par de bons avocats comme c'est le cas dans l'interaction humaine sous les conditions d'une réciprocité limitée de la compétence communicative.

Ceci ne signifie pas que nous sommes obligés d'élever tous les êtres vivants, ou au moins les animaux supérieurs, au rang de *co-sujets* dans la communauté communicationnelle primordiale des êtres raisonnables. Je pense que ceci est simplement interdit par les obligations que nous avons à l'égard des êtres humains. Il faut plutôt affirmer qu'une *certaine perspective anthropocentrique dans le sens large* ne peut et ne doit pas être éliminée de notre défense des êtres vivants, qui ont leur place dans une *échelle de la nature* à reconstruire comme la *préhistoire de l'histoire humaine*. Car, la véritable urgence de la crise écologique nous contraint à considérer constamment les systèmes interreliés de la biosphère planétaire comme des préconditions de *notre* écosphère naturelle. Par conséquent, cette perspective véritablement anthropocentrique doit fonctionner comme l'étalon principal ou le critère normatif de notre traitement des plantes et des animaux. Et ceci vaut également, bien que d'une manière différente, pour les *individus* tout autant que pour les *espèces* ou même les *biotopes*.

C'est de ce point de vue que la question de ce qu'on appelle les « droits des animaux », par exemple, doit être envisagée. Puisque le concept de « droits humains » fondamentaux selon les présuppositions de l'éthique du discours peut seulement être généré à la condition d'une *réciprocité généralisée de la responsabilité et donc des droits et des devoirs*, pas même les animaux supérieurs – sans parler des insectes ou des bactéries – ne peuvent avoir des *droits* au sens de ces *prétentions* exprimables et défendables par des arguments au niveau de la communication humaine. Mais ceci ne signifie pas que nous, êtres humains, – en étant de bons avocats dans l'intérêt des animaux – ne pourrions pas et ne devrions pas prendre soigneusement en considération tout ce que nous pouvons savoir sur les besoins liés au bien-être des animaux, et que nous ne devrions pas établir même des lois contraignantes qui imposeraient quelque chose comme des *quasi-droits de l'animal* (*les corrélats de nos obligations légales à l'égard des animaux*) en ce qui concerne la protection de ces intérêts de l'animal que nous avons constatés. Mais les réponses concrètes à ces questions – par exemple jusqu'où nous devons aller dans l'établissement de nos obligations morales et légales vis-à-vis de l'animal et quels termes nous devrions appliquer à ces quasi-droits d'êtres non-humains – doivent être l'objet de *discours pratiques* à instituer.

Selon les présuppositions de l'éthique du discours, nous ne pouvons pas et ne devons pas essayer de *déduire des principes concrets* (reliés à une situation) pour notre traitement de la nature, à partir de principes que nous pouvons en fait instituer par une fondation ultime pragmatique-transcendantale de l'éthique. Nous ne pouvons pas et ne devons pas par exemple, instituer un principe du type de celui proposé par Robert Spaemann, à savoir que nous ne sommes plus autorisés à causer la disparition d'une quelconque espèce d'êtres vivants par des interventions techniques dans les biotopes existants [1]. Il semble clair que ceci

1. Cf. R. SPAEMANN, « Technische Eingriffe in die Natur als Problem der politischen Ethik », *Scheidewege*, 1979, 9/4, p. 476-497.

doit rester une question d'*évaluation discursive des biens* (« Güterabwägung ») au sein d'un contexte situationnel. Au contraire, nous pouvons bien dire – en accord avec Hans Lenk [1] – qu'en principe, nous devrions avancer de bonnes raisons pour toutes nos interventions dans les biotopes. Car cette règle est en accord à la fois avec une nouvelle attitude à l'égard de la nature et avec la demande de l'éthique du discours que la solution de tous les problèmes concrets reliés à une situation soit atteinte par le *discours pratique* (je reviendrai sur ce point).

La même règle reste vraie en ce qui concerne la demande de l'« écologie profonde » quant à la préservation des unités structurelles (« Gestalt-units ») de notre environnement naturel comme, par exemple, les *paysages* [2] caractéristiques. Sous ce rapport, il m'apparaît que la présupposition d'une perspective *anthropocentrique* est même plus évidente que dans le cas de la préservation des *biotopes* ; car je doute qu'il y ait une harmonie pré-établie entre les lois bio-écologiques des écosystèmes et leur coexistence et interdépendance possibles d'une part, et les préférences principalement esthétiques de notre sélection évaluative des unités structurelles de notre environnement, d'autre part.

Je crains que mes remarques précédentes n'aient pas encore clarifié ce que signifie essentiellement tout ce que dit l'éthique du discours à propos du renvoi au *discours pratique*, des solutions de problèmes concrets concernant des normes liées à des situations. C'est pourquoi je conclurai mon *introduction interne de l'éthique du discours,* en élucidant la signification pratique de ce qui peut être appelé les *deux niveaux structurels* de l'éthique du discours.

4.4. Je pense qu'il est déjà devenu assez clair, à partir de ce qui précède, que la situation problématique d'une éthique de la (co)-responsabilité aujourd'hui est extrêmement complexe. Elle est caractérisée, d'une part, par une multitude d'*intérêts conflictuels* à considérer soigneusement comme des exigences ou des quasi-exigences – à savoir celles de tous les êtres vivants et de leur relation à celles de l'humanité, ou celles des différentes sociétés humaines, ou d'un autre point de vue, celles des différents systèmes sociaux tels que, par

1. Cf. H. LENK, « Verantwortung für die Natur. Gibt es moralische Quasirechte von oder moralische Pflichten gegenüber nichtmenschlichen Naturwesen ? », *AZP*, 1983, 8/3, p. 4.

2. Cf. A. NAESS, « The World of Concrete Contents », *Inquiry*, 1985, 28, p. 417-428.

exemple, la politique, l'économie, la loi, la science, la technologie, etc. D'autre part, il y a le problème de l'*information pertinente* au sujet des faits et des effets possibles ou probables et des effets secondaires de nos actions ou de nos activités collectives à long terme. *Une macro-éthique planétaire de la responsabilité dirigée vers le futur*, en opposition avec toutes les formes traditionnelles des *morales conventionnelles*, doit rassembler et tenir compte de toute la connaissance disponible de nos disciplines actuelles de la science aux réflexions et sagesses extra-scientifiques.

C'est seulement en remplissant ces exigences qu'elle peut produire l'étalon normatif de la préservation de l'écosphère comme une pré-condition de la survie de l'humanité dans une voie qui pourrait être acceptable pour tous les gens concernés. Dans le but d'envisager de nouvelles normes morales et légales acceptables universellement, ou des accords acceptables au sujet d'initiatives collectives, elle doit prendre en considération et articuler, au moyen de débats, toutes les différentes rationalités et contraintes fonctionnelles (« Sachzwänge ») des différents systèmes sociaux (Niklas Luhmann a relevé récemment d'une manière impressionnante, l'immense complexité d'une confrontation entre la *rationalité systémique* moderne et *le défi de la crise écologique* [1]. Mais, comme toujours, dans ses descriptions axiologiquement neutres, il n'a même pas identifié la place ou le forum, où et duquel *nous*, c'est-à-dire son audience, pourrions adopter une attitude responsable en ce qui concerne les systèmes – une attitude au-delà de leurs contraintes fonctionnelles ! – pour prendre, de quelque manière, une co-responsabilité en organisant une réponse collective pertinente éthiquement. Néanmoins, ceci me paraît très évident – selon les élucidations proposées par Luhmann de la complexité systémique – : il n'y a pas, et il ne peut y avoir, une éthique philosophique aujourd'hui qui pourrait dire directement – avec suffisamment de détails, c'est-à-dire par des règles de conduite pratique – ce que, par qui et en quelle occasion quelque chose doit être fait ou, inversément, doit ne pas être accompli).

Par conséquent, posons-nous à ce stade cette question compliquée : qu'est-ce qui peut être dit, c'est-à-dire fondé comme contraignant, par l'éthique du discours en tant que macro-éthique de la co-responsabilité ? Et comment peut-elle concevoir ces principes comme devenant,

1. Cf. N. LUHMANN, *Die Wirtschaft der Gesellschaft*, Frankfurt am Main, Suhrkamp, 1988, Einleitung ; *Ökologische Kommunikation*, Opladen, Westdeutscher Verlag, 1986.

de quelque façon au moins, des guides à l'action, particulièrement dans le cas des activités collectives ?

La possibilité de répondre à ces questions réside, je crois, dans les *deux niveaux de structure* de l'éthique du discours. (Plus précisément : dans la *partie A*. qui, comme il a déjà été souligné, suppose de manière contrefactuelle – comme le fait toute l'éthique reposant sur des principes aujourd'hui – que les conditions de l'application de l'éthique proposée ont été remplies jusqu'à un certain niveau. Je ne peux traiter dans le contexte actuel des désagréables mais importantes questions politiquement, de la médiation responsable entre l'action communicative et l'action stratégique dans le sens de la *partie B*. de l'éthique) [1]. Le *premier niveau* comprend seulement ces principes normatifs qui, comme je le suggérais dans la section précédente, peuvent être fondés par la réflexion pragmatique-transcendantale sur ce que nous devons présupposer, dans une discussion sérieuse, par exemple, des droits égaux et des devoirs de co-responsabilité de tous les interlocuteurs possibles et un but à atteindre par un consensus universel au sujet de toutes les exigences de validités controversées à l'aide d'arguments seulement. La pragmatique-transcendantale affirme que la réflexion sur les présuppositions normatives de la discussion sérieuse implique une distinction entre deux exigences qui sont souvent considérées comme incompatibles :

1. Il y a des *conditions normatives indubitables à l'intelligibilité d'une mise en doute à l'aide d'arguments* (pas seulement les préconditions factuelles des doutes concrets, comme Peirce et Wittgenstein l'ont suggéré) ; donc, il y a des conditions infaillibles à l'intelligibilité du principe du faillibilisme et, par conséquent, il y a une possibilité d'une *fondation ultime réflexive-transcendantale* de la philosophie, incluant l'éthique [2].

2. Précisément, cette ultime fondation postule que chaque exigence de validité doive être exposée au discours argumentatif dans le but d'être assumée, en principe, par un consensus universel. Ainsi, elle ouvre un espace libre le plus large possible à l'application du principe de *faillibilisme* ou de *révisionnisme*.

1. Cf. pour ces questions, K.-O. APEL, *Diskurs und Verantwortung. Das Problem des Übergangs zur postkonventionellen Moral*, Frankfurt am Main, Suhrkamp, 1988, particulièrement p. 103.

2. Cf. W. KUHLMANN, *Reflexive Letztbegründung. Untersuchungen zur Transzendentalpragmatik*, München, Alber, 1985 et K.-O. APEL, « Fallibilismus. Konsenstheorie der Wahrheit und Letztbegründung », in Forum für Philosophie Bad Homburg (ed), *Philosophie und Begründung*, Frankfurt am Main, Suhrkamp, 1987, p. 116-211.

Certes, en ce qui concerne l'éthique du discours, cette double perspective entraîne les conséquences suivantes.

D'une part, nous pouvons croire que les principes de l'éthique du discours soient reconnus, au moins implicitement, par toutes éthiques philosophiques, quelles que soient leurs doctrines ; d'autre part, cependant, nous devons postuler qu'aucune école d'éthique philosophique suggérerait que, à partir de ses principes, on vise à *déduire* des normes reliées à des situations concrètes d'action. Elle considérerait plutôt même ses principes comme des *propositions* devant être exposées à la discussion critique au niveau de ces *discours pratiques* où les intérêts de tous les gens concernés et toute connaissance disponible des experts philosophiques et scientifiques, et des non-experts, puissent être pris en ligne de compte. Donc, un *second niveau* est postulé en principe où un consensus au sujet des normes concrètes reliées à des situations serait atteint par des discours pratiques réels. (Même une personne qui est contrainte d'agir sur la base d'une décision solitaire de sa conscience, doit orienter ses justes délibérations – le « dialogue muet de l'âme » (Platon) – aussi loin que possible en simulant un *discours pratique* réel dans l'expérience de pensée).

Cependant, en ce qui concerne le niveau des discours pratiques réels, l'éthique du discours doit élever quelques *exigences a priori* qui peuvent être directement dérivées du premier niveau de sa fondation pragmatique-transcendantale. Même ces exigences doivent, bien sûr, être soumises à la discussion critique. Il peut s'avérer que leur *formulation* appropriée soit sujette à des corrections, bien que ces corrections à leur tour, je le pense, doivent présupposer encore ces certitudes du premier niveau qui ne peuvent être contestées sans accomplir une auto-contradiction [1]. Ce problème compliqué d'une formulation adéquate des postulats *a priori* du premier niveau peut immédiatement être illustré par la première exigence que nous devons faire entendre. Elle concerne le principe selon lequel tous les membres possibles de la communauté argumentative (en principe indéfinie) ont des *droits égaux* à faire valoir leurs intérêts comme des prétentions argumentées, soit en participant eux-mêmes à la discussion ou, au moins, en étant représentés par des avocats.

Après ce que nous avons essayé de suggérer en ce qui concerne une extension analogique possible de notre devoir de représenter comme par des avocats les intérêts des êtres non-humains, la question suivante apparaît : qui s'identifie à ces membres possibles de la communauté

1. Cf. K.-O. APEL, *o.c.*, p. 194.

argumentative primordiale, détenteurs de droits égaux dans un sens strict, c'est-à-dire, dans le sens de devoir être *a priori* considérés non comme des objets mais comme nos *co-sujets* possibles dans tout discours possible au sujet de toute matière possible ? Au moins deux explications alternatives semblent être pertinentes ici : l'une serait orientée vers la *qualité de membre de l'espèce humaine* dans un sens biologique (c'est-à-dire dans un sens génétique) ; l'autre serait orientée vers la *compétence pragmatique argumentative* [1].

Je pense qu'un développement correct des implications de premier niveau de la fondation pragmatique-transcendantale peut seulement être satisfait par la seconde alternative. Mais ceci signifie que mon discours au sujet des *humains* dans la section précédente était mal ajusté et provisoire ; car nous pouvons avoir à traiter des *Martiens* qui seraient capables de communiquer avec nous dans un discours argumentatif comme des *co-sujets* dans le sens premier [2], tandis que nous ne devons pas considérer par exemple les *fœtus* comme ayant *a priori* les mêmes droits comme co-sujets de la discussion que ceux de leur mère. (Dans le but d'éviter une mécompréhension de cette suggestion, je dois souligner qu'il ne s'ensuit pas que les intérêts du fœtus comme partenaire communicationnel potentiel ne doivent pas être représentés par des avocats. Mais il demeure une question ouverte des discours pratiques : comment, c'est-à-dire sur la base de quels arguments, ces intérêts peuvent-ils être représentés, par exemple dans la controverse au sujet de l'avortement ?

Une seconde exigence *a priori* que l'éthique du discours doit dériver du premier niveau de sa fondation en ce qui concerne le second niveau, comprend ces normes *procédurales* qui sont constitutives de l'*idée (régulatrice) des discours pratiques* – en opposition aux autres formes de prétendues discursivités telles que, par exemple, les négociations (c'est-à-dire le marchandage) qui comportent des offres et des menaces, ou des essais de persuasion manipulatrice, bref : toutes sortes de jeux de langage qui ne garantissent pas, par leurs règles, que les *intérêts* soient représentés comme des *exigences* à défendre seulement par des arguments.

Finalement, étant donné les faits de base d'une anthropologie politique de la *condition humaine*, il peut aussi être postulé *a priori* que l'idée régulatrice du discours pratique dans le sens qui vient d'être

1. Cf. G. SKIRBEKK, « The Beauty and the Beast », in A. Øfsti (ed.) *Ecology and Ethics*, Trondheim, Nordland Akademi for Kunst og Vitenskap, 1992, p. 91-109.

2. C'était déjà l'avis de Charles Peirce.

esquissé, doive être *progressivement réalisée* par l'établissement (politique) d'*institutions* adéquates destinées à résoudre les problèmes et à régler les conflits à tous les niveaux pertinents – nationaux ou internationaux. Car toute personne qui a accepté le principe de la *co-responsabilité* universelle du premier niveau de l'éthique du discours doit aussi accepter son *engagement personnel dans l'institutionalisation du discours pratique*. Ceci signifie que, dans la *partie B*. de l'éthique du discours, où les conditions de l'applicabilité ne sont pas supposées être déjà données, l'engagement normatif à la réalisation progressive des institutions discursives pour la solution de tous les problèmes d'intérêts communs, devient un *telos* et une *valeur* pour la réalisation de la vie bonne de chacun. La distinction idéale typique entre une *éthique universaliste de normes déontiques* et une *éthique pluraliste de valeurs avec une téléologie de la vie bonne selon chacun* devient inadéquate à ce stade face à un *souci commun a priori de la co-responsabilité de tous*. Et il apparaît plausible que le défi de la crise écologique, qui affecte les vies de tous les êtres humains, trouve ultimement une réponse adéquate dans une convergence des éthiques *déontologique* et *téléologique* dans une *éthique universaliste de la co-responsabilité*.

Ceci peut suffire en tant que courte introduction à l'éthique du discours vue *de l'intérieur*. Je crois qu'il peut être possible pour mes lecteurs de trouver des liens entre ces éclaircissements et la réalité sociale où les problèmes de la crise écologique sont traités aujourd'hui. L'autre excellente illustration réaliste de l'applicabilité du *schéma à deux niveaux* de l'éthique du discours esquissé jusqu'ici, est bien sûr fourni par les *milliers de conférences* au sujet des intérêts globaux de l'humanité que j'avais déjà relevées au début de mon exposé. Puisqu'elles *prétendent* au moins – au niveau des medias publics – être quelque chose comme nos *discours pratiques* postulés, il peut être affirmé que, dans un sens, le caractère indispensable de l'éthique du discours a déjà été factuellement reconnu de nos jours.

Karl-Otto APEL *

* Johann Wolfgang Goethe-Universität, Frankfurt am Main.

LA TRIPLE SIGNIFICATION DU MOT «VALEUR» DANS *DAS PRINZIP VERANTWORTUNG* DE HANS JONAS ET LA PSYCHOLOGISATION EN ÉTHIQUE*

Dans cet article, je désire envisager trois points. Dans la première et la plus longue partie, je désire montrer que dans son livre *Das Prinzip Verantwortung* [1] Hans Jonas élargit tellement la signification du mot « valeur» que nous disposons de trois significations différentes et, selon moi, inconciliables. Dans les deux parties suivantes, plus brèves, je désire accentuer les aspects les plus subjectifs de la théorie de la responsabilité de Hans Jonas et j'y exprime l'idée qu'avec ces aspects subjectifs Hans Jonas offre la base d'une nouvelle psychologisation en éthique.

1. *La triple signification du mot « valeur »*

En 1977, Hans Jonas établit une distinction entre deux versants de l'éthique, d'abord un versant objectif, la décharge de la responsabilité sur un individu, ensuite un versant subjectif, l'acceptation volontaire de la responsabilité par un individu. Pour l'exercice de la responsabilité, particulièrement dans le cas de la responsabilité pour le futur, le versant subjectif est important. Mais indépendamment de cet intérêt présent, l'aspect subjectif de l'éthique a une priorité réelle sur le versant objectif. Jonas écrit dans le même article de 1977 : « la faille entre la validation abstraite d'un commandement moral et la motivation concrète doit être enjambée par l'arche du sentiment, qui seul peut ébranler la volonté » [2].

* Traduit par M.-G. PINSART.

1. Edition utilisée dans cet article :

PV : Hans JONAS, *Das Prinzip Verantwortung. Versuch einer Ethik für die technologische Zivilisation*, Frankfurt am Main, 1979.

2. Hans JONAS, « The Concept of Responsibility : An Inquiry into the Foundations of an Ethics for our Age », p. 171, in H.T. ENGELHARDT &

Dans son principal ouvrage éthique *Das Prinzip Verantwortung*, Hans Jonas tente de remonter d'une conception psychologique de la motivation morale à un concept de la valeur. Ce n'est ni une volonté bonne ni une motivation positive qui seront la garantie d'une acceptation de la responsabilité, mais bien un « impératif d'existence » [1], l'« idée ontologique » [2] de l'humanité. Cette « idée de l'être » [3] induira le devoir d'exister pour l'humanité (cf. PV 88-90). Ce devoir doit être l'idée normative de notre pratique aujourd'hui. Comme nous le voyons, Jonas incorpore l'éthique à la métaphysique et je pense que ce « tournant ontologique » dans son œuvre éthique est l'origine de quelques critiques, particulièrement en Allemagne. Envisageons maintenant sa manière de jeter un pont entre l'éthique et la métaphysique. L'« arche » pour enjamber cette faille est l'« arche de la valeur ». Je ne pense pas avoir à donner une synthèse du *Prinzip Verantwortung*. Aussi, je désire seulement esquisser les trois significations différentes que prend ce terme de « valeur ».

Dans le troisième chapitre de *Das Prinzip Verantwortung*, Jonas nous fait part de sa conception de la relation entre les fins et les valeurs. Une chose, par exemple un marteau, est valable si elle est utile pour sa fin, ici de marteler. Par conséquent, si je désire savoir si quelque chose *est* valable, si quelque chose *a* une valeur, je dois connaître quelle est sa fin. La question peut alors facilement recevoir une réponse. Si une chose est utile pour sa fin, elle a une valeur.

Ce concept de valeur n'est pas normatif. Ce n'est pas un jugement de valeur morale si je déclare que quelque chose a une valeur. Cette déclaration est un jugement descriptif. Et ceci est la première signification du mot « valeur » dans *Das Prinzip Verantwortung*, « valeur » signifie *l'utilité objective d'une chose en fonction d'une certaine intention ou d'une fin.* « Valeur » en ce sens est une catégorie descriptive.

Dans le sens usuel de ces mots, les finalités et les buts sont formulés et établis par les êtres humains. Les finalités (intentions) et les buts sont donc « liés » au mental et à la subjectivité. Si quelqu'un désire utiliser ce concept descriptif d'une manière éthique, comme Jonas désire le faire, il doit conserver cette orientation de la valeur d'une fin pour la réalité entière, et pas seulement pour les intérêts subjectifs de l'homme.

D. CALLAHAN (eds), *Knowledge, Value and Belief.* Hastings-on-Hudson, 1977, p. 169-198.

1. « Imperativ des Dasein » (PV 90).
2. « *ontologische* Idee » (PV 91).
3. « Idee des *Seins* » (PV 92).

Donc Jonas confère à ce concept descriptif une nuance téléologique intéressante.

Les finalités peuvent ne pas se présenter uniquement dans le monde de l'être humain. Tout ce qui vit, par exemple les animaux et les plantes est utile non seulement pour nos fins, mais également pour soi-même, au moins pour la finalité de vivre. En un mot, « l'existence » est la finalité fondamentale de toute chose, particulièrement de l'être humain. Maintenant, voyons la métamorphose du concept de valeur. Si Jonas s'était arrêté à sa signification descriptive de la valeur, il n'aurait pu établir pourquoi nous devrions accepter une fin comme désirable et pourquoi nous devrions assumer quelque responsabilité à l'égard de la réalisation de cette finalité. Ainsi, si Jonas ne désire pas arriver à un *regressus ad infinitum*, il doit montrer qu'au moins une finalité peut être vue comme une valeur en soi. Cette finalité doit être utile à elle-même. Cette *utilité pour soi* ou, dans un contexte plus moderne, cette *autoréférence*, peut être découverte dans la finalité d'« existence ». Tout ce qui désire accomplir une finalité aura nécessairement à remplir une condition, celle de devoir exister.

Maintenant nous avons un concept téléologique de la valeur. Et ce concept n'est naturellement plus descriptif. Si c'est la finalité fondamentale pour toutes finalités d'être une finalité, et si quelque chose comme une finalité a à être réalisée, l'existence acquiert une dignité morale. Jonas écrit :

> Dans la faculté comme telle d'avoir des fins, nous pouvons voir un bien-en-soi, dont il est intuitivement certain qu'il dépasse infiniment toute absence de fins de l'être [1].

Maintenant, nous percevons la différence avec la première signification de la valeur. Toutes les valeurs sont valables parce qu'elles sont utiles à une fin. Mais il y a une valeur qui a sa *fin absolue en soi : l'existence* ou, dans le champ de l'humanité, la *vie*.

Jonas désire trouver un fondement rationnel à la prise en charge de la responsabilité pour le futur. Il désire répondre à la question, du pourquoi quelqu'un assumerait-il une responsabilité. La réponse à cette question devra revenir au côté subjectif de l'éthique, la réponse devra s'adresser à la volonté des êtres humains.

Jusqu'ici nous avons envisagé plusieurs aspects de la métaphysique des valeurs. Maintenant, nous aurons à aborder le problème de la

1. « In der Fähigkeit, überhaupt Zwecke zu haben, können wir ein Gut-an-sich sehen, von dem intuitiv gewiß ist, daß es aller Zwecklosigkeit des Seins unendlich überlegen ist » (PV 154).

manière dont une dignité métaphysiquement établie devient quelque chose à accepter subjectivement et, le plus important, quelque chose de voulu. Si nous désirons résoudre ce problème, nous devons revenir au bref passage que je viens de citer.

> Dans la faculté comme telle d'avoir des fins, nous pouvons voir un bien-en-soi, dont il est intuitivement certain qu'il dépasse infiniment toute absence de fins de l'être.

Nous voyons que Jonas n'exige aucune preuve de l'être-bon de cette autoréférence. Tout ce qu'il désirait montrer est qu'il y a une intuition qui nous fait croire qu'il est mieux que quelque chose puisse devenir une valeur plutôt que de rester sans finalité. Il appelle ceci « un axiome ontologique » [1]. Qu'est-ce que cela signifie ?

En 1983, Jonas définissait les « valeurs » comme des idées appartenant au concept du Bien, des droits et de ce à quoi nous devons aspirer [2]. On pourrait lire cette définition sous un angle psychologique. Alors ces idées ne sont rien d'autre que nos mœurs historiques, culturelles et sociales établies. Mais on peut lire la définition des valeurs dans une perspective éthique. Alors ces idées sont des arguments dans notre cheminement vers une décision morale. Le résultat de telles décisions sont des jugements moraux et – des *actes*. Si nous ne pensons pas que notre « intérêt moral » change sans raison, nous devons considérer qu'il est guidé par nos jugements de valeur. Dans ces jugements nous acceptons une finalité comme étant désirable pour nous. Toute fin de notre action devient une valeur, parce que nous l'acceptons comme une finalité pour nous. En ce sens les valeurs deviennent *une mesure de notre vouloir subjectif*. Ici nous trouvons la troisième signification de la valeur dans *Das Prinzip Verantwortung* de Hans Jonas.

Jonas voit un grand danger dans cette signification de la valeur, le danger d'un psychologisme des valeurs, la réduction de tout jugement de valeur à un problème psychologique de motivation. En tant que mesure de notre volonté, la « valeur » signifie seulement une mesure de notre empressement à agir, non une mesure de notre devoir d'agir. Si nous pensons à la valeur seulement dans une perspective psychologique, c'est-à-dire si nous comprenons la valeur dans le sens d'une motivation, la valeur signifie seulement que quelque chose est valable

1. « ontologisches Axiom » (PV 155).

2. Hans JONAS, « Auf der Schwelle der Zukunft : Werte von gestern für die Welt von morgen », p. 8, in H. JONAS & D. MIETH, *Was für morgen lebenswichtig ist. Unentdeckte Zukunftswerte*, Freiburg-Basel-Wien, 1985.

pour nous. Jonas doit ainsi trouver une catégorie plus objective pour mesurer le caractère absolument valable d'une valeur.

> Or, en valoir 'réellement' la peine, cela doit vouloir dire que l'objet de ma peine est *bon*, indépendamment de l'appréciation de mes penchants [1].

Après avoir examiné l'arche de la valeur qui devrait enjamber le fossé entre l'éthique et la métaphysique, nous découvrons que cette arche repose sur un soutien bien connu appelé – « le Bien ».

Résumons. Pour Hans Jonas la « valeur » signifie :

1. l'utilité objective d'une chose en vue d'une finalité ou d'un but,
2. la finalité absolue ou le but en soi d'une valeur, et
3. la mesure d'une volonté subjective.

Nous avons vu que Jonas utilisait le mot valeur dans un sens très large. On pourrait dire que cette triple signification n'est rien d'autre que trois pas allant d'un concept descriptif de la valeur vers un concept normatif de la valeur. A ce stade, je veux montrer qu'il y a une faille dans le raisonnement de Hans Jonas et qu'elle se situe, je crois, dans son concept de finalité. L'usage de la valeur est contradictoire parce que les affirmations de Jonas sur les finalités sont circulaires. La définition, « une fin est ce en vue de quoi une chose existe » [2], ne peut être utilisée si on veut parler de la finalité fondamentale de tous les êtres.

Répétons : toute valeur est valable pour réaliser une fin. Toute fin doit être utile à une autre fin si elle doit être marquée du sceau de la valeur. Cette « cascade de fins » (Rombach) peut seulement être arrêtée s'il y a *une* fin qui peut être considérée comme une valeur en soi. Cette fin doit être utile à elle-même. Jonas trouve cette *utilité pour soi-même* dans la finalité « existence ».

Si nous suivons ce raisonnement, nous voyons qu'il y a un cercle dans le concept de la finalité fondamentale et par conséquent dans la seconde signification de la valeur. Si c'est la finalité fondamentale de tout ce qui existe d'exister, et si une fin est ce pour quoi quelque chose existe, tout ce qui existe existe dans le but d'exister. Tout ce qui existe est valable et est donc bon, parce que cela existe. L'existence en tant que moyen utile et donc valable devient sa propre finalité.

Jonas conclut de l'utilité de l'existence, comme un moyen pour réaliser des finalités, au caractère valable de l'existence comme une fin absolue en soi. Ainsi le jugement de valeur « l'existence est une

1. « 'Wirklich' der Mühe-wert nun muß bedeuten, daß der Gegenstand der Mühe *gut* ist, unabhängig vom Befinden meiner Neigungen » (PV 161).
2. « Ein Zweck ist das, um dessentwillen eine Sache existiert » (PV 105).

valeur » est fondé dans l'être-bon d'une finalité, qui est justement légitimée par cette valeur. La conclusion est circulaire [1].

2. *Les aspects subjectifs de la théorie de la responsabilité de Jonas*

Si nous jetons un coup d'œil à l'accueil de *Das Prinzip Verantwortung* de Hans Jonas dans les pays de langue allemande, nous voyons que c'est précisément ce cercle dans le raisonnement de Hans Jonas qui a été critiqué [2]. D'autre part *Das Prinzip Verantwortung* de Hans Jonas est un des livres les plus influents en éthique dans les années 80 – et pas seulement en éthique. Par exemple le Chancellier Fédéral de l'époque, Helmut Schmidt, a dit que ce livre avait exercé une grande influence sur sa politique. Le titre *Das Prinzip Verantwortung* est devenu une expression courante dans tous les livres, les articles et les discours traitant ce sujet.

Indépendamment de son influence politique réelle, Hans Jonas a mis en lumière que la responsabilité sera la vertu du futur et que cette responsabilité pour le futur devra être pensée d'une manière beaucoup plus précise que la responsabilité du face à face de la tradition éthique.

Si nous ne désirons pas diminuer le caractère public et l'influence de *Das Prinzip Verantwortung*, nous aurons à envisager ces aspects, qui couvrent l'engagement subjectif de la responsabilité. Jonas lui-même revient encore à cet aspect subjectif de l'éthique quand il écrit :

« Ce n'est donc pas la validité, mais bien l'efficacité du commandement moral qui dépend de cette condition subjective ; celle-ci est simultanément sa prémisse et son objet », c'est-à-dire « la présence subjective d'un intérêt moral » [3].

Par conséquent, je pense qu'il n'est pas nécessaire de solliciter abusivement l'interprétation du *Das Prinzip Verantwortung* si nous

1. Cela ne fait aucune différence qu'il écrive avec soin au sujet d'une « disposition à l'égard des buts » (PV 143) ; cf. W.E. MÜLLER, *Der Begriff der Verantwortung bei Hans Jonas*, Frankfurt am Main, 1988, p. 101.

2. Cf. D. BIRNBACHER, « Hans Jonas, *Prinzip Verantwortung* » (revu), in *Zeitschrift für philosophische Forschung*, 37, 1983, p. 144-147 ; F. BURY, « Das Problem der Verantwortung bei Hans Jonas und Hans Küng », in *Theologische Zeitschrift*, 37, 1981, p. 164-172 ; MÜLLER (1988) ; O.P. OBERMEIER, « Technologisches Zeitalter und das Problem der Ethik », in *Philosophisches Jahrbuch*, 88, 1981, p. 426-441 ; M. RATH, « Intuition und Modell. Hans Jonas' *Prinzip Verantwortung* und die Frage nach einer Ethik für das wissenschaftliche Zeitalter », Frankfurt am Main, 1988.

3. « Nicht die Gültigkeit also, wohl aber die Wirksamkeit des sittlichen Gebotes ist von jener subjektiven Bedingung abhängig : diese ist seine Prämisse und sein Objekt zugleich », c'est « die subjektive Anwesenheit unseres sittlichen, Interesses » (PV 163).

désirons essayer de trouver ces aspects subjectifs. Jonas les nomme très clairement *l'heuristique de la peur* et *l'intuition*.

L'horreur d'une « déformation »[1] anticipée de l'homme et la certitude intuitive qu'une telle « déformation » ne doit pas devenir réalité, marquent conjointement le champ de l'évidence morale. Toutes les réflexions métaphysiques sur l'être-bon de la vie humaine ne sont rien d'autre qu'un *Glassperlenspiel*, de « l'art pour l'art » (en français dans le texte), si les mœurs ne sont pas fondées sur la base de la décision subjective ou plutôt individuelle de ne pas permettre l'avènement d'une telle horreur.

On pourrait dire que ces aspects de la théorie de la responsabilité de Hans Jonas ne sont qu'une résurgence d'un intuitionnisme – et j'y consens, mais à mon avis, cette résurgence est nécessaire et pas non-cognitive. En premier lieu, elle est nécessaire parce que la *natural fallacy* n'a pas de solution. Le cercle dans le concept de valeur est le résultat de la différence entre être et devoir.

Deuxièmement, la résurgence de l'intuitionnisme n'est pas non-cognitive, parce que le concept de l'heuristique de la peur de Jonas offre une méthode rationnelle sur la manière d'atteindre cette intuition morale. Si ce que Jonas dit est vrai, et je crois que c'est vrai, « nous savons seulement ce qui est en jeu lorsque nous savons que cela est en jeu »[2], alors nous avons le devoir d'anticiper tous les futurs possibles de l'être humain. Et en ce sens, le degré de probabilité statistique de nos prévisions importe peu. D'ailleurs, je pense que nous devons accepter par conséquent les extrapolations littéraires telles que les grandes fictions anti-utopiennes, par exemple de Samjatin, George Orwell et Aldous Huxley, comme des formes de cette heuristique de la peur. A mon avis, cette réhabilitation de l'intuition est une réhabilitation cognitive parce que nous avons à peser quelles conséquences de nos propres actions ne sont pas désirables. Le côté spécifique de cet intuitionnisme est que nous avons à concentrer notre intérêt sur les conséquences néfastes, le *malum*.

Si nous sommes intéressés par une responsabilité pour le futur, nous n'avons pas répondu à la question de savoir pourquoi quelqu'un devrait assumer une responsabilité. Cette question ne peut recevoir une réponse en un sens objectif, par exemple par une preuve métaphysique de l'être-bon de l'humanité. Nous avons à répondre à la question de savoir pourquoi quelqu'un assume une responsabilité et je pense que la

1. « Verzerrung » (PV 63).

2. Hans JONAS, « Responsibility Today : The Ethics of an Endangered Future », p. 88, in *Social Research* 43, 1976, p. 76-97 ; cf. PV 63.

réponse est donnée par Hans Jonas. Il ou elle *voit* que tel ou tel futur anticipé ne devrait pas devenir réalité. Dans les termes d'Alfred Schütz [1], le côté objectif de la responsabilité est toujours fondé sur le côté subjectif, sur l'évidence d'être responsable.

3. *Une nouvelle psychologisation en éthique : Hans Jonas moraliste ?*

Revenons à un aspect présenté au début de cet article. Je disais que Hans Jonas tente de remonter au concept psychologique de la motivation morale. Si nous ne concentrons plus notre attention sur le côté objectif de l'éthique mais sur le côté subjectif, on pourrait dire que ce nouveau centre d'intérêt marque le début du psychologisme. Mais je pense que si nous raisonnons à la manière de l'intuitionnisme, nous ne sommes pas intéressés par l'aspect psychologique de la motivation. Nous sommes intéressés par le problème philosophique des motifs. Ceci est un sujet différent. La recherche psychologique désire trouver des *causes* au comportement humain. La motivation ne signifie rien d'autre qu'une construction hypothétique destinée à expliquer le comportement. Par contre, la tradition éthique demande les raisons pour lesquelles quelqu'un ferait ceci ou cela.

A mon avis, il y a un troisième aspect – le *motif* pour lequel quelqu'un fait ceci ou cela. Cet aspect subjectif de la responsabilité ne devrait pas être abandonné à la psychologie morale. Mais il sera, par conséquent, nécessaire d'accepter un intérêt philosophique quant aux conditions subjectives de la pensée, de la décision et de l'action humaines. Le philosophe et sceptique allemand Odo Marquard[2] suggérait en 1985 une différenciation importante de l'intérêt dans la psyché humaine. Cet intérêt en général il l'appelait *Psychologisieren* ou psychologiser. A son avis, psychologiser n'est pas toujours légitime.

Bien sûr, dans un sens scientifique, psychologiser est la manière normale de faire de la psychologie. Mais psychologiser en philosophie est, du moins depuis les investigations logiques d'Edmund Husserl, une incursion arrogante et inacceptable dans le champ de la philosophie.

1. Cf. Alfred SCHÜTZ, « Einige Äquivokationen im Begriff der Verantwortlichkeit », in Alfred SCHÜTZ, *Gesammelte Aufsätze*, vol. 2, Studien zur soziologischen Theorie, Den Haag, 1972, p. 256-257.

2. Cf. Odo MARQUARD, « Wirklichkeitshunger und Alibibedarf. Psychologisierung zwischen Psychologie und Psychologismus », in *Psychologie, Psychologisierung, Psychologismus*, Munich, 1985, p. 1-16 (Schriften der Carl-Friedrich-von-Siemens-Stiftung, vol. 9).

Depuis 1900, le psychologisme en philosophie n'a plus été admis [1]. Je ne désire pas entreprendre une nouvelle discussion au sujet du psychologisme, mais dans la vie quotidienne nous avons l'habitude de faire du psychologisme. Utilisons la définition la plus pragmatique de la bonne et de la mauvaise psychologisation d'Odo Marquard :

> Psychologiser est de manière prédominante problématique et mauvais, quand il est utilisé pour masquer le besoin d'un alibi ; psychologiser est de manière prédominante non problématique et bien quand, réveillant un sens de la finitude, il est utilisé pour étancher la soif de réalité [2].

Je pense que cette distinction n'est pas trop éloignée de la pensée de Hans Jonas. L'« alibi » dont parle Marquard signifie que l'être humain, après qu'il ait perdu Dieu comme organisateur universel du monde et, en même temps, acquis un pouvoir immense de changer le monde, a abusé de la psychologisation pour se dégager lui-même de toute responsabilité et culpabilité à l'égard du mal dans le monde. Pour le dire en un mot, une mauvaise psychologisation est quelque chose comme une théodicée sécularisée.

Jonas accentue une forme négative d'intuitionnisme, parce que l'être humain est fini et a besoin de se faire une idée claire de sa réalité présente et du futur. Si vous voulez, l'heuristique de la peur peut être vue comme une bonne psychologisation dans le sens où elle « réveille un sens de la finitude » et « étanche la soif de réalité ».

Marquard affirme que le courant principal de la philosophie au XXe siècle ne voit que la mauvaise psychologisation, le psychologisme [3]. Mais il perçoit là une vieille tradition de philosophie sceptique en laquelle une bonne psychologisation pourrait être trouvée. Les membres de cette tradition « moraliste » sont par exemple Montaigne ou Montesquieu, Nietzsche ou Kierkegaard. Les caractéristiques du courant moraliste sont intéressantes pour notre sujet [4] :

a) les moralistes philosophes défendaient la réalité humaine contre un moralisme irréaliste et visionnaire ;

1. Cf. Matthias RATH, « Der Psychologismusstreit. Die Geschichte eines gescheiterten Rettungsversuchs », in A. SCHORR & E.G. WEHNER (eds), *Psychologiegeschichte heute*, Göttingen-Toronto-Zurich, 1990, p. 112-127.

2. « Psychologisieren ist überwiegend problematisch und eher schlimm, wo es Alibibedarf deckt ; Psychologisieren ist überwiegend unproblematisch und eher gut, wo es – dadurch, daß es den Endlichkeitssinn weckt – Wirklichkeitshunger stillt » (Marquard, 1985, p. 3).

3. Cf. Odo MARQUARD, *Transzendentaler Idealismus, Romantische Naturphilosophie, Psychoanalyse*, Cologne, 1987.

4. Cf. MARQUARD, 1985, p. 14-15.

b) ils cultivaient le sens de la finitude comme critère des jugements moraux ;

c) ils ouvraient la philosophie à d'autres manières de percevoir la réalité – scientifique, littéraire et religieuse.

Je pense que nous pouvons aussi trouver toutes ces caractéristiques dans *Das Prinzip Verantwortung* de Hans Jonas : a) Jonas critique l'utopie politique irréaliste du marxisme ; b) la finitude de l'être humain est un des arguments les plus importants en faveur du devoir éthique de craindre et c) l'heuristique de la peur a besoin d'un horizon élargi de différentes « réalités ». Ainsi, pour moi, Hans Jonas *est* un moraliste au sens traditionnel du terme.

* * *

Hans Jonas formule un impératif, en termes kantiens, non pas hypothétique mais un impératif catégorique de la pratique morale : « Regarde et tu sauras » [1]. Permettez-moi de terminer avec les mots de l'écrivain allemand L. Feuchtwanger. Dans son roman *Simone* Feuchtwanger répondait à la question d'une jeune française demandant pourquoi elle devrait assumer la responsabilité de la collaboration de sa famille avec les nazis. Il inventa un aphorisme fameux qui peut être considéré comme la version littéraire de l'impératif de Jonas :

> Wer, wenn nicht du ? Und wann, wenn nicht jetzt ?
>
> Qui, si ce n'est toi ? Et quand, si si ce n'est maintenant ?

Matthias RATH [*]

1. « Sieh hin und du weißt » (PV 236).

* Katholische Universität Eichstätt.

LA RESPONSABILITÉ PEUT-ELLE ÊTRE BASÉE SUR UN IMPÉRATIF ?*

1. J'avais pensé pour cette communication à deux intitulés, entre lesquels je n'ai pu me décider pendant un temps assez long. Avec le premier, je me demandais si la responsabilité peut être un principe, avec le second, si elle est basée sur un impératif. Le premier intitulé est le reflet du titre original allemand de l'œuvre principale de Jonas, à laquelle il a donné le titre anglais de *The Imperative of Responsibility*[1]. Bien que principes et impératifs ne soient en aucun cas semblables, je résisterai à la tentation d'analyser pourquoi le titre a été changé en même temps que la langue, et je suivrai plutôt, dans mon étude, les lignes que suggère le titre anglais. La raison en est que c'est la situation présente du monde qui conduit Jonas à poser la question de l'impératif qui doit régler l'action dans la civilisation technologique. Que doit-on faire pour ne pas être affecté par les conséquences négatives de la technologie ? C'est un programme de la télévision allemande[2] qui a attiré mon attention sur le fait que l'on peut être très

* Traduit par M. Weyembergh.

1. Voici la liste des ouvrages auxquels je me réfère : *The Phenomenon of Life. Toward a Philosophical Biology*, Chicago and London, 1982 (désormais *P*) ; *The Imperative of Responsibility. In Search of an Ethics for the Technological Age*, traduit par H. Jonas en collaboration avec D. Herr, Chicago and London, 1990[4] (désormais *I*) ; *Organismus und Freiheit. Ansätze zu einer philosophischen Biologie*, traduit par H. JONAS et K. DOCKHORN, Göttingen, 1973 ; *Das Prinzip Verantwortung. Versuch einer Ethik für die technologische Zivilisation*, Frankfurt am Main, 1979 ; W. E. MÜLLER, *Der Begriff der Verantwortung bei Hans Jonas*, Frankfurt am Main, 1988 ; « Zur Problematik des Verantwortungsbegriffes bei Hans Jonas », in *Zeitschrift für Evangelische Ethik*, 1989, 33, p. 204-216 ; « Weltbewußtsein und Schöpfungsglaube. Zur theologischen Auseinandersetzung mit Hans Jonas », in *Evangelische Kommentare*, 1990, 23, p. 396-399. Je n'ai pas indiqué dans mes citations les passages qui sont en italiques dans l'original.

2. Zweites Deutsches Fernsehen (Deuxième Programme de la Télévision allemande), « Kontraste », 15 octobre 1991.

aisément atteint par ces conséquences. L'émission portait sur la nouvelle maladie, incurable jusqu'ici, l'EMS, qui est causée par un soporifique que la publicité avait présenté comme plutôt inoffensif. Sa composante de base est un produit de l'ingénierie génétique, et son producteur japonais a perdu le contrôle du processus de production. A la suite de cet incident, la substance a été contaminée, amenant ainsi la maladie à se déclarer. Bien que l'on ait été au courant de l'incident en Allemagne, le médicament a été interdit beaucoup trop tard, ce qui a suscité les conséquences prévisibles. Cet exemple montre clairement que les actions de l'homme ne sont plus aujourd'hui limitées à son entourage immédiat et que leurs conséquences doivent être soumises à l'examen : ce dernier est extrêmement difficile si l'on tient compte de « la dynamique cumulative du développement technologique » (*I*, p. 32), lequel échappe à l'influence humaine, et de l'interférence irréparable avec la nature qui en résulte. La perception des dangers qui nous menacent mène cependant au désir d'une nouvelle éthique : « Il est certain que les vieilles prescriptions de l'éthique du 'voisinage' – éthique de la justice, de la charité, de l'honnêteté etc. – sont toujours valables dans leur immédiateté intime pour la sphère journalière de l'interaction humaine. Mais cette sphère est éclipsée par la réalité grandissante de l'action collective : acteur, acte et effet n'y sont plus ce qu'ils étaient dans l'entourage immédiat ; l'action collective impose à l'éthique, de par l'énormité de ses pouvoirs, une nouvelle dimension de responsabilité à laquelle personne n'avait rêvé précédemment » (*I*, p. 6). Afin de prévenir les dangers de la civilisation technologique, Jonas propose alors l'impératif suivant : « Agis de telle manière que les effets de ton action soient compatibles avec la permanence d'une vie humaine authentique » ou, de façon négative, « Agis de telle manière que les effets de ton action ne détruisent pas la possibilité future d'une telle vie » (*I*, p. 11). Avec cet impératif, H. Jonas désire se conformer « aux nouvelles dimensions de la responsabilité » (*I*, p. 6) : celles-ci résultent des conséquences éventuelles auxquelles nous avons fait allusion et rendent impossible le maintien d'une éthique purement anthropocentrique. Avec la « vulnérabilité de la nature » (*I*, p. 6) que l'on a reconnue entre-temps, le seul bien de l'homme ne peut plus constituer la mesure de l'action ; il faut rechercher, en outre, « le bien des choses extra-humaines, c'est-à-dire étendre la reconnaissance des 'fins en elles-mêmes' au-delà de la sphère humaine et inclure le souci que l'on en prend dans le bien humain » (*I*, p. 8). Jusqu'ici, seule l'éthique religieuse a reconnu le bien extra-humain. Mais l'existence de la religion ne se laisse pas prescrire et, une fois que celle-ci a été perdue, elle ne peut plus être la mesure évidente en soi du comportement pour une éthique universellement valable (*I*, p. 45) ; il en résulte que la validité universelle de la nouvelle éthique à laquelle Jonas en appelle doit être fondée autrement. J'exposerai, dans un premier temps, la nouvelle justification de l'éthique de la responsabilité qui est basée sur l'impératif de Jonas. Je poserai ensuite quelques questions sur la structure de la réflexion jonassienne et reviendrai, enfin, au problème de la justification de la responsabilité.

2. L'impératif de Jonas est basé sur l'idée qu'une valeur est attachée à l'existence et que l'homme doit accepter, en préservant la vie, ce que la nature a décidé à propos de cette valeur. Pour Jonas la vie est quelque chose de spécial : il la décrit – en dépit de son origine physique – comme un fait métaphysique, comme un absolu qui contraint les hommes à la préserver [1] et à la considérer comme leur charge la plus précieuse et la plus vulnérable ; « elle n'a pas à attendre sa perfection du futur parce qu'elle est déjà entière dans son essence telle que nous la possédons » (*I*, p. 34). C'est pourquoi la vie a la priorité par rapport au néant, ce que Jonas illustre en recourant aux idées religieuses de la création. Dans ce contexte, il rejette explicitement l'idée d'un créateur divin, parce qu'il la considère comme étant basée sur la notion logiquement douteuse d'un dieu qui s'est créé lui-même. Mais il reprend les idées suggérées par le Livre de la Genèse dans l'*Ancien Testament* ou par le *Timée* de Platon. Dans ceux-ci, Dieu a voulu le monde comme quelque chose de bon, ce qui signifie qu'Il l'a voulu parce que son existence est bonne – le monde n'est donc pas bon parce que Dieu l'a voulu [2]. H. Jonas rejette l'idée selon laquelle le monde aurait été causé par Dieu. Il part, au contraire, de l'existence première de la bonté du monde, et c'est sur ce point qu'il base sa métaphysique moderne, « sur laquelle toute éthique doit, en dernière instance, être fondée » (*I*, p. 8). Ce qui vient d'être dit explique que Jonas ne réponde pas de manière religieuse, en invoquant la volonté de

1. « Pour l'heure, la chose importante est de noter que, parmi les enjeux, il y en a un de rang métaphysique (tout physique que soit son origine), un 'absolu' qui, comme charge suprême et vulnérable, nous impose le devoir suprême de le préserver et de le maintenir intact » (*I*, p. 33).

2. « Car, même en posant l'existence, nécessaire ou arbitraire, d'un créateur, surgit une fois de plus, concernant le monde (lequel fait précisément problème), la question de savoir 'pourquoi' il l'a créé ? Sur ce point la réponse religieuse n'est pas la réponse causale, selon laquelle le pouvoir de faire a simplement l'acte comme conséquence (ce qui condamnerait la série causale à la factualité brute), mais bien plutôt que s'il l'a voulu c'est comme quelque chose de 'bon' » (*I*, p. 47).

Dieu, à la question classique de la métaphysique, « Pourquoi y a-t-il quelque chose plutôt que rien ? ». Il la réinterprète plutôt de la manière suivante : « Pourquoi devrait-il y avoir quelque chose plutôt que rien, quelle que soit la raison de sa venue à l'être ? Tout tourne maintenant autour de la signification de ce 'doit être' » (*I*, p. 48). Mais pourquoi « quelque chose» devrait-il recevoir la priorité sur le néant ? Pour répondre à cette question, Jonas part de la « perception de la valeur dans le monde » (*I*, p. 48) et met celle-ci en relation avec l'existence. Il s'ensuit que quelque chose existe parce qu'il vaut la peine d'exister. Toute existence a donc une valeur. H. Jonas justifie l'attribution de la valeur à ce qui existe de la manière suivante : « Car la valeur, ou le 'bien', si une telle chose existe, est certainement la seule chose qui est qui puisse fonder de manière valable l'exigence d'être, un 'devoir-être', et qui fasse d'un tel être l'objet d'un devoir pour l'acteur dont cet être viendrait à dépendre » (*I*, p. 48). La métaphysique représente par conséquent pour H. Jonas la doctrine selon laquelle ce qui existe doit en même temps exister, parce qu'il en vaut la peine. Une valeur correspondante est donc incarnée dans tout ce qui existe. Cette conception n'est pas seulement basée sur la possibilité d'attribuer une valeur aux choses existantes – ce qui peut sembler arbitraire – mais aussi sur l'orientation téléologique de l'organique : la vie est liée au but de l'être lui-même avec son propre futur. La vie est un bien, « dont la potentialité implique l'exigence qu'elle soit ou devienne actuelle ». C'est « l'exigence immanente d'un bien en soi à sa réalisation » (*I*, p. 79). H. Jonas découvre ce bien en soi dans la faculté d'avoir un but. La seule chose qui pourrait mettre ce qui précède en question serait l'idée religieuse du Nirvana, laquelle se donne néanmoins pour but de se libérer de la valeur. « Puisque l'indifférence n'est clairement pas possible dans ce cas..., celui qui ne partage pas le paradoxe d'un but qui consiste à nier les buts, doit au moins partager la proposition que le but en tant que tel est ce qui se donne, au sein de l'être, ses propres titres de créance ; il doit aussi postuler qu'il y a là un axiome ontologique » (*I*, p. 80). Ceci « est une question de choix métaphysique dont on ne peut pas rendre compte plus avant » (*I*, p. 80). Un argument en sa faveur pourtant est « la supériorité du but en tant que tel sur l'absence de but » (*I*, p. 80), la supériorité de ce qui est absolument meilleur que le néant. H. Jonas peut déclarer alors à propos de ces présupposés : « il n'y a pas d'organisme sans téléologie » (*P*, p. 91)[1]. Cette téléologie est présente

1. Jonas ne peut répondre à la question de savoir comment cette finalité se comporte à l'égard de la causalité qui préside à la naissance. Il ne nie pas l'existence

dans le but inscrit dans la forme, mais aussi dans la relation des parties au tout et dans la fonctionnalité de l'organisme (*P*, p. 86)[1]. Ainsi l'élément en lui-même ne peut être compris que comme partie du tout. Cet ordre téléologique de la nature (*P*, p. 64-98) qui détermine aussi l'homme, apporte un fondement biologique à l'éthique. Le respect qui répond à l'ordre de la nature doit être réalisé dans l'action. Puisque le bien exige de devenir un but, l'homme doit reprendre, dans son propre vouloir, le consentement de ce bien à l'existence et répondre « à l'appel d'un bien en soi possible dans le monde » (*I*, p. 85) par « le sentiment de la responsabilité » (*I*, p. 85), en étant donc motivé concrètement pour l'action. L'éthique de la responsabilité a pour tâche de considérer non seulement les conséquences de l'action humaine, mais aussi l'avenir de ce dont nous sommes responsables (*I*, p. 107) et de ce qui est pour l'essentiel intact. Pour résumer, Jonas décrit « la relation parents-enfant » comme l'« archétype de la responsabilité » (*I*, p. 130) et il l'utilise pour exposer sa conception du « devoir-être » incorporé à l'existence : « Le concept de la responsabilité implique celui d'un devoir-être, d'abord du devoir-être de quelque chose, ensuite du devoir-agir de quelqu'un en réponse à l'appel de ce quelque chose. Le droit intrinsèque de l'objet est premier par rapport au devoir du sujet. Seule une exigence immanente peut objectivement fonder pour quelqu'un d'autre l'obligation à la causalité transitive. L'objectivité doit réellement venir de l'objet. De cette manière toutes les preuves de la validité des prescriptions morales se réduisent en dernière analyse à obtenir l'évidence d'un devoir-être 'ontologique' » (*I*, p. 130). Si la responsabilité est ainsi liée à la vie existante, l'autorité devant laquelle la responsabilité doit être assumée devient identique à la sphère à laquelle elle s'applique. En conséquence l'appel à l'action s'applique à ce qui est inhérent à l'ordre naturel. Dans ce contexte, le principe de

de la causalité, mais il ne désire pas conclure du fait évident qu'elle est déterminée au fait qu'elle est causée exclusivement pas la cause efficiente (*P*, p. 90).

1. « Il en résulte donc aussi que, pour la sphère organique, la structure temporelle linéaire externe de l'antécédent et du conséquent, qui entraîne la domination du passé, est inadéquate : alors que la pure extériorité est (ou peut du moins être présentée comme) totalement déterminée par ce qui a été, la vie est aussi ce qu'elle va être et est juste en train de devenir : dans son cas, l'ordre extensif du passé et du futur est inversé de manière intensive. C'est là la racine de la nature téléologique ou finale de la vie : la finalité constitue en premier lieu le caractère dynamique d'un certain mode d'existence, qui coïncide avec la liberté et l'identité de la forme en relation avec la matière, et seulement en second lieu un fait qui relève de la structure de l'organisation physique, tel qu'il est exemplifié dans la relation des parties organiques au tout et dans la santé fonctionnelle de l'organisme en général » (*P*, p. 86).

responsabilité, tel qu'il est illustré par l'image de l'amour inné pour l'enfant (*I*, p. 130-135), peut être présupposé partout. H. Jonas déclare qu'il s'agit pour l'éthique moderne de se libérer de l'anthropocentrisme tel qu'il a existé jusqu'ici et de se soucier de la possibilité future de toute existence, et non pas seulement de l'existence humaine. En même temps pourtant, son lien avec la vieille position de base de l'éthique platonicienne doit être souligné. Seule cette dernière lui permet de porter des jugements éthiques : « Si les valeurs ne sont pas perçues par la vision comme étant (ainsi que le Bien et le Beau de Platon), mais sont posées par la volonté comme projets, alors en effet l'existence est engagée dans une course constante vers l'avenir, avec la mort comme but ; et la seule détermination formelle à être, sans un nomos pour la gouverner, se réduit à un projet qui va de néant en néant » (*P*, p. 232). Si l'homme cependant se conçoit lui-même par le biais d'un nomos qui lui est surordonné, il semble qu'un élément extra-temporel, pour ainsi dire transcendant, soit allégué en même temps que le téléologique ; en raison de la domination de la technologie et de l'abolition implicite de la sphère divine, cet élément transcendant ne peut être formulé que si l'on prend conscience du point de référence ontologique et axiologique actuel de l'homme, ce que Jonas s'efforce de faire. Ceci signifie que Jonas prend position : il s'efforce de remonter en-deçà des Lumières et du programme de Bacon visant à dominer la nature (*I*, p. 140-142). La responsabilité est donc directement placée dans l'homme, ce que H. Jonas essaie de montrer par les considérations que nous avons présentées. Ce qui précède est concrétisé dans l'impératif qui est maintenant formulé de la manière suivante : « Que l'humanité soit » (*I*, p. 43), humanité portant ici non « sur de futurs individus humains, mais sur l'idée de l'Homme » (*I*, p. 43). L'impératif ne concerne donc pas l'avenir d'un être humain particulier, mais l'idée de l'humanité, une idée ontologique, dont l'explication cependant demeure circulaire : « Seule l'idée de l'Homme, en nous disant pourquoi les hommes devraient être, nous dit aussi comment ils devraient être » (*I*, p. 43). Selon H. Jonas, cette idée ontologique crée l'impératif « Que les êtres humains soient » (*I*, p. 43). Il ne le décrit que formellement, alors que l'impératif mentionné au début tient compte des conditions de l'action en question. Jonas décrit cet impératif comme catégorique ; il ne trouve pas cependant son principe dans le caractère cohérent de la raison, laquelle se donne, comme chez Kant, ses propres lois, mais dans la fondation métaphysique de l'existence à laquelle il a déjà été fait allusion : « Puisque son principe n'est pas, comme chez Kant, à trouver dans le caractère cohérent de la raison qui se donne elle-même ses règles de conduite, puisqu'il n'est donc pas une idée de l'action...mais plutôt l'idée d'agents possibles en général, pour lesquels il exige qu'ils devraient exister, et puisqu'il est ontologique, c'est-à-dire une idée de l'être, il s'ensuit que le premier principe d'une 'éthique de l'avenir' ne se trouve pas lui-même dans l'éthique comme une doctrine de l'action mais dans la métaphysique en tant que doctrine de l'être, dont l'idée de l'Homme est une partie » (*I*, p. 43).

Il y a deux raisons, selon moi, de mettre en doute le caractère catégorique de cet impératif. D'abord en fonction de la définition que Kant donne de l'impératif et, ensuite, en fonction du rôle que l'« heuristique de la peur » (*I*, p. 26) – à laquelle je n'ai pas fait allusion jusqu'ici – joue en tant que motivation d'un comportement correct du point de vue éthique.

3. Avec son impératif catégorique Kant entend que nous agissions de telle sorte que nous puissions vouloir que la maxime de nos actions soit élevée en principe d'une loi universelle [1], de manière à ce que le caractère obligatoire de la loi éthique soit *a priori* valable et qu'il ne soit ni fondé dans la nature humaine ni dans les circonstances du monde [2]. Ceci constitue la seule manière pour la loi morale d'être suivie de manière apodictique [3] pour elle-même ; le devoir peut alors être accompli sans recourir à l'inclination [4]. Seul l'impératif hypothétique sert à la réalisation d'une certaine intention [5]. Cependant Kant ne se préoccupe pas au premier chef du résultat d'une action, mais de l'attitude fondamentale qu'elle exprime, quel que soit ce résultat [6]. La raison objective de l'impératif catégorique réside dans quelque chose dont l'existence constitue en elle-même une valeur absolue, laquelle, en tant que but en soi, pourrait être la raison de certaines lois [7]. Il s'agit en l'occurrence de l'existence de l'homme et de tout être fondamentalement raisonnable [8]. Il en découle que l'impératif catégorique signifie que l'homme ne peut utiliser son semblable comme un moyen. Ce qui tend à dire que, puisqu'il pose des fins, l'homme peut exister en lui-

1. KANT, *Grundlegung zur Metaphysik der Sitten, Werke*, vol. IV, éd. W. Weischedel, Darmstadt³, 1985, p. 51.
2. *Ibid.*, p. 13.
3. *Ibid.*, p. 44.
4. *Ibid.*, p. 26.
5. *Ibid.*, p. 43.
6. *Ibid.*, p. 45.
7. *Ibid.*, p. 59.
8. *Ibid.*, p. 60.

même. Kant appelle cela le principe de l'autonomie de la volonté [1], principe qui ne saurait être interprété comme visant à la réalisation égoïste de soi, puisqu'il implique l'intégration de l'homme dans la société [2]. H. Jonas aussi appelle son impératif catégorique. Découvre-t-il un tel but en soi dans l'existence de l'homme, ce qui lui permettrait d'expliquer son éthique d'une manière universellement obligatoire, sans recourir pour autant à des prémisses théologiques ? Sa réponse à cette question est négative, parce qu'il se sent lui-même à une distance insurmontable de Kant. Il reproche en effet à ce dernier de vouloir à la fois, et sans y voir de contradiction, fonder logiquement une éthique et essayer d'intégrer l'individu dans la société. H. Jonas ne trouve dans ce programme aucune indication sur la tâche de la préservation de la vie, sur le futur comme objet de responsabilité ou sur l'explication de cette dernière (*I*, p. 10-12). Or, ce sont particulièrement nos conditions de vie, modifiées par la technologie, qui lui font poser l'exigence apodictique de la préservation de la vie. Cette exigence est exprimée sous la forme d'un impératif, qui, du point de vue de Kant, peut être interprété comme hypothétique, mais sur un mode catégorique [3]. Puisque, selon Kant, les impératifs hypothétiques expriment la nécessité pratique d'une action possible conçue comme le moyen de quelque chose d'autre que l'on veut atteindre, ils sont déterminés par la possibilité et l'intention. Si Jonas formule son impératif sous sa première forme comme suit : « Agis toujours de telle manière que les effets de ton action soient compatibles avec la permanence de la vie humaine » (*I*, p. 11), il ajoute alors une détermination conditionnelle à l'impératif hypothétique, mais il proclame pourtant cette intention d'une manière catégorique. Son but est d'arriver à contrôler les possibilités technologiques et de préserver par tous les moyens la vie telle qu'elle existe. Ceci signifie que Jonas a perdu, en raison des menaces qui pèsent sur la vie, l'évidence avec laquelle Kant pouvait formuler son impératif catégorique : Jonas entend en effet préserver la vie à l'avenir. Alors que Kant représente la position éclairée de l'éthique de la conviction qui compense l'autorité théologique de jadis par l'auto-engagement de

1. *Ibid.*, p. 66.
2. *Ibid.*, p. 74.
3. « ...Les impératifs sont précisément hypothétiques lorsqu'ils expriment des exigences à propos desquelles il est censé admettre qu'elles ne sont formulées que par rapport à des intérêts et des désirs possibles, réels ou même nécessaires de leur destinataire. Si cela est valable, sont aussi hypothétiques les impératifs qui sont formulés comme des principes catégoriques » (G. PATZIG, *Ethik ohne Metaphysik*, Göttingen, 1983², p. 110).

l'homme, le devoir-être résultant de l'auto-engagement de la volonté [1], Jonas est à la recherche d'une autorité à partir de laquelle il pourrait expliquer – en termes kantiens – le but hypothétique, la préservation de la vie, de manière catégorique : il la trouve dans sa métaphysique.

4. L'« heuristique de la peur » (*I*, p. 26) de Jonas me confirme dans cette conception hypothétique de l'impératif, parce qu'elle donne la condition de l'action à laquelle cet impératif est tenu. Si l'on imagine, en effet, les mutilations de l'homme qui pourraient résulter de certains développements, l'on sait ce qu'il faut préserver. Cette manière de penser procède par la voie négative pour la préservation du bien, lequel ne se reconnaît que sous la menace. « Parce que c'est la manière dont nous sommes faits : la perception du mal est infiniment plus aisée que la perception du bien ; elle est plus directe, plus contraignante, moins sensible aux différences d'opinion et de goût et, surtout, elle s'impose à notre attention sans que nous la recherchions » (*I*, p. 27). Ainsi, l'heuristique de la peur, comme base de ce cadre éthique, ne fonctionne que si l'homme accepte le devoir qui résulte de l'existence : il parvient alors, au travers de cette heuristique, à imaginer les effets à long terme (*I*, p. 26) ; il les perçoit avec le sentiment approprié dans la mesure où il accepte d'être affecté par le mal représenté. Il doit reconnaître en même temps l'impératif qui a été posé de manière axiomatique afin de ne pas mettre en danger les conditions de la permanence de l'humanité sur terre. C'est tout spécialement la vitesse de l'actuel développement et sa progression avec ses impondérables qui font que Jonas préfère une prognose défavorable à une prognose favorable : « Nous avons à ajouter à la première observation – selon laquelle la vitesse du développement de la technologie ne lui donne pas le temps de s'autocorriger – l'observation ultérieure qui nous dit que, quel que soit le temps qui nous est laissé, les corrections deviendront de plus en plus difficiles et la liberté de les effectuer de plus en plus réduite » (*I*, p. 32). Il faut donc en déduire le devoir à la prudence extrême en ce qui concerne l'action, ce qui implique qu'il faut, pour préserver l'héritage de l'évolution, accorder la préférence aux prognoses défavorables.

Ces réflexions montrent que l'impératif jonassien ne peut pas être décrit comme catégorique au sens kantien, mais seulement comme hypothétique, puisque, bien qu'il se prononce catégoriquement en faveur de l'existence humaine, il ne s'applique qu'à un cadre condition-

1. KANT, *op. cit.*, p. 43.

nel particulier. Pour celui qui est prêt à suivre la métaphysique jonassienne, cela signifie que l'impératif est susceptible de le mener à la responsabilité. En insistant ainsi sur la validité subjective de l'impératif, je cherche à tenir compte du fait que les êtres humains ont besoin d'une motivation à la conduite éthique, ce que suggère d'ailleurs l'heuristique de la peur à laquelle Jonas recourt [1]. Si le devoir-être était vraiment impliqué dans l'être, une motivation à l'action ne serait pas nécessaire, puisqu'il serait évident : la phrase suivante dans l'avant-dernier paragraphe de la version allemande de *The Imperative of Responsibility*, que je ne puis trouver dans la version anglaise, serait alors incompréhensible :

> La responsabilité est le souci, reconnu et accepté comme devoir, de l'être autre que soi, souci qui se transforme en 'préoccupation' lorsque la vulnérabilité de cet être est menacée. Potentiellement cependant la peur est déjà présente dans la question originelle, par laquelle l'on peut se représenter comme le point de départ de toute responsabilité active : que va-t-il lui arriver, si je ne veille pas sur lui ? [2].

Mes questions critiques portent sur le contraste *entre* la téléologie de l'organique, dans le sens de l'axiologie, dans laquelle l'action doit se définir elle-même par la saisie de faits ontologiques, *et* la structure motivationnelle déterminée par l'heuristique de la peur, dont il ressort qu'on ne croit pas en un tel comportement raisonnable. *Et* la téléologie de l'organique *et* la motivation nécessaire à l'action s'excluent l'une l'autre, puisqu'une téléologie bien comprise n'a pas besoin d'une motivation particulière pour agir. Il y a une impulsion critique à l'égard du comportement non équitable et prodigue de la civilisation technologique qui résulte de l'éthique jonassienne. Comme je juge cette impulsion très importante, je voudrais expliquer dans ce qui suit pourquoi j'ai une vue critique de l'autre partie de sa conception, l'éthique téléologique.

Nicolai Hartmann [3], aux côtés duquel je vais me ranger dans ce qui suit, a raison lorsqu'il critique la téléologie, parce qu'elle nous porte à accepter l'opinion selon laquelle l'on peut expliquer la finalité qui est inscrite dans n'importe quel événement. Dans cette théorie, ce qui est présent n'existe pas pour soi-même ni n'a été causé par ce qui le

1. Plus généralement l'on doit se demander par rapport à l'heuristique de la peur si les êtres humains n'agissent vraiment que s'ils sont affectés par l'idée de ce qui est négatif.

2. *Das Prinzip Verantwortung*, Frankfurt am Main, 1979, p. 391.

3. *Teleologisches Denken*, Berlin, 1966².

précède, mais en vue de ce qui existera dans le futur. Cela suppose l'idée d'un ordre général du monde gouverné par la finalité : chaque élément simple a sa place dans une série de fins qui lui est surordonnée. En conséquence chaque élément actuel est déterminé par le but qu'il jouera dans le futur, de telle sorte que les formes inférieures de la vie ne sont que les premiers stades des formes supérieures. L'on peut prétendre dans cette perspective que l'univers est déterminé à produire l'homme [1]. La force de l'idée de fin peut être expliquée par l'effort pour constituer l'unité et l'entité du monde, tous les événements universels étant conçus comme l'unité finale du contexte universel [2]. L'on peut donc imaginer que les différents événements dans le monde convergent vers une fin dernière. Une autre raison du recours à la téléologie a son origine dans l'exigence du sens et dans le fait que donner un sens sans l'accomplir est absurde. Réaliser le sens signifie pourtant réaliser la valeur. Réaliser la valeur n'est possible que par l'action qui est liée à une fin. Ces valeurs doivent alors être des fins posées ou bien par l'homme ou bien par le processus universel. Puisque le monde et la vie révèlent une telle variété de valeurs qui ne peuvent être réalisées par l'homme, le processus universel a dû donner lieu à une action finalisée qui a produit cette variété [3]. Cette conception a revêtu une importance particulière dans l'éthique téléologique, car ici les exigences morales ne sont universellement contraignantes que pour autant qu'elles constituent les fins dernières des événements du monde, de sorte que les individus ne peuvent leur opposer leurs propres fins. Ceci implique que les êtres humains ne peuvent être des êtres moraux que dans un monde qui est déjà, en leur absence [4], déterminé par des fins morales. Nous ne pouvons donc être déterminés par des fins supérieures que dans la mesure où celles-ci sont déjà actives en nous sans que nous le sachions. Ce réalisme de la valeur conduit à l'exigence du pouvoir des valeurs. Dans une telle vision téléologique du monde, la liberté n'est possible que pour autant que le monde soit ordonné de manière ultime, de sorte que l'homme ne réalise pas seulement une fin consciente par ses actes, mais aussi une fin qui demeure inconsciente et qui est posée par la téléologie du monde. Le postulat de la signification et de la présence de fins dans l'univers constitue un important point

1. « Avec ce type de téléologie, on obtient donc rien de moins que des systèmes cosmiques constitués en vue de la genèse des êtres vivants et indirectement de l'homme sur la terre » (HARTMANN, *Teleologisches Denken*, p. 6).

2. *Ibid.*, p. 55.

3. *Ibid.*, p. 57

4. *Ibid.*, p. 60.

d'appui pour la conception d'un monde structuré de manière téléologique. Pourtant, dans un tel monde, le libre arbitre de l'individu ne peut plus guère décider, puisque la téléologie représente un processus final, qui commence avec le fait de poser un but et se termine avec sa réalisation. La volonté, le désir, l'effort et l'action sont déterminés par la finalité. Ceci rend alors l'éthique virtuellement impossible. Si tous les processus inanimés sont également liés à la finalité, ce qui doit être le cas dans un système téléologique étendu, l'homme est, lui aussi, privé de sa supériorité et de sa position de force en même temps que des tâches propres à un être agissant moralement. Les moyens nécessaires à l'action ne sont plus à sa disposition, puisqu'il a été placé exactement au même niveau que la nature. Il ne peut donc plus exercer aucun pouvoir, ce qui implique, en définitive, l'impossibilité de l'éthique [1].

Cette importante question de la téléologie du vivant est aussi présente dans la biologie moderne [2], le terme téléologie étant, en dépit du rejet de ses présupposés métaphysiques, partiellement réhabilité : on ne rejette pas la finalité dans son rapport avec la contingence du hasard, finalité qui peut alors être décrite comme téléonomie. Ceci se référerait à des intentions d'actions, lesquelles initieraient des processus de nature causale liés à des fins en vue de l'accomplissement de certains buts [3]. Dans ce contexte, cependant, la référence à des autorités qui posent les fins est abandonnée. En termes de la théorie de l'évolution, la finalité ne peut plus être comprise comme une harmonie anticipée, pré-stabilisée, mais seulement comme harmonie virtuellement post-stabilisée, ce qui implique l'effondrement de toute la superstructure métaphysique [4]. Si toutefois cette conception de la fin est reprise par la réflexion métaphysique dans le cadre d'une harmonie post-stabilisée, elle suscitera de la confusion dans la mesure où l'on conclut de celle-ci à la finalité de la totalité de l'univers. Si donc la conduite humaine poursuit une fin, on ne peut en tirer ni l'existence d'un but dernier sous-jacent à toutes les actions humaines ni celle d'une fin universelle. J'essaie donc ici, par cette critique de la téléologie, de marquer que l'on ne peut conclure de l'existence à ce qu'il faudrait

1. *Ibid.*, p. 81.

2. Eve-Marie ENGELS, *Die Teleologie des Lebendigen. Kritische Überlegungen zur Neuformulierung des Teleologieproblems in der angloamerikanischen Wissenschaftstheorie. Eine historisch-systematische Untersuchung*, Erfahrung und Denken 63, Berlin, 1982.

3. Cf. B. HASSENSTEIN, « Biologische Teleonomie », in *Neue Hefte für Philosophie*, 1991, 20, p. 60-71.

4. ENGELS, *op. cit.*, p. 125.

faire en tant qu'être humain. Chez H. Jonas, comme nous l'avons vu, tout le processus de l'existence est pensé en fonction de la téléologie. L'homme trouve des valeurs – en même temps que la vie – et est confronté à la tâche de les préserver, puisque la vie est « disposition au but » (*I*, p. 74) incorporée à la nature. « En vertu de l'évidence de la vie nous disons que la fin habite la nature. Et nous pouvons y ajouter quelque chose de plus : en produisant la vie, la nature manifeste au moins une fin déterminée – la vie elle-même » (*I*, p. 73). Puisque cette domination des valeurs est incompatible avec la liberté morale de l'homme – celui-ci serait en effet déterminé par les valeurs morales aussi bien que par les lois naturelles –, je rejette cette forme de pensée téléologique. Ce serait différent si le devoir-être n'était pas compris de manière téléologique, mais comme dépendant de la décision de l'homme, car alors la liberté d'action serait maintenue. En conclusion, je voudrais commenter les implications de cette conception.

5. Si des jugements sur le devoir-être ne peuvent être déduits de l'existence, ils doivent être justifiés par une volonté qui s'exprime de manière prescriptive. Mais quand ce devoir-être a-t-il un caractère spécialement contraignant ? L'autorité parentale ou divine de la norme cesse d'être effective au moment où elle est mise en question. L'on ne peut pas plus dicter à des personnes autonomes ce qui est bon pour elles [1] qu'établir la validité d'une norme légale par dessus la tête de ceux qui sont concernés. Ceci signifie qu'une norme ne peut être moralement justifiée que dans la mesure où elle obtient un consensus général. Une norme a dans ce cas droit au prédicat qui exprime son caractère essentiellement moral, le prédicat *également bon pour tous*. Dans ce cas, il est présupposé que l'individu est d'accord avec le système normatif et qu'il universalise cet accord. Réduire le bien à un seul prédicat justificatif exclurait toute autre possibilité de justification. Il en résulte qu'il ne peut y avoir un vrai principe moral, donné comme tel. Un tel principe ne pourrait être empirique, mais devrait avoir *a priori* un caractère synthétique, à la manière dont Kant comprenait son impératif catégorique. Car il était clair pour lui que l'explication purement analytique d'un prédicat n'assure en rien sa réalisation. Chez Kant donc on peut trouver une obligation (« *a must* ») dans la nature du sujet lui-même, plutôt que de trouver une obligation (« *a must* ») perdue, expliquée de manière transcendantale. Le carac-

1. Sur ce qui suit, cf. E. TUGENDHAT, *Probleme der Ethik*, Stuttgart, 1984, p. 57-131. Cf. pour de plus amples développements sur ce mode d'approche, U. WOLF, *Das Problem des moralischen Sollens*, Berlin, 1984.

tère douteux de ces faits a été mis en évidence avec l'exemple de la téléologie. Ajoutons comme argument contre cette conception que l'idée d'un principe moral qui est valable *a priori* nierait la possibilité de tirer des leçons morales de l'expérience et de modifier ou de falsifier des idées morales.

A une époque marquée par le renoncement à la force persuasive intersubjective des vérités supérieures, la norme morale d'un bien *également bon pour tous* s'efforce de contrer le relativisme moral et de justifier la soumission volontaire à un système normatif en appelant aux intérêts de base de l'humanité. Car il est de l'intérêt de toute l'humanité de maintenir une telle conception, comme cela est montré par exemple par les promesses. Ce qui est visé ici pourrait aussi être illustré par la Règle d'or, pour autant qu'elle est conçue comme une règle de réciprocité : dans ce cas, celui qui l'applique ne serait pas essentiellement centré de manière égoïste sur son sort, il reconnaîtrait que son comportement affecte celui d'autrui et le limiterait de telle manière qu'il soit raisonnable pour son partenaire [1]. Sur ce point, la contribution décisive de Jonas à la réflexion éthique actuelle et son insistance sur l'attention qu'il faut porter aux conséquences futures de sa conduite actuelle, pourraient bien être combinées à la Règle d'or, puisque celle-ci recommande aussi d'éviter les conséquences négatives de son comportement.

J'ai donc exposé dans ce qui précède mes doutes quant à la tentative d'expliquer la responsabilité en recourant à l'impératif catégorique ; il reste cependant que Jonas a le mérite de nous avoir fait prendre conscience de grands problèmes globaux, tels que le risque de guerres, de famines, la crise démographique, les problèmes de la technologie, d'avoir fait porter notre attention sur les conséquences de nos actes, individuels et collectifs, et d'avoir tenu compte du caractère unique de la vie.

Wolfgang Erich MÜLLER *

1. H. REINER, *Die Grundlagen der Sittlichkeit*, Meisenheim, 1974[2], p. 348-379.

* Universität Hamburg.

LA SAGESSE PRATIQUE ET LES RÈGLES DU CONCEVABLE SELON H. JONAS ET P. RICŒUR

> Il en résulte que tous les hommes, apparemment, portent des jugements absolus, sinon sur toutes choses, du moins sur le meilleur et le pire [1].

La présente communication a pour but de réfléchir brièvement à quelques-uns des axiomes au fondement de cette « retenue responsable » que Jonas appelle « le second meilleur bien après la sagesse elle-même » [2], ce meilleur bien que l'homme contemporain non seulement ne possède pas mais dont il ne reconnaît même pas la nécessité puisqu'il « nie l'existence même de son objet, à savoir [55] l'existence d'une valeur absolue et d'une vérité objective. La sagesse nous est le plus nécessaire, écrit Jonas, précisément alors que nous y croyons le moins » [3].

I. Mais, dira-t-on, cette insuffisance prudentielle à laquelle fait référence Jonas n'est-elle pas minée de l'intérieur par sa dépendance de l'orthodoxie aristotélicienne sous-jacente au *Principe Responsabilité* ? Ne postule-t-elle pas, par exemple, une conception de la délibération restreignant celle-ci à la délibération sur les moyens ? Dès lors, n'est-il pas évident que seule une mise à contribution des ressources de la pensée contemporaine est en mesure de dissiper cette instrumentalisation de l'action chez les Grecs, tout particulièrement chez le Stagirite ? Telle est en tout cas la substance de l'objection que formulait Paul Ricœur dans *Le volontaire et l'involontaire*, en s'appuyant sur la conception hégélienne de la subjectivité.

1. ARISTOTE, *Méta.*, IV, 4, 1008 b 23-27, trad. TRICOT.
2. *Le Principe Responsabilité, Une éthique pour la civilisation technologique*, Paris, Cerf, 1991, trad. Jean GREISCH, p. 124.
3. *Ibid.*, p. 43.

> [...] la liberté doit être conçue comme infinie pour devenir subjective, au sens fort du mot ; Hegel souligne sans cesse cette conjonction entre réflexion et infini. Or, cette infinitude est inconnue d'Aristote. Pour lui, le pouvoir de choisir n'est effectif que dans un champ limité de délibération au milieu de situations finies ; la délibération porte sur les moyens plutôt que sur les fins ; la vertu elle-même, en tant que milieu entre deux extrêmes, définit les règles de l'action finie. Une révolution s'est donc produite, qui a inversé la relation entre l'infini et le fini [1].

Revenant sur la même difficulté dans *Soi-même comme un autre*, Paul Ricœur reconduit de façon plus explicite la même aporie. Après avoir noté, en effet, que l'*Ethique à Nicomaque* ne semble pas offrir une analyse cohérente de la hiérarchie des actions et des fins et que la délibération y est pensée sur le modèle de la fabrication, Ricœur poursuit dans ces termes :

> Cette limitation de la délibération aux moyens est répétée trois fois : « nous délibérons non pas sur les fins elles-mêmes [remarquez le pluriel], mais sur les moyens d'atteindre les fins *ta pros to télos* » (111, 5, 1112 b 12). Certes, on comprend que soit éliminé du champ de la délibération tout ce qui échappe à notre pouvoir : d'un côté les entités éternelles, de l'autre tous les événements qui ne sauraient être produits par nous. Mais de là à réduire les choses qui dépendent de nous à des moyens, il y a un pas qui est franchi dans les exemples qui suivent : le médecin ne se demande pas s'il doit guérir, ni l'orateur s'il doit persuader, ni le politique s'il doit établir de bonnes lois [...]. L'argument laisse néanmoins perplexe : Aristote aurait-il ignoré qu'un homme peut être placé dans la situation de choisir entre devenir médecin plutôt qu'orateur ou homme politique ? Le choix entre plusieurs cours d'action n'est-il pas un choix sur les fins [2] ?

1. P. RICŒUR, *Encyclopaedia Universalis*, corpus 10, s.v. liberté, p. 1224.

2. *Soi-même comme un autre*, Paris, Seuil, 1990, p. 205, note 1 : « En somme, le médecin est déjà médecin et ne se demande pas tous les jours s'il a eu raison de choisir de le devenir ou de le rester, ce qui serait délibérer sur la fin et, craint Aristote, délibérer sans fin. Un médecin, un architecte, un homme politique, transformés en Hamlet, ne seraient plus aux yeux d'Aristote un bon médecin, un bon architecte, un bon politicien. Il reste que ces cas typiques ne sauraient épuiser le sens du *pros to télos* et laissent la porte ouverte à la seule délibération dont l'enjeu serait celui-ci : qu'est-ce qui va compter pour moi comme une description adéquate de la fin de ma vie ? Si telle est bien la question ultime, la délibération prend un tout autre cours qu'un choix entre des moyens ; elle consiste plutôt à spécifier, à rendre plus déterminée pratiquement, à faire cristalliser cette nébuleuse de sens que nous appelons 'vie bonne' ».

II. Mais cette objection nous semble provenir d'une lecture trop éloignée des sources mêmes du penseur de Stagire.

Prenons d'abord acte du fait qu'elle invoque un principe effectif de l'aristotélisme. D'un bout à l'autre de son œuvre, Aristote répète que du point de vue logique, le processus rationnel reste analogiquement identique à lui-même, qu'il porte sur des objets théoriques, des objets pratiques ou techniques. Le passage de la *Physique* où ce point de doctrine apparaît en toute clarté se trouve, on le sait, au chapitre neuf de l'exposé *ex professo* d'Aristote sur la nécessité qui règne dans les devenirs naturels : « D'autre part, le nécessaire est à peu près de même espèce dans les disciplines théoriques et dans les choses naturelles » [1]. Un second lieu parallèle bien connu est le passage du *Mouvement des animaux* où Aristote, après avoir posé la question de savoir comment il se fait que l'être pensant tantôt agisse, tantôt n'agisse pas, ajoute : « Il semble qu'il y ait une analogie avec ce qui se produit quand on applique le raisonnement et le syllogisme aux êtres immuables » [2].

En dépit de la richesse des ressources herméneutiques dont dispose la pensée contemporaine, l'exégèse de Ricœur nous semble faire fausse route. Le raisonnement que la pensée contemporaine construit de façon plus ou moins explicite sur la base du principe précité peut se résumer de la façon suivante. Le processus discursif est le même qu'il s'agisse des objets théorique, technique ou pratique. Or, à la différence de la conscience animale, la conscience humaine est libre de choisir ses propres fins. L'artisan choisissant, en effet, la fin qu'il désire réaliser, telle ou telle maison singulière pour reprendre l'exemple de Spinoza, telle ou telle profession, pour citer ceux de Paul Ricœur. Relisons le passage de Spinoza :

> Qui a résolu de faire une chose et l'a parfaite, son œuvre est parfaite, non seulement à l'en croire, mais au jugement de quiconque sait droitement ou croit savoir la pensée de l'Auteur et son but. Si, par exemple, on voit une œuvre (que je suppose n'être pas achevée) et si l'on sait que le but de l'Auteur est d'édifier une maison, on dira que la maison est parfaite, et imparfaite au contraire sitôt qu'on la verra portée au point d'achèvement que son Auteur avait résolu de lui faire atteindre [3].

1. ARISTOTE, *Physique*, II, 9, 200 a 15-16.
2. *Marche des animaux*, trad. Pierre LOUIS, 6, 7, 701 a 6-10.
3. *Ethique*, Préface à la quatrième partie, p. 217, trad. Charles APPUHN.

Qu'est-ce à dire ? Que l'artisan est libre de choisir son « propre dessein » [1] ? Que la sagesse pratique et la sagesse technique délibèrent sur les fins, contrairement à ce qu'enseignent Hans Jonas et Aristote ?

Une pareille argumentation serait fautive, nous semble-t-il, sur plusieurs plans. En voici quelques-uns. Pour revenir aux propos mêmes d'Aristote, partons d'abord de l'axiome qu'il formule dans le livre deux, chapitre neuf de la *Physique* et au moyen duquel il réunit en une même unité analogique le fonctionnement de l'intelligence tant théorétique que pratique et poétique. Dans tous ces cas donc, l'intelligence part de l'antécédent et va vers le conséquent. Mais la finalité de l'action (*praxis*) différant par nature de la finalité de la fabrication (*poièsis*) [2], il s'ensuit, contrairement à l'hypothèse interprétative de Ricœur, que la mesure de la vérité dans le cas de l'action doit différer par nature de la mesure ou détermination de la vérité dans le cas de la fabrication. Par suite, tandis que l'artisan en tant qu'artisan est libre de choisir librement la fin concrète qu'il réalisera ou ne réalisera pas sans cesser pour autant d'être bon artisan, la bonne action morale cesse d'être bonne dès que la raison pratique prend ses distances par rapport à la rectitude de la vie bonne. Par où l'on voit que l'agent moral, le *phronimos* délibère librement sur les moyens mais non sur la fin. Et pour cause puisque nous ne négocions pas plus avec le phénomène humain ultime dirigeant suprêmement les actes de notre raison que nous négocions avec un tremblement de terre ou avec des entités éternelles.

Telle est bien la leçon que corrobore Aristote quand il fait remarquer que les arts les plus certains ne délibèrent pas sur les moyens. Que dirait-on d'un locuteur qui chercherait à chaque instant ses mots, d'un guitariste qui chercherait ses notes, sinon qu'il est un simple débutant ? Plus près de nous, Picasso ne disait-il pas de façon similaire : « Je ne cherche pas, je trouve ! ». Dès lors, nous reconnaissons du même coup qu'il y a incompatibilité entre la possession d'un art et la délibération sur les moyens. Dans la sphère technique, les erreurs sont liées à la privation de compétence technique et non pas à sa possession. L'art concernant la réalisation de telle ou telle œuvre contingente, la vérité du jugement artistique est indépendante de la rectitude éthique de son auteur. L'artiste est donc libre de choisir la fin singulière qu'il désire réaliser. Du point de vue cognitif, en effet, étudier le mal pour le

1. *Ibid.*

2. Cf. par exemple, *Ethique à Nicomaque*, VI, 5, 1140 a 29-30, trad. TRICOT : [...] « en vue d'atteindre une fin particulière digne de prix, dans des espèces où il n'est pas question d'art ».

connaître, c'est employer ses puissances de connaissance en vue de la fin pour laquelle elles existent naturellement, c'est rechercher et atteindre un bien et non un mal [1]. En d'autres termes, il ne saurait y avoir de mal à faire le bien. Ainsi le biochimiste ne fait que son travail s'il étudie la chimie de la transmission des maladies infectieuses. Dès qu'il sort de l'intériorité de l'acte de connaître et passe à l'utilisation de ses connaissances, il quitte les frontières du théorique et entre dans le domaine de l'éthique et de la morale.

L'*Ethique à Eudème* réitère le même enseignement dans les termes suivants :

> De plus personne ne démontre que la santé est un bien à moins d'être sophiste et non pas médecin, car ils usent d'arguments étrangers au sujet pour faire des sophismes ; on ne le fait pas davantage pour aucun autre principe [2].

Qu'est-ce à dire ? Qu'il est possible que quelqu'un se dise médecin même si son activité n'a aucune référence à la santé possédée par un animal mais à la manière d'une pensée complètement hermétique à l'explication des mots (*logoi*). Le début des *Catégories* fait voir qu'attribuer ainsi un prédicat d'observation à une situation où le concept fait défaut, c'est former une dyslexie interprétative grave et interdire à la pensée l'accès à la vérité. Donner « un nom identique à des choses différentes », précisent les *Réfutations sophistiques*, « ruine la discussion » [3]. Tel est le cas de celui qui trouve aux expressions : « en vue de la santé » et « à la santé » même son et même sens : il détruit le discours et se comporte en sophiste et en médecin de nom seulement [4] :

1. PLATON, *Les Lois*, VII, 816 d, 53 : [...] en comédie, il nous faut, à toute force, les étudier et les juger. Connaître, en effet, le sérieux sans connaître le ridicule, et connaître l'un sans l'autre, quelques contraires que ce soient, est impossible à qui veut devenir un homme de jugement. Mais pratiquer l'un et l'autre n'est pas non plus possible, si l'on veut participer quelque peu à la vertu. C'est précisément pour cela qu'il faut connaître le comique lui-même, pour ne jamais faire ni dire, par ignorance et contre toute convenance, des choses ridicules.

2. *Ethique à Eudème*, I, 8, 1218 b 22, trad. DECARIE.

3. *Réfutations sophistiques*, 17, 176 a 13, trad. TRICOT. Les jeux de mots populaires savent mettre à contribution cette insensibilité à la signification des mots. Tel est le cas, par exemple, de la conversation suivante : Ces chutes sont pythagores ! Tu veux sans doute dire qu'elles sont pittoresques ? Cela m'est égal : Les deux sont synagogues ! Cf. *Méta*., IV, 1006 a 27, TRICOT : »...] « car en ruinant le raisonnement, il se prête au raisonnement ».

4. Ce qui n'empêche d'aucune façon de parler de médecine mais au sens où médecin peint et santé peinte se correspondent, pour paraphraser Maurice Blondel, qui disait qu'à « un clou peint sur un mur on ne suspendra jamais qu'une chaîne

Il n'en est pas moins vrai que la prudence ne détient pas la suprématie sur la sagesse théorique, c'est-à-dire sur la partie meilleure de l'intellect, pas plus que l'art médical n'a la suprématie sur la santé : l'art médical ne dispose pas de la santé, mais veille à la faire naître ; il formule donc des prescriptions en vue de la santé, mais non à elle. En outre, on pourrait aussi bien dire que la politique gouverne les dieux, sous prétexte que ses prescriptions s'appliquent à toutes les affaires de la cité [1].

Serrons d'un peu plus près la question de Paul Ricœur : « Aristote aurait-il ignoré qu'un homme peut être placé dans la situation de choisir entre devenir médecin plutôt qu'orateur ou homme politique ? ». Revenons d'abord au problème qui nous occupe, celui de l'impossibilité en morale de délibérer sur la fin, à partir d'un autre texte précisant derechef le statut logique de la fin. Dans la traduction Décarie, ce texte de l'*Ethique à Eudème* se lit comme suit : « Est-ce que la vertu fait le but ou les moyens qui y conduisent ? Nous posons (τιθέμεθα) qu'elle fait le but, car il ne résulte ni d'un syllogisme ni d'un raisonnement » [2]. Pour que la délibération de l'agent moral puisse porter sur la fin, il faudrait qu'il soit vrai que le verbe « poser » veuille dire ici que chacun peut postuler la définition du bien qu'il lui plaît, à la manière de Protagoras. Mais loin de signifier l'arbitraire d'un chacun, ce verbe « poser » signifie, au contraire, la *découverte* par chaque être humain donné de la définition qui *s'impose* pour conduire au but visé, par exemple, pour atteindre la vérité, comme c'est le cas de la toute première ligne du traité *De l'interprétation* : « Il faut d'abord établir (θεσθai) la nature du nom et celle du verbe [...] ». On le voit, pour tous les principes, la démonstration est incongrue ; ce qui convient à leur propos, c'est la simple position ou « monstration », sans doute à la façon dont *Soi-même comme un autre* pose la différence de nature séparant l'ipséité et la mêmeté contre les fictions de Parfit [3] ou encore à la façon dont la *Métaphore vive* établit contre Turbayne la différence des modèles mécaniques relevant, d'une part, de l'ordre du manipulable et des métaphores poétiques relevant, d'autre part, de l'ordre du non manipulable [4]. Ainsi encore, pour prendre les exemples de

peinte », dans *Lettres sur les exigences de la pensée contemporaine en matière d'apologétique (1896)*, Paris, P.U.F., 1956, p. 161-162.

1. ARISTOTE, *Ethique à Nicomaque*, trad. TRICOT, VI, 13, 1145 a 5-12, p. 313-314.

2. *Ethique à Eudème*, II, 11, 1227 b 23-24 ; *De l'interprétation*, I, 1, 16 a ; *Phys.*, VIII, I, 252 a.

3. *Soi-même comme un autre*, p. 162-165.

4. *La métaphore vive*, Paris, Seuil, 1975, p. 318-319.

Ricœur, quand Pierre se transforme en a, b, c, d, par exemple, en Hamlet, en Molière, en Beethoven, en Mozart ou en comptable, la médecine ne se transforme pas en tragédie, ni la poésie en arithmétique, ce qu'il faudrait pourtant pour que la prudence puisse délibérer sur les fins de la vie bonne. Dans une hypothèse aussi « logicide », la pensée serait entièrement libre d'accorder une égale valeur, par exemple, en matière de guitare, à Emmanuel Roblès et à Narcisso Yepès. De façon similaire, est-il besoin de le dire, quand Pierre, par contre, décidera de devenir non-physicien pour se consacrer à la danse, les lois scientifiques régissant les mouvements des atomes d'uranium ne deviendront pas conventionnelles, ce qu'il faudrait cependant pour que puisse être affirmée la possibilité de délibérer sur la fin en morale. De même que l'incapacité personnelle d'un chacun à construire une démonstration trigonométrique prouve l'insuffisance en la matière d'un individu donné et non pas l'inexistence de cette science, ainsi un individu singulier ne peut être la source libre de ses actes qu'en présupposant la prédétermination de son vouloir à la fin ultime de ces actes à l'exclusion de son contraire.

La dignité propre de la fin doit donc être affirmée à l'encontre de l'arbitraire et du bon plaisir de chacun. Si la régulation éthique impliquait, en effet, la puissance de délibérer sur les fins, la *phronèsis* ou *prudentia* se réduirait à la *deinotèta* ou *rouerie* [1], la supériorité du point de vue savoir équivaudrait à la supériorité du point de vue éthique, telles seraient les actions et les omissions, telles elles devraient être [2]. La vérité de la sagesse pratique étant indépendante de la rectitude de l'appétit eu égard au bien de l'ensemble de la vie humaine, l'action d'un homme moralement corrompu serait aussi vertueuse que l'action de l'homme dont les propres désirs sont à la source de décisions et d'actions ultimement inspirées et mesurées par des considérations tirées de la finalité d'ensemble de la vie bonne tout simplement. La réplique de Hoederer dans *Les mains sales* de Sartre : « Tous les moyens sont bons quand ils sont efficaces » ferait de la « bonne » solution scientifique et technique la « bonne » solution éthique et politique [3]. Un économiste qui aurait atteint sa fin serait donc bon ou parfait du point de vue réussite pragmatique et, partant, bon du

1. *Ethique à Nicomaque*, VI, 13, 1144 a 631 ; *E.N.*, VI, 10, 1142 b 18-25.

2. *Ethique à Eudème*, III, 4, 1231 b 38-1232 a 4, trad. DECARIE : [...] il arrivera qu'on agisse d'une manière insensée grâce à la sagesse et qu'on fasse les mêmes erreurs que l'insensé. Mais si l'usage de chaque chose, en tant que telle, était simple, on agirait sagement même en agissant ainsi.

3. Cf. Paul VALADIER, *Inévitable morale*, Paris, Seuil, 1990, p. 18.

point de vue humain tout court même si en réalité il s'agissait d'un parfait escroc. Un politique extraordinaire du point de vue éthique serait vertueux du fait qu'il sait atteindre à l'aide du calcul ce qu'il se propose. Un artiste magnifique du point de vue esthétique mais qui est une saloperie du point de vue de la vente des tableaux pourra vendre indéfiniment des horreurs tout en étant meilleur que l'artiste qui refuse de sacrifier son talent à l'argent puisque le succès dans l'obtention des fins choisies serait l'unique critère du bien et du mal. Un professeur qui brigue une chaire universitaire publie une liste de travaux dans sa discipline dans laquelle il « éreinte habilement » ceux de son rival ; ce professeur sera bon et vertueux moralement puisqu'il l'est scientifiquement et « diplomatiquement », même si en réalité il a prouvé qu'il était plutôt sophiste que philosophe, carriériste que savant [1]. C'est sans doute en pensant à de tels individus qu'Edgar Morin parle d'exemples de « la haute crétinisation, celle de la culture universitaire » [2] et que Jean Rostand rappelait qu'un savant n'est pas « toujours un homme qui cherche la vérité », mais que « c'est souvent un homme qui vise une place ». Il importe donc souverainement, on le voit, de réapprendre à distinguer la sagesse technique de la sagesse pratique, la délibération sur les moyens et la délibération sur les fins.

Le projet ontologique et éthique de Jonas ressort donc intact de cette accusation d'instrumentalisation de l'éthique.

III. Revenons pour un test supplémentaire de la thèse jonassienne à la motion exercée par la fin sur le vouloir, motion qui s'affirme catégoriquement à l'encontre du bon plaisir de chacun. L'inviolabilité, nous dit Jonas, dont la transgression est criminelle commence par celle de l'intégrité de l'image de l'homme dans la mesure où une telle agression porterait atteinte à la possibilité de la vie bienheureuse sur cette planète. N'y a-t-il pas là une incapacité de se départir d'une vue physiciste et magique des choses ? Ne faut-il pas reconnaître qu'après tout la réalité inviolable à laquelle doit s'arrêter la spirale de l'autoproduction des artifices n'est autre que la réalité de la forme que la sainte *Natura rerum* de Lucrèce doit conserver ? Comment peut-on à la fois parler de la nécessité des mutations dans l'histoire humaine et, en même temps, soutenir que l'autoproduction d'artifices, dans la mesure où elle offense la nature humaine, est criminelle ?

1. Cf. par exemple, Jaurès MEDVEDEV, *Grandeur et chute de Lyssenko*, préface de Jacques MONOD, traduit de l'anglais par Pierre MARTORY, Paris, Gallimard, 1971.

2. E. MORIN, *Sociologie*, Paris, Fayard, 1984, p. 343.

Cette notion d'image posée dans la définition de la raison pratique à titre de seuil critique « omnicide », cette saisie du bien insubstituable à la saisie de son contraire, le mal [1], fournissant à la raison la direction dont elle a besoin pour diriger à son tour le choix des bons moyens et permettant, par suite, de faire débuter la morale n'a-t-elle pas l'air, après tout, de reposer plutôt sur de l'ouate que sur de l'acier ? [2].

L'image de l'homme comme l'image du cosmos, loin d'être fixe et close comme les Anciens le croyaient tous, dit Aristote, est ouverte et mobile. Tous les Anciens ont cru, écrit en effet Aristote, à l'efficacité du sophisme prétendant « que la nature et la loi sont des contraires et que la justice est belle selon la loi, mais qu'elle n'est pas belle selon la nature ». La cause en est justement qu'ils étaient prisonniers d'une notion superficielle de nature, captifs d'un naturisme primitif tel que l'exprime le parfait *pephukê* pris comme verbe plein [3]. Si donc nous voulons à l'instar cette fois de Hegel « introduire à nouveau le concept dans la connaissance de l'esprit » et dans la connaissance de la nature, il nous faut redécouvrir le sens du traité *De l'âme* et de la *Physique* et donc prendre le parfait *pephukê* comme verbe modal exprimant la potentialité d'être. C'est d'ailleurs ce que fait très clairement Jonas dans les lignes suivantes :

> Cette donation factuelle du sentir, probablement un potentiel humain universel, est donc le datum cardinal de la morale et comme telle elle est également déjà impliquée dans le « on doit ». En effet, du sens le plus propre du principe normatif fait partie le fait que son appel s'adresse à des êtres qui y sont réceptifs de par leur constitution, c'est-à-dire de par leur nature (ce qui naturellement ne garantit pas

1. *Soi-même comme un autre*, p. 163, note 1 : [...] « or cette condition paraît bien violer les règles du concevable : dès la séparation entre moi et ma réplique, nos *histoires* nous distinguent et nous rendent insubstituables. La notion même de réplique risque de perdre tout sens ».

2. Comme l'explique Hans Jonas, l'ouvrage *Le Principe Responsabilité* résulte d'une prise de conscience, savoir que la rencontre du pouvoir démiurgique de la techno-science et de l'idéalisme utopique constitue « la plus dangereuse des tentations » de l'humanité actuelle et que cette tentation risque de transformer en catastrophe irrémédiable « les plus anciens rêves de l'humanité ». Parlant de la réflexion éthique contemporaine sur ce plus grand danger de l'humanité, il juge qu'elle recèle de graves insuffisances philosophiques, que « Quelque chose de plus dur » doit être tenté, quelque chose qui répond à des « exigences de rigueur » ressemblant « à de l'acier et non à de l'ouate ». S'il prend soin d'appeler cet essai « traité technologico-éthique », c'est sans doute pour indiquer à ses lecteurs que le *Das Prinzip* a été coulé dans de l'acier et non dans de l'ouate.

3. Cf. H.-P. CUNNINGHAM, *Les impasses de la raison*, Québec, Les Presses de l'Université Laval, 1989, p. 100-101.

encore qu'on leur obéisse). Sans doute peut-on dire qu'il n'y a pas de « tu dois » s'il n'y avait personne qui puisse l'entendre et qui de soi soit accordé à sa voix et même qui cherche à l'écouter. Cela ne veut rien dire d'autre sinon que les hommes sont potentiellement déjà des « êtres moraux », parce qu'ils possèdent cette capacité d'être affectés, et que c'est seulement ainsi qu'ils peuvent également être immoraux. (Celui qui est sourd par nature ne peut ni être moral ni immoral) [1].

On le voit, si l'on veut chercher des résonances profondes au *Principe Responsabilité*, ce n'est pas à la sainte *Natura rerum* de Lucrèce qu'il faut penser, ni à l'ontologie immédiate du naturalisme scientiste dont tous les Anciens étaient prisonniers, mais au « potentiel dispositionnel » [2], au naturel ou au *pephukê* modal tel que le spécifie la définition de la nature qui se trouve au début du second livre des *Physiques*. Pour Jonas comme pour Hegel et Aristote, la nature à laquelle doit s'élever l'esprit, ce n'est pas la nature s'identifiant à la pure factualité de Calliclès, ni le lien déterminé unissant en tout être matériel *seulement*, l'effet d'un mouvement à ce mouvement et à la constitution de l'agent produisant ce mouvement ; mais c'est *universellement*, la corrélation nécessaire et indépassable reliant tel effet à telle capacité d'opérer et à telle constitution de tel agent, que cet agent soit vivant ou non-vivant, doué de connaissance ou non doué de connaissance, capable d'intelligence et de vouloir, non capable d'intelligence et de vouloir. On redit la même vérité en affirmant que l'essence et l'existence en toutes choses données se répondent. Sinon il faudrait soutenir que la constitution d'un agent ne compte pour rien dans la spécification de son action et de l'effet de son action, que la production d'un effet et d'une action par tel agent plutôt que par tel autre est l'effet du hasard [3]. Or, l'expérience le montre et la réflexion le confirme, les sociétés humaines les plus primitives ne se constituent que par des régulations morales imposées à la vie des sens et aux passions. De ce point de vue, on peut dire que le *Principe Responsabilité* relève d'une morale « naturelle » [4] puisque son champ d'exercice

1. *Le Principe Responsabilité*, p. 124.

2. Cf. J. LADRIERE, « Une philosophie de la nature aujourd'hui », dans *De la Nature, De la physique classique au souci écologique, Philosophie*, Institut Catholique de Paris, 14, 1992, p. 83.

3. Cf. *Physique*, II, 8, 199 a 9-11, trad. H.-P. CUNNINGHAM : Donc pour chaque chose naturelle, telle elle est agie, telle elle est encline de nature à être agie et telle elle est encline de nature à être agie, telle elle est agie si le processus naturel de production n'est pas empêché.

4. A dissocier, de toute évidence, d'une morale « naturaliste », comme le rappelle Paul Ricœur à propos du principe responsabilité de Jonas dans *La*

est l'agir humain pensé selon sa spécificité. L'essence et l'existence en tout être humain donné formant système, cette morale « naturelle » a ainsi pour tâche d'aider à découvrir ce que doit faire un être humain dans ses activités individuelle, familiale et sociale, étant donné ce qu'est sa nature individuelle et spécifique. Il faut donc chercher dans une philosophie aux dimensions d'un cosmocentrisme authentique la clé d'une philosophie de la nature et de l'homme qui, pour parler comme Whitehead, sont connectées sur les faits obstinés ordinaires de la réalité quotidienne, *the ordinary stubborn facts of daily life* [1].

C'est l'avis de Whitehead, c'est celui de Hegel et de Jonas. C'est également l'avis de Heidegger. Faisant référence aux multiples ramifications de la notion de *pephukê* le 23 juin 1973, Heidegger affirmait que par cette notion l'on « touche au cœur de toute la philosophie ». En mettant donc au centre de sa philosophie de la nature une notion de nature portée au niveau ontologique ou onto-physique, Jonas réhabilite pour l'intelligence contemporaine, un concept de nature pouvant opérer la distinction élémentaire de l'uniformité de l'image ou *schèma*, d'une part, et l'unité essentielle de la forme, *morphè*, d'autre part. A nous en tenir à la description prudente du vouloir à l'œuvre dans la mesure « qui consiste à dire qu'il existe une orientation vers un but qui s'empare des occasions » [2], il est incontestable que l'image au sens de figure naturelle (*schèma*) de l'homme pourrait changer mais à condition que l'unité essentielle par laquelle l'*anthropos* est orienté naturellement vers la vie bienheureuse (*morphè*) soit visée à travers des institutions justes. L'idée de nature humaine à laquelle fait référence la possibilité de la vie bienheureuse sur terre n'est pas la nature universelle faisant abstraction des déterminations singulières. C'est au contraire cette nature individuelle concrète telle que forgée par les circonstances contingentes uniques, faute de l'existence desquelles la nature universelle n'aurait aucune existence extra-mentale. « Un homme, disait Spinoza, est détruit s'il est changé en cheval ou en insecte » [3]. De même quand elle passe des poissons aux reptiles, aux oiseaux et aux hommes, la vie n'est pas détruite puisque toujours est maintenu et promu le *sese conservandi*, à travers, il est vrai, des figures naturelles contingentes et de complexité croissante.

responsabilité et la fragilité de la vie, publié dans le *Messager européen*, n° 5, 1991, p. 215.

1. A.N. WHITEHEAD, *Process and Reality*, Preface, p. Xiii.
2. *Le Principe Responsabilité*, p. 108.
3. *Ethique*, préface à la quatrième partie, trad. C. APPUHN.

IV. Jonas fait, en effet, référence au fameux passage dans lequel Aristote faisait observer que si la forme des animaux (*morphè*) consistait dans leurs figures (*schèma*) et leurs couleurs, Démocrite serait dans la vérité. Il s'empressait toutefois d'ajouter que ce serait une vérité très coûteuse puisqu'elle confondrait un homme avec son cadavre qui possède effectivement la même configuration extérieure sans être un homme.

> Excusez le truisme, déclare pour sa part Jonas, mais les yeux dans leur constitution physique portent une référence à la vision, les oreilles à l'audition et les organes à leur performance et plus généralement encore, les organismes à la vie. Ces activités ne sont pas des aspects additionnels ni des modes optionnels d'interprétation : ils font partie de la nature téléologique qui leur est propre [1].

Nous sommes ici en présence d'un axiome ontologique ou onto-physique, c'est-à-dire d'un truisme paradoxal qui ouvre l'esprit vers l'inédite et inaltérable nature des êtres. Dans le langage de Jonas, ce truisme s'exprime dans la formule : « la revendication de la vie, c'est de vivre » ; dans le langage d'Aristote ce même truisme se traduit : *oti pephukèn oútws*.

L'exemple du lit d'Antiphron [2] marquait cette même opposition *schèma/morphè*, mais aussi celui du médecin qui est en même temps malade et médecin et celui de la privation qui doit être distinguée de la négation. Comme dit Jonas, une réalité qui ne serait pas apte à faire le mal ne saurait avoir le crédit de faire le bien quand elle le fait [3]. Depuis les Grecs, tout le monde connaît ce truisme. Le cube de béton sans le béton n'entraîne aucun outrage à l'intégrité de l'image du cube tandis que la suppression de la mention du nez dans la définition du camus rend la notion de camus équivoque, un camus sans nez étant une privation et non une simple négation.

Jonas fait aussi référence au Socrate du *Phédon* obéissant au respect absolu de sa conscience, c'est-à-dire de sa nature intelligente et responsable comme à la condition ontologique, onto-physique ou transcendantale d'une vie sensée et il définit la conduite honteuse comme étant celle qui contrarie cette condition ontologique ou transcendantale comme moyen en vue d'une fin ontologiquement inférieure, à l'instar de celui qui vivrait pour manger ou qui survivrait dans la lâcheté. Remarquons l'expression contrarier que plusieurs traduisent par

1. *The Phenomenon of Life. Toward a Philosophical Biology*, New York, Harper & Row, 1963, p. 90. La traduction est de nous.
2. *Physique*, 2, 193 a 19.
3. *Le Principe Responsabilité*, p. 124.

offenser, outrager, substituant ainsi à un terme dont les connotations fondamentales se situent sur le plan gnoséologique, un terme dont les connotations fondamentales sont avant tout affectives, émotionnelles, sentimentales et romantiques. Utiliser ses puissances contrairement à la fin pour laquelle elles existent par définition et non par accident, c'est-à-dire contrairement à ce que Jonas appelle « une modalité objectivement discernable partagée par tous les membres, par nul non membre »[1], c'est faire référence à la commutativité de l'accident propre, au fameux OSS (*Omni, soli, semper*)[2] que Porphyre a vulgarisé pour tout l'Occident, c'est s'appuyer sur ce qui pour la vie sensée correspond à la respiration pour la vie corporelle. Des femmes de la tribu Lau du Pacifique surprises en pleine dispute par deux anthropologues de l'Université Laval, une d'entre elles fit la remarque suivante : « Ils pensent différemment de nous, mais leur esprit est aussi bon que le nôtre ». Suivant la critériologie d'Aristote, cette femme était plus intelligente que Démocrite (*phronimotaton*) car elle savait faire la distinction entre deux paroles, l'une qui atteint le dehors seulement (*schèma*) et une autre qui saisit le dedans de l'intériorité essentielle (*phusis*).

Qu'est-ce à dire ? Que ce qui distingue l'intellectuel authentique du pseudo-intellectuel, c'est l'enracinement de la raison du premier dans l'intelligence des conditions tout à fait premières d'émergence d'une vie humaine simplement sensée. Le philosophe d'Ephèse a bien exprimé cette réalité capitale. Héraclite, en effet, remit sur le droit chemin des visiteurs étrangers déçus de découvrir à la place du grand penseur de leurs vœux, le vulgaire « mortel » (vulgaire « manuel » s'entend également bien) en train de se chauffer devant son fourneau, en disant : « Là aussi il y a des dieux ». De façon similaire, si le cybernéticien pense autrement que le commandant, même si son esprit est aussi bon que celui de ce dernier, c'est parce que le cybernéticien a perdu l'expérience interne de son expérience externe constitutive de la vie même de la conscience perceptive :

1. *The Phenomenon of Life*, trad. H.-P. CUNNINGHAM, p. 13.

2. Cf. *La métaphore vive*, p. 28 : Le critère retenu pour le propre, à défaut de désigner l'essentiel de l'essence est, finalement, la commutabilité du sujet et du prédicat, qu'Aristote appelle l'échange. Comme on le voit, aucun abîme métaphysique ne se laisse ici apercevoir. Il suffit que le prédicat soit coextensif sans être essentiel, selon la « dichotomie croisée » exposée plus haut à la suite de J. Brunschwig. Aussi bien, ce critère de coextensivité trouve-t-il dans l'argumentation elle-même son véritable emploi. Montrer qu'un prédicat n'est pas coextensif, c'est réfuter une définition proposée.

Le commandant, bien qu'il opère dans une situation où il traite ses subordonnés comme des robots ne se prend pas lui-même pour un robot, et cela en dépit du fait qu'il est conscient que dans le contexte d'action de ses supérieurs, il est pour eux un robot, un instrument de leurs fins et ainsi de suite. Son savoir qu'il est ainsi vu du dehors ne met pas en cause le savoir qu'il a de lui-même du dedans. Réfléchissant sur cela, s'il en a le temps, il appliquera la même considération à ses subordonnés et les assurera qu'ils ne sont pas réellement des robots.

C'est cette expérience interne qui fait défaut au cybernéticien. Lui-même ne tombe pas sous les termes de ses doctrines. Il considère le comportement excepté le sien ; la finalité exceptée la sienne ; la pensée exceptée la sienne. Il voit du dehors, partageant avec les objets les privilèges de sa propre position réflexive [1].

On le voit, les résonances des principes du *Principe Responsabilité* avec la pensée grecque, tout spécialement avec Platon et les traités aristotéliciens *De l'Ame*, l'*Ethique à Nicomaque*, celui des *Physiques* et des *Parties des animaux* sont importantes et constantes. Particulièrement significative nous paraît la restitution par Jonas de la dignité propre à la sagesse pratique. Les essais de ce dernier concernant l'éthique et l'ontologie nous semblent représenter la plus puissante des œuvres philosophiques de la deuxième partie de ce siècle. Ils marquent une étape décisive dans les efforts faits en vue de solutionner les perplexités d'une histoire de la modernité dont l'erreur la plus colossale aura été, pour paraphraser notre auteur, l'évacuation de la responsabilité consécutive à l'évacuation du caractère honorable de la vie bienheureuse, elle-même résultant de l'évacuation du penser authentique.

Henri-Paul CUNNINGHAM*

1. *The Phenomenon of Life*, trad. H.-P. CUNNINGHAM, p. 123-124.

* Université Laval, Québec.

L'ÊTRE HUMAIN DANS LA PHILOSOPHIE DE LA BIOLOGIE DE HANS JONAS : QUELQUES ASPECTS

Le but de ce texte n'est sûrement pas d'être exhaustif sur un thème aussi vaste qui pourrait facilement constituer un sujet de thèse, c'est pourquoi la dernière partie de notre titre aurait intérêt à être doublement soulignée. Nous nous proposons, en fait, plus modestement, de jeter une piste de réflexion concernant l'anthropocentrisme dans le système jonassien. La question n'est sûrement pas anodine, puisque l'impératif ontologique, qui se dégage de l'éthique de la responsabilité, veut qu'une humanité soit ; mais Jonas s'oppose, en même temps, vigoureusement à une éthique anthropocentrique : on se rend compte, donc, de l'importance de définir la position de l'être humain au sein du système jonassien.

En partant d'une apparente divergence au sein de l'œuvre de Jonas, nous analyserons, dans un premier temps, les raisons qui le mènent à prendre position pour et contre l'anthropocentrisme, et pour ce faire, nous exposerons brièvement ses points de vue en faisant appel au *Phenomenon of Life* * ainsi qu'au *Principe Responsabilité*. Dans une étape successive, nous verrons que, en dépit d'une contradiction qui n'est qu'apparente, le système jonassien ne devrait pas être considéré comme étant centré sur l'être humain ; son éthique étant en effet fondée sur son ontologie, et celle-ci n'étant pas anthropocentrée, il s'ensuit que

* Tous les passages tirés de *Phenomenon of Life* ainsi que l'article intitulé « The Burden and Blessing of Mortality » ont été traduits par nous-même ; par rigueur nous reportons en note la version originale anglaise. De plus les abréviations suivantes ont été adoptées :

SVP : H. JONAS, « La science comme vécu personnel », *Etudes phénoménologiques*, 1988, 8, p. 9-32.

PR : H. JONAS, *Das Prinzip Verantwortung*, Frankfurt am Main, Suhrkamp, 1979. Trad. fr. J. GREISCH, *Le Principe Responsabilité*, Paris, Cerf, 1990.

PL : H. JONAS, *The Phenomenon of Life*, New York, Harper & Row, 1966.

son système ne pivote pas autour de l'être humain en dépit de son impératif ontologique.

1. *L'apparence d'une contradiction*

A première vue on pourrait céder à la tentation de considérer la philosophie de la biologie de Jonas comme étant anthropocentrique, puisque l'impératif qui se dégage de son ontologie c'est bien la préservation de l'image de l'homme. Ce n'est d'ailleurs pas par hasard si J. Dewitte fait remarquer, à juste titre, que « On pourra s'étonner de ce primat de l'homme dans une recherche qu'inspire un rejet de l'anthropocentrisme et qui reconnaît la communauté de destin de l'homme et de la nature ». Et d'ailleurs

> Son propre impératif catégorique (...) est une réponse de type kantien (exprimée par un 'sollen') à une question métaphysique de type leibnizéen portant, non pas sur le monde ou l'être en général, mais sur l'existence de l'humanité [1].

Le premier impératif de son éthique est de préserver l'image de l'homme, et, en ce qui concerne son ontologie, c'est l'expérience corporelle propre de l'homme (« propriobodily experience ») qui assume un rôle fondamental. Toutefois, Jonas lui-même, se déclare radicalement opposé à une éthique anthropocentrique : après avoir expliqué qu'il veut fonder son éthique sur une métaphysique, il écrit en effet que

> en second lieu, (...) l'éthique qui se laisse éventuellement fonder de cette matière [sic] ne peut plus s'arrêter à l'anthropocentrisme brutal qui caractérise l'éthique traditionnelle, en particulier l'éthique grecque-juive-chrétienne de l'Occident [2].

Mais, en dépit de cette déclaration ouverte à l'encontre de l'anthropocentrisme, Jonas écrit, dans un essai de *Phenomenon of Life*, que « Peut-être (...) l'homme est après tout la mesure de toute chose » [3]. Ainsi, donc, la place de l'homme au sein de la nature, dans le système jonassien, mérite une analyse plus détaillée que nous allons développer en nous fondant sur les deux ouvrages mentionnés.

1. J. DEWITTE, « Préservation de l'humanité et image de l'homme », *Etudes phénoménologiques*, 1988, 7, p. 33-68, ici p. 35 et p. 38.

2. H. JONAS, *PR*, p. 72.

3. H. JONAS, *PL*, « Perhaps, rightly understood, man is after all the measure of all things », p. 23.

2. *Le refus d'anthropocentrisme dans le* Principe Responsabilité

Dans le *Principe Responsabilité*, ainsi que nous l'avons vu, Jonas se déclare opposé à l'anthropocentrisme brutal de l'éthique traditionnelle.

En fait, dans le passage en question, il montre la nécessité de la métaphysique pour tenter de justifier l'impératif de la sauvegarde de l'image de l'homme. Or, la théologie, à la place de la métaphysique, serait tout à fait en mesure de procurer un fondement à l'éthique fondée sur cet impératif : on pourrait, en effet, déduire de l'ordre créé que c'est la volonté divine qui veut que des hommes – créés à son image – existent. Toutefois, pour ce faire, il est indispensable de disposer de la foi, mais celle-ci « n'est pas disponible sur commande » [1]. Ainsi, puisque seulement quelques êtres humains disposent de la foi, mais tous sont censés disposer de la raison, et surtout, puisque la foi n'est pas disponible « sur commande », Jonas préfère faire appel à la raison, qui constitue le fondement de la métaphysique, alors que la foi serait le soubassement de la théologie (« la métaphysique en revanche a été depuis toujours une affaire de la raison » [2]). Il veut donc dépasser, d'une certaine manière, le stade théologique de l'éthique et fonder le bien en raison ; c'est dans ce but qu'il aboutit à la « nécessité de la métaphysique » – qui est, d'ailleurs, le titre du paragraphe. La nécessité ne nous impose pas une métaphysique, mais elle nous impose d'en chercher une ; ainsi, en tant que philosophe, il est bien obligé d'en admettre la possibilité en dépit de Kant, dont la détermination critique des limites de la raison pure avait rendu toute métaphysique suspecte de dogmatisme.

Une fois prouvée la nécessité incontournable de la métaphysique, Jonas, avant de nous l'exposer en détail, tient à préciser les deux énoncés qui sont présupposés au préalable : le premier affirmant qu'il faut remonter jusqu'à l'ultime question métaphysique, pour ensuite tirer, du sens de l'être, « un renseignement relatif au pourquoi du devoir de l'être déterminé » [3] ; le second soulignant que l'éthique, qui se laisse ainsi fonder par la métaphysique – qui s'appuie sur la raison –, ne peut plus s'arrêter à l'anthropocentrisme brutal typique de la tradition éthique occidentale. D'ailleurs, il tient à préciser que l'exclusivisme anthropocentrique devient suspect à la lumière des nouvelles possibilités apocalyptiques contenues dans la technologie, et que, en tout cas, cet exclusivisme aurait intérêt à être examiné.

1. H. JONAS, *PR*, p. 72.
2. *Idem*.
3. *Ibidem*.

Il est donc assez clair que Jonas, dans le *Principe Responsabilité*, se déclare explicitement contraire à une éthique anthropocentrique « brutale ».

3. *L'être humain comme mesure de toute chose dans* Phenomenon of Life

Voyons maintenant ce qu'il en est du même sujet dans *Phenomenon of Life*, et, plus précisément, dans l'article intitulé « Life, Death, and the Body in the Theory of Being ».

Jonas se propose, ici, de montrer que le problème de la vie, qui constitue le sujet central de l'ontologie, ne peut être défini, dans sa juste mesure, qu'en attribuant à la corporéité de l'être humain un rôle tout à fait central. Ainsi, avant d'illustrer sa position personnelle, il fait un survol critique des perspectives par lesquelles l'être humain a abordé le problème du vivant au fil de l'histoire.

Dès que l'être humain commence à se poser des questions sur la nature des choses, la vie semble omniprésente : « la vie était pour lui partout, et être était la même chose qu'être vivant »[1]. La présence de la mort, qui dé(finit) notre condition même de vivants, constitue une sorte d'énigme principielle à laquelle l'être humain doit se confronter. Puisque la nature entourant l'homme se présente essentiellement sous forme de vie, la mort apparaît comme contredisant la condition naturelle de vie.

Ainsi les premières questions de l'être humain trouvent une réponse dans un panvitalisme primitif, et, par conséquent, l'énigme de la mort doit être résolue en termes de vie. Une métaphysique embryonnaire se développe en termes de mythe et de religion, qui tente de répondre à la question du pourquoi de la mort dans un monde vivant. Or, dans une conception panvitaliste, pour comprendre le phénomène de la mort, il faut en rendre compte en termes de vie : c'est ainsi, explique Jonas, que surgit la croyance en une vie après la mort – croyance dont témoignent les premiers enterrements. La vision de l'être qui prédomine cette première étape de l'ontologie est définie comme étant un monisme panvitaliste.

Avec la pensée moderne, qui s'inaugure par la Renaissance, la situation est complètement renversée : la physique définit une ontologie fondée sur la pure matière inanimée. Dans un monde inanimé, constitué par des essences mesurables et inertes, ce qui constitue

1. H. JONAS, *PL*, p. 7, « life was to him everywhere, and being the same as being alive ».

l'exception qu'il s'agit d'expliquer, ce n'est plus la mort, mais son contraire. Le nouveau problème revient donc à se demander comment est possible la vie dans un monde de simple matière ; par conséquent l'explication du vivant doit se faire en termes de non-vivant. Le monisme vitaliste, qui définissait jadis l'« ontologie » du premier homme, se transforme, à cette époque, en un monisme mécaniste. La question précédente se renverse, pour ainsi dire : « comment expliquer la vie en termes de mort ? » devient la tâche à laquelle doit désormais répondre la science même de nos jours.

> Puisque l'organisme représente la vie dans le monde, la question concernant la vie se pose maintenant ainsi : de quelle manière, finalement, la vie est-elle réductible à la non-vie ? Réduire la vie à ce qui est sans vie, ce n'est rien d'autre que ramener le particulier au général, le complexe au simple, et l'exception apparente à la règle acceptée. En cela consiste précisément la tâche posée par la science biologique moderne par le but de la science comme telle [1].

L'énigme, que posait jadis le cadavre, est représentée aujourd'hui par le vivant, ce qui explique la conclusion très explicite de Jonas lorsqu'il affirme que « Notre pensée aujourd'hui est sous la dominance ontologique de la mort » [2]. On pourrait ici objecter qu'il ne faut pas confondre la mort avec la pure indifférence de la matière ; mais le fait est que le cosmos, tel que perçu par l'être humain jadis, était vivant, et l'image que nous en avons aujourd'hui n'a été possible que par un processus de « soustraction critique » (« process of critical subtraction ») du contenu originel. Ce processus aurait été enclenché, et longtemps soutenu, par une métaphysique dualiste dans laquelle « le dualisme est le lien qui a servi d'intermédiaire entre les deux extrêmes que nous avons, jusqu'ici, opposés l'un à l'autre de manière non historique : en réalité il était le moyen du mouvement qui a conduit la pensée de l'homme du monisme vitaliste du début jusqu'au monisme

1. H. JONAS, *Ibidem*. « Since organism represents 'life' in the world, the question regarding life now poses itself thus : (...) how, in short, is life reductible to nonlife ? To reduce life to the lifeless is nothing else than to resolve the particular into the general, the complex into the simple, and the apparent exception into the accepted rule.

Precisely this is the task set to modern biological science by the goal of 'science' as such ».

2. *Ibidem*, p. 12. « Our thinking today is under the ontological dominance of death ».

matérialiste contemporain en tant que son résultat non prémédité et même paradoxal »[1].

Mais, pour saisir de quelle manière le monisme matérialiste a pu surgir du monisme vitaliste, il faut – poursuit Jonas – illustrer le « detour » (sic, en français dans le texte) du dualisme.

Il est primordial de remarquer que, au fondement même de la vie, il y a l'ambivalence : tout vivant se définit comme tel puisqu'il est (dé)fini par la mort. La double polarité de l'être est donc enracinée dans sa condition d'être comme tel. Or, la première réponse dualiste au problème de la mort est très bien illustrée, selon Jonas, par la formule orphique « soma-séma ».

Le corps (soma), qui selon la conception orphique est réduit à une tombe (séma), se trouve ainsi dépouillé de toute charge spirituelle qui devient une sorte d'apanage exclusif de l'âme.

Avec le gnosticisme, que Jonas considère un pic (« peak ») du dualisme, cette perte de spiritualité par le corps assume des proportions plus considérables, en raison du fait que la conception du corps en tant que tombe (ou prison) s'étend, désormais, à tout l'univers physique, ainsi « Le monde entier est la tombe (la prison, l'endroit d'exil, etc.) de l'Ame ou de l'esprit »[2]. Cette métaphore d'un monde vidé de spiritualité représente parfaitement la situation du matérialisme contemporain : « Métaphoriquement, ceci constitue la position du matérialisme moderne, qui a hérité la situation du dualisme décédé, ou ce qui a été laissé par lui »[3].

Voilà, d'ailleurs, pourquoi le monisme matérialiste se présente, aux yeux de Jonas, comme une ontologie de la mort (« ontology of death »).

Ainsi le monisme matérialiste, avec le monisme idéaliste, représentent les deux solutions post-dualistes ; mais, contrairement au monisme panvitaliste qui était intégral, ces deux formes ne sont que partielles puisqu'elles tendent à privilégier un des deux pôles.

Jonas examine, ensuite, les faiblesses à la fois du dualisme et des monismes partiels. La solution dualiste, ainsi qu'il l'a montré, semble

1. *Ibidem*. « Dualism is the link that historically mediated between the two extremes which so far we have opposed to each other unhistorically : it was indeed the vehicle of the movement which carried the mind of man from the vitalistic monism of early times to the materialistic monism of our own as to its unpremeditated, even paradoxical result ».

2. *Ibidem*, p. 14. « The whole world is tomb (prison house, place of exile, etc.) to the soul or spirit ».

3. *Ibidem*. « This is, metaphorically speaking, the position of modern materialism, which inherited the estate of a defunct dualism, or what was left of it ».

théoriquement insatisfaisante, alors que les deux monismes éludent la question chacun par son unilatéralité. En partant d'un point de vue partiel, ils butent contre deux difficultés insurmontables : le problème de la conscience dans le monisme matérialiste, et celui de la chose en soi dans la perspective moniste idéaliste. De plus, les deux semblent dissimuler leur monisme partiel en se concevant comme deux domaines distincts d'activité, chacun ayant une méthode différente : une phénoménologie de la conscience pour l'idéalisme et une physique de l'étendue pour le matérialisme. Or, cette séparation ontique, qui pourrait apparaître comme une solution plausible de complémentarité (sciences de la pensée d'une part, et sciences de la nature de l'autre), présuppose que les deux domaines soient séparés et puissent être isolés réciproquement. Mais « ceci précisément n'est pas le cas » [1], puisque le fait même de la vie se présente dans l'unité psychophysique de l'organisme. A travers le corps, au sein même du corps, il y a une coïncidence d'intériorité et d'extériorité que Jonas définit comme une auto-transcendance du corps lui-même. Cette dualité ontique rend, d'une certaine manière, illégitime la séparation en deux domaines distincts, chacun avec une méthodologie spécifique qui n'interfère pas dans le champ de l'autre : « Parce que c'est précisément notre corps vivant qui constitue l'auto-transcendance même dans les deux directions et il fait donc s'écrouler l'époché méthodologique » [2].

Ayant ainsi identifié les faiblesses des ontologies post-dualistes, Jonas reprend l'exposition de ce qu'il avait défini, déjà précédemment, un monisme intégral, et qui représente, à ses yeux, la seule solution possible en mesure de dépasser les faiblesses des deux monismes :

> Un monisme nouveau, intégral, c'est-à-dire philosophique, ne peut pas nier la polarité : il doit l'assimiler dans une plus haute unité d'existence dont les extrêmes se posent en tant qu'aspects de son être ou des phases de son devenir. Il doit assumer le problème qui, à l'origine, fit surgir le dualisme [3].

C'est justement l'unité concrète qui se manifeste dans le corps – un corps qui est étendu et inerte, de même que sentant et voulant à la fois –

1. *Ibidem*, p. 17. « precisely this is not the case ! ».

2. *Ibidem*, p. 18. « Yet precisely our living body constitutes that very self-transcendence in either direction and thereby makes the methodological épochè founder on its rock ».

3. *Ibidem*, p. 17. « A new, integral, i.e., philosophical monism cannot undo the polarity : it must absorb it into a higher unity of existence from which the opposites issue as faces of its being or phases of its becoming. It must take up the problem which originally gave rise to dualism ».

qui impose un dépassement des deux monismes vers leur convergence unificatrice, puisque le corps doit constituer le paradigme de toute tentative de réponse à la question ontologique « qu'est-ce que être ? ».

Bien que l'option matérialiste soit préférable à l'option idéaliste, dans la mesure où elle permet une confrontation directe à la corporéité – alors que l'idéalisme peut escamoter le problème en désavouant la corporéité du soi –, il est clair, pour Jonas, que sans le corps (grâce auquel nous sommes une partie du monde) notre connaissance se réduirait au modèle de Hume :

> A des séquences de contenus externes et indifférents les uns aux autres, par rapport auxquels ne peut même pas surgir le doute d'une connexion interne, d'une relation autre que celle spatio-temporelle, ni encore moins la justification pour la postuler. La causalité devient ici une fiction [1].

Et c'est, en effet, par rapport à la notion de causalité, qu'il est plus aisé de saisir la centralité du corps dans la compréhension de l'être. C'est pourquoi, Jonas, dans le but de montrer que la causalité illustre bien l'aspect fragmentaire des deux monismes, reprend la réponse de Kant au scepticisme de Hume.

C'est justement dans leur divergence par rapport à la notion de causalité que matérialisme et idéalisme, l'un aussi bien que l'autre, révèlent leurs limites. Dans le premier cas, la causalité est conçue comme pouvant exister au sein même des phénomènes sans aucune nécessité de la corporéité. En revanche, dans le cas de l'idéalisme, la causalité et sa signification objective sont fondées dans la pure conscience, dans l'a priori. Or, selon Jonas, ni l'une ni l'autre de ces deux perspectives n'est acceptable, puisqu'« un examen sans préjugés trouvera que ce n'est pas l'entendement pur mais seulement la vie corporelle concrète, dans l'interaction réelle de sa capacité auto-sentante avec le monde, qui peut être la source de l'idée de force et donc de cause » [2] ; non seulement, mais « la causalité n'est donc pas un

1. *Ibidem*, p. 21. « to sequences of contents external and indifferent to one another, regarding which there could not even arise the suspicion of an inner connection, of any relation other than spatio-temporal ones, nor the least justification for postulating it. Causality here becomes a fiction ».

2. *Ibidem*, p. 22. « an unprejudiced examination will find that not the pure understanding but only the concrete bodily life, in the actual interplay of its self-feeling powers with the world, can be the source of the 'idea' of force and thus of cause ».

fondement a priori de l'expérience, mais elle-même une expérience fondamentale »[1].

C'est donc cet examen sans préjudices qui met en échec les conceptions matérialiste et idéaliste de la causalité, car, ni la simple matière, ni l'entendement pur, sont la véritable source de notre notion de causalité. En réalité, nous expérimentons nous-mêmes la causalité lorsque nous la vivons en tant que nous-mêmes causes : seuls des préjugés peuvent nous empêcher d'aboutir à cette conclusion. C'est que la causalité est d'abord une découverte pratique du soi (« basic experience ») et non pas une découverte théorique, de même qu'elle est un résultat de l'activité du soi et non pas de sa perception.

Que, par la suite, l'extrapolation à partir de cette expérience fondamentale soit rationnellement justifiable, c'est une question qu'il vaut mieux laisser ouverte, mais il s'agit tout d'abord d'une question ontologique et non pas épistémologique ; par conséquent le problème de l'anthropomorphisme relève de l'ontologie. C'est ainsi que, probablement, l'homme est la mesure de toute chose : non pas par la législation de sa raison, mais par l'exemple de sa totalité psycho-physique qui incarne « le maximum de complétude ontologique qui nous soit connu : une complétude à partir de laquelle, par réduction, les espèces d'être pourraient devoir se définir par une soustraction ontologique progressive jusqu'au niveau le plus simple de matière élémentaire »[2]. Ce que Jonas veut dire, est que l'être humain est celui par lequel le dicible existe : la causalité n'existe pas, en soi, dans la matière, ni, en soi, dans l'esprit ; mais, si elle existe quelque part, c'est dans l'expérience même qu'en fait le sujet humain. Or, celui-ci n'est ni pure matière ni pur esprit, mais une entité psycho-physique qui représente le maximum de complétude (« completeness ») ontologique : l'être, dans l'homme, est dans son état le plus complet. C'est à partir de ce niveau que les autres êtres pourraient être déterminés par une soustraction ontologique progressive jusqu'aux niveaux les plus simples de la matière.

Jonas demeure toutefois prudent quant à cette hypothèse : la question – explique-t-il – doit demeurer ouverte de savoir s'il faut concevoir la vie comme une complexification progressive, ou bien si la

1. *Ibidem*, p. 23. « causality is thus not an a priori basis of experience, but itself a basic experience ».

2. *Ibidem*, p. 23-24. « the maximum of concrete ontological completeness known to us : a completeness from which, reductively, the species of being may have to be determined by way of progressive ontological subtraction down to the minimum of bare elementary matter ».

pure matière (« bare matter ») contenait déjà des formes endormies (« dormant ») des propriétés les plus hautes du vivant : la liberté et la finalité. « La justification ontologique de cette question se situe dans le fait que le corps vivant est l'archétype du concret, et être mon corps c'est, dans son immédiateté d'intériorité et d'extériorité à la fois, la seule donnée réelle concrète de l'expérience en général » [1].

Finalement, indépendamment de toute métaphysique, il demeure vrai que, en dehors du corps et de son auto-expérience, il ne peut y avoir aucune idée de force et d'action dans le monde, et donc de la connexion dynamique de toute chose : bref, sans le corps, il ne peut y avoir aucune idée de la nature.

4. *Par-delà l'apparence de la contradiction*

Il s'agit donc, à la lumière des considérations de Jonas, de définir la place de l'homme par rapport à la nature sur au moins deux plans différents : éthique et ontologique. En ce qui concerne l'éthique c'est dans le *Principe Responsabilité* que nous devons chercher une réponse, alors que, pour le plan ontologique, c'est plutôt l'article que nous venons d'illustrer, tiré de *Phenomenon of Life*, qui peut nous orienter. Jonas, nous l'avons vu, refuse ouvertement l'anthropocentrisme en ce qui concerne l'éthique ; or, son système éthique est fondé sur son ontologie, il en découle directement, puisque c'est dans l'être que se situent les valeurs. Ainsi, si l'homme n'a pas une place centrale dans l'éthique, il faut nécessairement qu'il n'ait pas non plus une position centrale dans l'ontologie, dont l'éthique découle. Il est donc indispensable de tenter d'éclairer son affirmation qui consiste à dire que, peut-être, l'homme serait la mesure de toute chose.

Puisque c'est de l'ontologie que découle son éthique, nous devons nous consacrer, d'abord, à l'article de *Phenomenon of Life*.

5. *Une ontologie non anthropocentrée*

Le titre même de ce premier essai du livre, nous paraît un indice utile pour notre propos : « Life, Death and the Body in the Theory of Being ». Nous avons déjà ici les lignes directrices de l'ontologie de Jonas : tout d'abord la dualité manifeste de l'être qui, dans sa condition de vivant, porte en son sein la menace perpétuelle de son anéantisse-

1. *Ibidem*, p. 24. « The ontological justification for this question lies in the fact that the living body is the archetype of the concrete, and being my body it is, in its immediacy of inwardness and outwardness in one, the only full given concrete of experience in general ».

ment : le non-être. Ensuite, le corps est posé d'emblée comme ayant une position fondamentale dans la théorie de l'être.

L'exposé détaillé par lequel Jonas présente une sorte d'historique philosophique de la compréhension de l'être à travers les siècles, a comme but d'illustrer la faiblesse des deux monismes post-dualistes que sont le matérialisme et l'idéalisme. Par cette démarche, Jonas veut montrer la nécessité d'un monisme nouveau qui tienne compte de la dualité foncière de l'être en dépassant la phase dualiste ; autrement dit, il faut assumer notre dualité sans tomber dans un dualisme facile.

Or, c'est précisément dans le corps organique que se situe la dualité : une dualité qui est, tout d'abord, la condition même de tout ce qui est vivant, mais qui ne semble pas avoir été prise sérieusement en compte par la philosophie jusqu'à présent. Jonas est explicite à cet égard : « peu de réflexions furent consacrées à la dualité manifeste que nous partageons la destinée de mortels avec nos semblables, que toute vie est mortelle, qu'en vérité la mort est coextensive de la vie » [1].

La dualité manifeste dans l'être organique, ne se réduit pas, seulement, à la double polarité de vie et de mort qui définit notre condition de vivant ; car, dans le corps, on retrouve cette coïncidence d'intériorité et d'extériorité qui définit l'auto-transcendance du corps lui-même.

La centralité de la dualité de l'organisme dans l'ontologie de Jonas, a une importance philosophique considérable, dans la mesure où elle permet de dépasser tout nihilisme, ancien ou moderne, en montrant les limites du dualisme. Paul Ricœur [2] souligne, à ce propos, que le point faible du nihilisme consiste justement en sa méconnaissance du phénomène « vie » ; Jonas, en fondant son ontologie sur le métabolisme de l'organique, est donc parfaitement en mesure de mettre en cause le nihilisme et de dépasser, par conséquent, le dualisme dont il est issu.

1. Comme pour *Phenomenon of Life*, il n'existe pas, au moment où nous rédigeons cet article, de traduction officielle de ce texte de Jonas ; elle devrait par ailleurs paraître sous peu, chez Vrin, dans les actes du colloque de Bruxelles (5-7 décembre 1991) intitulé « Aux fondements d'une éthique contemporaine : Hans Jonas et H.T. Engelhardt Jr. ». Nous traduisons donc directement de l'anglais et en assumons la responsabilité.

H. JONAS, « The Burden and Blessing of Mortality », *Hastings Center Report*, 1992, 22, 1, p. 34-40. (dorénavant *BBM*). « Not much thought was spent on the obvious truth that we share the lot of mortality with our fellow creatures, that all life is mortal, indeed that death is coextensive with life », p. 34.

2. P. RICŒUR, « La responsabilité et la fragilité de la vie », *Le Messager Européen*, 1991, n. 5, p. 203-218, ici p. 206.

On comprend donc que, si on recherche une ontologie qui tienne compte de notre dualité manifeste sans pour autant tomber dans le dualisme, il faut prendre comme point de départ notre corps ; c'est seulement en passant par le corps qu'il sera possible de répondre à la question ontologique « qu'est-ce que être ? ».

Tant que l'on essaie de répondre à cette question sur la base d'une ontologie dualiste, on est condamné à perdre un aspect essentiel de l'être, car, à partir de Descartes, il ne s'agit plus que d'analyser la *res extensa*. L'ontologie qui se dégage de la science moderne est une ontologie dont le seul objet d'analyse est la pure matière qui doit s'expliquer sur la base du mécanisme. Donneley fait justement remarquer que

> la nature du matérialiste (...) est, quant à elle, dénuée de valeur, en soi elle est une simple concaténation dynamique de forces physiques aveugles où l'on ne trouve ni subjectivité ni activité. La nature se trouve tout simplement là de manière contingente, indifférente à elle-même. En termes de valeur, on ne saurait donc la distinguer du rien ou du non-être. Il n'en va plus de même lorsqu'à la nature ou à l'être est reconnue une finalité [1].

Si la nature, telle que décrite par le matérialisme, est vraiment ce quelque chose qui se trouve là de manière contingente, alors on voit bien qu'elle correspond parfaitement à la description que donne Jonas de la matière inerte. Dans « The Burden and Blessing of Mortality », en effet, il donne une description de l'inorganique qui semble correspondre parfaitement à la nature issue du matérialisme, telle que décrite par Donneley :

> Comment persiste une chose physique ordinaire – un proton, une molécule, une pierre, une planète ? En fait simplement en restant là. Son être maintenant est la raison suffisante pour son être aussi plus tard, même si c'est en un lieu différent. (...) La conservation est un simple demeurer, non une réaffirmation de l'être d'instant en instant [2].

L'ontologie issue du dualisme est considérée par Jonas comme étant une ontologie de la mort (« ontology of death ») : ce qu'il tient à

1. S. DONNELEY, « Hans Jonas : la philosophie de la nature et l'éthique de la responsabilité », *Etudes phénoménologiques*, 1988, n. 8, p. 69-90, ici p. 80.

2. H. JONAS, *BBM*, p. 35. « How does an ordinary physical thing – a proton, a molecule, a stone, a planet – endure ? Well, by being there. Its being now is the sufficient reason for its also being later, if perhaps in a different place (...). Its conservation is mere remaining, not a reassertion of being from moment to moment ».

souligner par cette définition frappante, est le fait que, à cause du clivage dualiste, on perd complètement l'originalité du vivant puisque l'organique doit s'expliquer sur la base des lois mécaniques de la physique. A la limite, on pourrait affirmer que le monisme panvitaliste primitif était plus légitime dans la mesure où, du moins, il rendait justice à l'originalité du vivant, puisqu'au lieu d'expliquer le vivant par le non-vivant, il tendait à projeter sur tout ce qui existe les caractères du vivant – mais il ne s'agit ici que d'une pure spéculation.

Le corps constitue, donc, une sorte d'incarnation de la mise en question du dualisme parce que, justement, le corps organique est le témoignage le plus évident de notre dualité de vivants.

Ce corps illustre bien, pour Jonas, la crise latente de toute ontologie connue, et c'est pourquoi c'est bien à partir du corps qu'il faudra élaborer une nouvelle ontologie que, dans une phrase qui prête à des ambiguïtés, il semble vouloir assimiler à la métaphysique : « Ainsi le corps organique représente la crise latente de toute ontologie connue et constitue le critère de toute (ontologie) future qui pourra se présenter comme science »[1]. Le clin d'œil aux prolégomènes de Kant – qui ne sont pas des prolégomènes à toute ontologie future, mais bien « à toute métaphysique future qui pourra se présenter comme science » – semble laisser entendre que pour Jonas « ontologie » et « métaphysique » sont équivalents, sinon synonymes. Le même doute nous vient à l'esprit en lisant l'interview parue dans la revue *Esprit* lorsque Jonas, en illustrant les mérites du dualisme du point de vue épistémologique, s'exprime ainsi : « De ce point de vue le dualisme comme théorie de la connaissance fut d'une grande utilité. Mais en tant qu'ontologie, en tant que métaphysique, il est insatisfaisant »[2]. Il nous paraît ainsi prudent de laisser ouverte cette question.

Le corps constitue le point de départ pour l'élaboration de l'ontologie jonassienne ; or, cette démarche semble impliquer deux risques concernant la place de l'homme au sein de la nature – n'oublions pas que c'est bien à cette question que nous sommes en train de répondre. Il y aurait, tout d'abord, un risque d'anthropomorphisme, et, ensuite, un risque d'anthropocentrisme.

En ce qui concerne l'ontologie de Jonas, l'anthropomorphisme nous semble manifeste et d'ailleurs légitime, alors qu'il serait imprécis

1. H. JONAS, *PL*, p. 19. « Thus the organic body signifies the latent crisis of every known ontology and the criterion of 'any future one which will be able to come forward as a science' ».

2. J. GREISCH, « De la gnose au Principe responsabilité. Un entretien avec Hans Jonas », *Esprit*, mai, 1991, p. 5-21, ici p. 9.

de considérer son discours sur l'être comme pivotant autour de l'homme. Jonas n'est pas un scientifique : il fait de l'ontologie et non pas de la biologie, ce qui signifie qu'il se propose de parvenir aux questions ultimes concernant l'être. Ces questions ultimes n'admettent pas de preuve, mais se donnent de manière évidente. Il nous paraît important de souligner cela dès le départ : Jonas se propose de « remonter jusqu'à l'ultime (la première) question de la métaphysique, n'admettant plus de réponse » [1]. En cela, sa démarche est principalement philosophique, bien qu'il se propose explicitement de tenir compte des résultats de la science pour comprendre l'être. Non seulement, mais sa recherche de l'ultime question métaphysique n'est pas sans suggérer un lien étroit avec la démarche aristotélicienne, selon l'interprétation de Gilson, qui, dans son essai sur la philosophie du vivant, illustre ainsi la démarche d'Aristote :

> Cette sagesse [celle qui est propre à chaque science] était à ses yeux l'œuvre de la raison, mais puisqu'elle consistait en la connaissance des premiers principes d'une science et que, comme tels, les principes sont indémontrables, Aristote en venait nécessairement, dans chaque science, ou chaque classe de sciences, à poser des principes indémontrables parce que premiers, mais aussi évidemment vrais, parce qu'un ordre entier de la nature devient intelligible à leur lumière [2].

Cette précision nous paraît nécessaire afin de bien saisir la position de Jonas par rapport à la science classique, et surtout dans le but de séparer l'ontologie de Jonas de l'épistémologie.

Il définit ainsi l'ontologie :

> Par ceci nous entendons, nous les philosophes, une investigation dans la manière d'être caractéristique d'entités d'un genre ou l'autre – dans notre cas du genre appelé organisme puisque c'est à notre connaissance la seule forme physique dans laquelle la vie est ici ;

mais il définit aussi sa démarche comme étant « une spéculation qui vagabonde par-delà les preuves » [3]. D'ailleurs Strachan Donneley, quant à lui, n'hésite pas à définir celle de Jonas comme étant une « philosophie spéculative », dont il apprécie particulièrement « l'au-

1. H. JONAS, *PR*, p. 72.
2. E. GILSON, *D'Aristote à Darwin et retour*, Paris, Vrin, 1971, p. 29-30.
3. H. JONAS, *BBM*, p. 34. « By this, we philosophers mean an inquiry into the manner of being characteristic of entities of one kind or another – in our case, of the kind called 'organism', as this is the sole physical form in which, to our knowledge, life exists ». Sa démarche ontologique est définie à la p. 36 comme étant une « speculation that roams beyond proof ».

dace et l'originalité »[1]. Il est fondamental de souligner que sa démarche est philosophique et spéculative, et non pas scientifique, bien que très souvent il tient compte des données scientifiques. Et c'est précisément en tant que philosophe qu'il se propose, pour ainsi dire, de renverser la démarche classique de la science qui part du simple pour expliquer le complexe. Strachan Donneley a justement défini la démarche ontologique jonassienne comme étant une « démarche régressive »[2]. Il fait évidemment allusion à la phrase de Jonas qui affirme que « nous devons accepter d'être enseignés par le plus élevé, le plus riche relativement à tout ce qui est inférieur »[3]. Si le risque d'anthropomorphisme dans sa démarche régressive est ici on ne peut plus évident, Jonas se charge lui-même de légitimer son anthropomorphisme :

> le témoignage de notre propre être est délibérément ignoré par les sciences de la nature en invoquant l'interdiction bien-fondée de l'anthropomorphisme tout comme le principe d'économie ockhamien et en tout dernier lieu déjà le caractère non quantifiable des 'buts' ; et d'un point de vue méthodologique, cela est bien justifié[4].

Ce que Jonas veut nous dire est que, s'il faut éviter l'anthropomorphisme, c'est dans les explications que peut donner la science de ce qu'elle observe, mais que, dans la compréhension que se propose d'atteindre l'ontologie, l'anthropomorphisme se révèle indispensable – surtout si on ne veut pas tomber dans le dualisme. Il affirme d'ailleurs explicitement que « ce mode de connaissance que l'on nomme le comprendre (...) est propre aux sciences de l'esprit »[5]. Finalement la science mécaniste, en nous expliquant comment fonctionne un organisme, n'épuise pas la totalité de la question sur l'être, car une chose est d'expliquer 'comment', et autre chose c'est d'expliquer 'pourquoi' un tel organisme fonctionne. En illustrant les principales raisons qui l'ont poussé à faire de la métaphysique à la fin du XXe siècle, Jonas réhabilite la démarche philosophique tombée plutôt en désuétude – il faut bien le dire – dans notre univers technicien ; il vaut la peine de citer *in extenso* son affirmation.

1. S. DONNELEY, *art. cit.*, ici p. 79-80. G. Hottois, dans l'article repris ci-avant (p. 17), fait une remarque qui va dans le même sens lorsqu'il écrit : « Le Principe Responsabilité est l'exemple parfait d'un discours très spéculatif au dessein très pratique ».
2. *Idem*, p. 80.
3. H. JONAS, *PR*, p. 102.
4. *Idem*, p. 103. C'est Jonas qui souligne.
5. H. JONAS, *SVP*, p. 11.

« Mais d'autre part il y a aussi un motif tout à fait théorique en opposition totale à tout ce qui domine la philosophie moderne et qui a pratiquement le statut d'une opinion commune, d'une affaire décidée d'avance, à savoir la conviction qu'en dernière analyse la science a affaire à l'être et que tout ce qui est peut être cerné dans des propositions déclaratives. Tout ce qui va au-delà relève de la sphère du subjectif et n'est qu'une addition externe aux données fondamentales de l'être. Je veux me dégager de ce qui me paraît être une impasse moderne, et avec mes faibles forces j'essaie de rendre respectable le fait que des philosophes recommencent à se demander si une théorie complète de l'être n'est pas le fondement d'une éthique qui nous adresse un appel et contient une obligation [1].

On n'insistera peut-être jamais assez sur le fait que Jonas recherche une théorie complète, et non pas partielle, de l'être, car c'est bien de l'ontologie qu'il fait ; ainsi il faut, certes, tenir compte de ce que les sciences biologiques nous disent, mais, pour que la théorie de l'être soit complète, on ne peut plus s'en tenir aux seules explications scientifiques. C'est pour cette raison que Jonas se permet – pour ainsi dire – de renverser la démarche scientifique en nous proposant d'être enseignés par le plus complexe, et, dans sa démarche, l'anthropomorphisme ne compromet pas la théorie de l'être. Au contraire, puisque la science moderne est issue directement du dualisme cartésien et que celui-ci révèle ses limites dans la compréhension de l'être, l'anthropomorphisme s'avère, en même temps, nécessaire pour aboutir à la nouvelle ontologie moniste de Jonas qui tient compte de la dualité de l'être organique et ne bute pas contre la difficulté de l'émergence de la conscience dans un univers purement mécaniste.

A ce sujet, il nous paraît, une fois de plus, utile de citer un extrait de la critique que fait Gilson d'Aristote : « On reproche souvent à Aristote son anthropomorphisme, c'est-à-dire son habitude de considérer la nature du point de vue de l'homme. Si le faire est une erreur, le reproche est justifié, mais l'attitude d'Aristote à cet égard n'avait rien de naïf. Il en avait conscience ainsi que des raisons qu'il y a de l'adopter » [2]. Chez Jonas, ces raisons sont le fait principiel de l'expérience corporelle (« propriobodily experience ») dans sa compréhension de l'être, qui est à la base de sa démarche régressive à l'opposé de celle des sciences. La question de savoir si l'extrapolation à partir de l'expérience corporelle soit justifiée rationnellement, doit, selon Jonas, demeurer ouverte ; mais il n'en reste pas moins qu'elle est « tout

1. J. GREISCH, *art. cit.*, p. 16.
2. E. GILSON, *op. cit.*, p. 15.

d'abord une question ontologique et non pas épistémologique »[1], car le problème de l'anthropomorphisme appartient à l'ontologie ; et, s'il constitue une sorte de piège à éviter, c'est seulement d'un point de vue scientifique et non pas philosophique : il constitue une « grande trahison scientifique »[2]. Ainsi, en laissant ouverte la question de savoir si l'extrapolation à partir de l'expérience corporelle soit rationnellement justifiée, Jonas ne se prononce pas sur l'éventuel anthropomorphisme sur le plan épistémologique ; en revanche, il souligne explicitement que ce problème concerne tout d'abord le plan ontologique.

C'est justement après avoir introduit la différence entre ontologie et épistémologie, que Jonas affirme, qu'après tout, l'homme peut être la mesure de toute chose : l'anthropomorphisme semble ainsi acquérir une sorte de droit de cité au sein de toute démarche ontologique, en raison du fait que le corps de l'homme représente le plus haut degré de complétude ontologique ; l'être, dans le corps humain, se trouve dans son état le plus complet. Il est donc tout à fait légitime, voire même indispensable, de partir de ce corps pour élaborer une science de l'être. Mais si l'anthropomorphisme se justifie pleinement comme point de départ dans la démarche ontologique, cela ne signifie pas que l'ontologie qui en résulte soit centrée sur l'homme ; nous voilà donc aux prises avec la deuxième question mentionnée plus haut : si l'anthropomorphisme trouve une justification dans la démarche ontologique, l'anthropocentrisme n'est pas le trait spécifique de son ontologie ni, encore moins, de son éthique.

Partir de la corporéité de l'être humain pour comprendre l'être c'est une chose, placer le corps humain au centre de l'être c'en est une autre. Cette différence nous paraît bien visible dans le cas de la finalité – que nous n'allons pas analyser en détail ici, étant donné l'étendue du sujet. Jonas nous dit que la finalité est une évidence qui s'impose au sein de l'unité psychophysique qu'est notre corps ; elle est en même temps une question ultime, évidente en soi, et qui ne nécessite aucune preuve (une sorte d'ultime question métaphysique). Pour comprendre l'être, nous devons faire une démarche régressive, c'est-à-dire partir du plus complexe en descendant vers le plus simple : ainsi, à cause de la continuité qui nous lie au reste des vivants par l'évolution, nous sommes obligés d'admettre l'existence de la finalité au sein du vivant. Or, si l'anthropomorphisme conduisait *ipso facto* à une ontologie

1. H. JONAS, *PL*, p. 23. « It is (...) in the first place an ontological and not an epistemological question ».

2. *Idem*, p. 35. « scientific high treason ».

anthropocentrée, alors Jonas devrait situer au centre de l'être la finalité avec conscience qui, seule, appartient à l'être humain, et cela Jonas ne le fait pas. En partant d'une expérience triviale de notre mode d'être, nous remarquons que nous existons seulement à condition de nous nourrir constamment ; au moment où nous cessons de le faire nous nous acheminons vers la mort, c'est-à-dire le non-être. Il en va de même pour tout autre vivant, dont l'existence se réduit à l'activité continue pour se maintenir dans l'équilibre précaire entre être et non-être. L'organisme est ainsi une entité dont l'être dépend constamment de son propre agir, il existe en vertu de ce qu'il fait. « Par conséquent dire que l'être des organismes est leur être propre, revient à dire aussi que leur agir est leur être même ; être, pour eux, cela consiste à faire ce qu'ils ont à faire pour continuer à être » [1].

Etre, pour Jonas, c'est agir, et cet agir c'est le métabolisme : tout vivant est acculé à absorber constamment de la matière pour l'expulser après avoir pris, et transformé, ce dont il a besoin, c'est de la matière qui (s')échange avec la matière sans jamais se confondre avec elle dans le but de se maintenir dans l'être. Certes, ce n'est pas à ce type de nature que nous a habitués la science moderne, puisque toute finalité est exclue de l'univers scientifique. On voit ici, si besoin était, que Jonas est philosophe, et procède en tant que tel, il fait de l'ontologie et non pas de la biologie ; toutefois il s'appuie aussi, en même temps, sur des notions de biologie : le métabolisme, par exemple.

Il est donc possible de partir de l'expérience corporelle de notre être propre pour décrire l'être en général, sans, pour autant, nous situer au centre de l'être, car chez Jonas c'est bien le métabolisme qui est au centre de l'être et non pas l'homme. Finalement, tout en partant de l'être humain pour comprendre l'être, Jonas ne nous propose pas une ontologie anthropocentrée ; au contraire, son ontologie centrée sur le métabolisme semble suggérer un lien bien plus étroit entre la nature humaine et la nature organique, puisque nous partageons avec elle la même modalité d'être qui consiste en l'activité incessante pour nous maintenir en équilibre entre l'être et le néant.

6. *La conséquence d'une éthique ontocentrée*

Etant donné que l'éthique de Jonas est fondée sur son ontologie, nous pouvons maintenant nous consacrer à sa déclaration à l'encontre de l'anthropocentrisme formulée dans le *Principe Responsabilité*. On

1. H. JONAS, *BBM*, p. 34. « Thus to say that the being of organisms is their own doing is also to say that doing what they do is their being itself ; being for them consists in doing what they have to do in order to go on to be ».

pourrait peut-être affirmer, tout d'abord, que, dans ce cas, Jonas s'oppose à une sorte d'anthropomorphisme au sens large qu'il situe à la base de l'éthique traditionnelle, alors que, dans *Phenomenon of Life* l'anthropomorphisme se révèle moins une pétition de principe qu'un point de départ incontournable dans la compréhension du vivant si l'on veut éviter les difficultés contre lesquelles butent aussi bien le matérialisme que l'idéalisme.

Mais il importe de souligner ici que, alors que *Phenomenon of Life* est un recueil d'articles parus à des moments différents, le *Principe Responsabilité* est un ouvrage organique avec une structure d'ensemble et il est chronologiquement postérieur au premier ; le véritable ouvrage d'éthique est le second, et c'est bien ici que Jonas se propose d'illustrer la démarche fondationnelle de son éthique. Ce faisant, il est obligé de dévoiler son soubassement métaphysique et, par conséquent, son ontologie.

Or, l'ordre (chrono)logique de sa démarche est évident : il s'agit, d'abord, d'élaborer une ontologie, une science de l'être, pour, ensuite, étendre sa propre réflexion sur le terrain plus vaste de la métaphysique. Seulement après, il sera possible d'élaborer le système éthique fondé sur le principe de responsabilité. Et le lien qui s'établit entre l'éthique et l'ontologie est un lien de possibilité, au dire même de Jonas : « l'éthique peut être fondée sur une ontologie, sur une pensée de l'être »[1]. Les domaines respectifs de l'éthique et de l'ontologie peuvent nous aider à éclairer davantage le problème de l'anthropocentrisme. En effet sa « pensée de l'être », ou plutôt toute pensée de l'être comme telle, concerne ce qui est et non pas ce qui doit ou devrait être, ce qui est l'objet spécifique de l'éthique. Il est clair que toute pensée – de même que tout discours – présuppose l'être humain, qu'il s'agisse de l'être ou du devoir ; mais, et ceci est fondamental, dans la démarche jonassienne le savoir sur l'être précède le savoir sur le devoir et en constitue le soubassement : chez Jonas l'éthique ne bénéficie pas d'une existence autonome, elle est entièrement déterminée par son soubassement ontologique, surtout du fait que « Ce qui n'a pas de nature n'a pas de norme »[2]. Car, si on recherche des normes pour agir, et si l'être humain a une nature métabolique au même titre que les autres vivants, alors il peut être intéressant de chercher dans les normes naturelles au moins une source pour les normes de notre agir. Et c'est justement ce que tente de faire Jonas, lorsqu'il se propose d'enjamber le prétendu gouffre entre être et devoir-être. Or, ce qui se

1. J. GREISCH, *art. cit.*, p. 16.
2. H. JONAS, *PL*, p. 228. « That which has no nature has no norm ».

dit sur l'être, aussi bien que ce qui se dit sur l'éthique, n'existe que par l'homme ; mais, contrairement à son ontologie qui part de l'être humain pour comprendre l'être – sans devenir, pour cela, anthropocentrée –, son éthique se dit par l'homme mais ne part pas de lui, car elle part de l'être. Donc, si déjà son ontologie – qui fonde l'éthique – part de l'être humain sans être anthropocentrée, *a fortiori*, son éthique, qui ne part pas de l'homme mais de l'être, ne sera pas non plus anthropocentrée.

C'est donc *in primis* pour une raison méthodologique que l'éthique de la responsabilité n'est pas centrée sur l'homme : du fait qu'elle se fonde sur une ontologie centrée sur le métabolisme (être c'est agir, et l'agir de l'être c'est le métabolisme), l'éthique de Jonas ne peut logiquement pas pivoter autour de l'être humain.

C'est en ce sens, croyons-nous, qu'il faut interpréter le refus d'anthropocentrisme professé par Jonas dans le *Principe Responsabilité* : un refus qui est tout d'abord la conséquence de sa démarche méthodologique consistant à fonder l'éthique sur l'ontologie.

Mais il est encore un argument qui nous permet d'éclairer le refus d'anthropocentrisme formulé dans le *Principe Responsabilité* : Jonas, lorsqu'il se (nous) propose d'enjamber le gouffre entre être et devoir, semble vouloir nous dire que la définition du devoir – ou du bien ou de la valeur –, n'est pas une question qui pourrait être résolue par l'être humain indépendamment de l'être : au contraire, son but est justement celui de démontrer que l'être a bel et bien une force d'obligation, qu'il est porteur de valeurs en son sein. Tant qu'on demeure dans une perspective dualiste, l'anthropocentrisme dans la démarche éthique apparaît comme étant inévitable : la *res cogitans* n'ayant plus de lien avec la *res extensa*, l'éthique demeure une affaire strictement de convention entre les êtres humains. Et, si le discours sur l'être s'épuise dans la description que nous en donne la science, alors on est acculé à considérer l'homme comme unique source de valeurs.

Dans cette perspective, n'ayant pas une sorte de source objective des valeurs, la brèche est ouverte au subjectivisme et donc au relativisme éthique ; puisque c'est l'homme qui définit les valeurs, alors autant d'hommes autant de systèmes de valeurs. Mais, justement, Jonas veut éviter ce risque, et c'est pour cette raison qu'il essaie de montrer que la nature n'est pas axiologiquement neutre, au contraire elle est source de valeurs pour l'être humain. Par conséquent, ce n'est pas de la convention entre les êtres humains que découlent les valeurs, puisqu'elles sont contenues dans l'être : à la rigueur le rôle de l'homme se limite à les découvrir, justement par une ontologie préalable. L'être humain se fait donc le porte-parole de l'être de la nature, un être qui contient des valeurs ; et, de même que l'être humain se fait le porte-parole de l'être, ainsi « Jonas se fait (...) l'avocat de la vie organique et humaine, de ce monde et de leur futur » [1].

L'éthique de Jonas est une éthique naturaliste où les valeurs sont présentes en nature, ce n'est pas l'être spécifiquement humain qui est central mais l'être. Ceci nous permet d'affirmer que, s'il y a une forme de « centrisme », il faudrait dire plutôt que l'éthique de la responsabilité qui, répétons-le, est naturaliste, est une éthique ontocentrique.

La source de la valeur n'est pas l'homme, mais l'être, le premier n'étant finalement que le moyen que se donne le second, pour se donner une voix et affirmer la valeur. En conclusion, nous voyons clairement que le point de départ de l'ontologie de Jonas est bel et bien le corps de l'être humain, mais l'ontologie qui en résulte n'est pas centrée sur l'homme ; de même l'éthique n'est pas centrée sur l'homme pour deux raisons au moins : d'abord pour une raison méthodologique, parce qu'elle est fondée sur une ontologie centrée sur le métabolisme, et, ensuite, pour une raison de prudence afin d'éviter le subjectivisme moral en recherchant dans la nature le fondement des valeurs.

Finalement nous pouvons affirmer que, par sa démarche, Jonas fait ressortir le lien de continuité entre humanité et nature : en faisant découler l'éthique d'une ontologie fondée sur le métabolisme, nos racines organiques sautent aux yeux et le dualisme cartésien, avec ses conséquences éthiques, est en même temps dépassé vers le monisme nouveau tenant compte de notre dualité.

Carlo FOPPA*

1. S. DONNELEY, *art. cit.*, p. 89.

* Université Laval, Québec.

TABLE DES MATIÈRES

ACHEVÉ D'IMPRIMER
EN JUIN 2009
PAR L'IMPRIMERIE
DE LA MANUTENTION
A MAYENNE
FRANCE
N° 09N-62

Dépôt légal : 2e trimestre 2009